KB238100

세법의 기초

소득세 · 법인세 · 부가가치세

우진욱 **지음**

에피스테메
EPISTEME

세법의 기초
-소득세·법인세·부가가치세

초판 1쇄 펴낸날 | 2025년 7월 25일

지은이 | 우진욱
펴낸이 | 고성환
펴낸곳 | (사)한국방송통신대학교출판문화원
　　　　주소 서울특별시 종로구 이화장길 54 (03088)
　　　　전화 1644-1232
　　　　팩스 (02)741-4570
　　　　홈페이지 press.knou.ac.kr
　　　　출판등록 1982년 6월 7일 제1-491호

출판위원장 | 박지호
편집 | 이현구 · 박미선 · 신경진
편집 디자인 | 북방시스템
표지 디자인 | 김민정

ⓒ 우진욱, 2025

ISBN 978-89-20-05352-8 93360
값 17,000원

미국 건국의 아버지 중 한 사람인 벤저민 프랭클린은 "죽음과 세금을 제외하면, 이 세상에 확실한 것은 없다"고 말했습니다. 미국의 마피아 알 카포네를 감옥에 보낸 것 역시 탈세 문제였습니다. 세금은 우리 삶과 매우 밀접한 관계를 맺고 있으므로, 세금에 대한 법률인 세법 역시 매우 중요하다고 할 수 있습니다.

그런데 세법은 너무나도 복잡하고 방대합니다. 게다가 세법은 매년 개정이 이루어지기까지 합니다. 그래서 제아무리 세법의 전문가라고 하더라도, 매년 개정되는 세세한 내용까지 모두 알기는 어렵습니다. 하지만 세법 역시 다른 법률들과 마찬가지로 기초개념과 기본적 구조가 있기 때문에, 이러한 내용을 이해하는 것이 매우 중요합니다. 문제를 해결하기 위한 첫걸음은 출발점이 어디인지를 아는 것입니다.

〈세법의 기초〉는 우리나라 세법의 기본적인 내용을 소개하는 안내서인 동시에, 한국방송통신대학교 법학과 세법 강의를 위한 교재이기도 합니다. 따라서 강의의 편제에 맞추어 15강이라는 다소 한정된 분량 안에서 넓은 범위를 다루고 있습니다.

우선 제1부에서는 6강에 걸쳐 세법의 총론적인 내용을 학습합니다. 세법과 조세법률관계, 납세의무, 납세자 권리의 보호라는 표제하에 주로 국세기본법의 내용을 다룹니다. 제2부부터는 우리나라의 대표적인 세목이라 할 수 있는 소득세(제2부), 법인세(제3부), 부가가치세(제4부)의 얼개를 각각 3강에 걸쳐 학습합니다. 각 세목별로 어떠한 내용의 세금인지, 납세의무자는 누구인지, 과세표준은 어떻게 산정하는지와 같은 주요한 쟁점들을 살펴봅니다.

세법을 학습함에 있어, 우선 기초개념을 숙지한 후 관련 조문들을 주의 깊게 읽어 보시기를 권합니다. 그 후에 해당 쟁점에 관한 법원 및 헌법재판소의 주요 판례들을 학습하신다면 기초개념과 조문의 취지를 이해하는 데 큰 도움이 될 것이라 생각합니다.

이 책을 통해 세법의 체계를 이해하는 계기가 될 수 있기를 바랍니다.

참고문헌

- 이창희, 『세법강의』, 박영사.
- 임승순 · 김용택, 『조세법』, 박영사.
- 한만수, 『조세법강의』, 박영사.

제1부 ▶ 세법 총론

제4부　부가가치세

제1부

세법 총론

제1강
세법과 조세법률관계(1)

학습개요

세금의 개념과 종류를 알아보고, 조세법률관계의 성격 및 조세법률주의의 개념을 이해한다. 그리고 여러 가지 조세법의 법원(法源)에 대하여 학습한다.

학습목표

1) 세금의 개념과 종류에 대해 이해할 수 있다.

2) 조세법률관계의 법적 성질을 이해할 수 있다.

3) 조세법률주의와 조세법의 법원을 이해할 수 있다.

1) 세금의 개념

세금(稅金)을 내지 않고 살아가는 사람은 없다. 소득 활동을 하는 사람이라면 소득세를 낼 것이고, 물건을 사면 부가가치세를 내기 마련이다.

세금은 법적으로 어떻게 정의될 수 있을까? 우리 헌법은 "모든 국민은 법률이 정하는 바에 의하여 납세의 의무를 진다"고 규정하고 있고(헌법 제38조), 헌법재판소는 "어떤 공과금이 조세인지 아니면 부담금인지는 단순히 법률에서 그것을 무엇으로 성격 규정하고 있느냐를 기준으로 할 것이 아니라, 그 실질적인 내용을 결정적인 기준으로 삼아야 한다"고 했다(헌법재판소 2004. 7. 15. 선고 2002헌바42 전원재판부).

그렇다면 세금의 '실질적인 내용'은 도대체 무엇일까? 세금이 어떤 실질을 갖추어야 하는지에 대해 명확하게 규정하고 있는 개별 법률은 없지만, 헌법재판소는 세금이란 공권력의 주체인 국가나 지방자치단체가 일반적인 재정을 조달할 목적으로 과세권을 발동하여 특별한 반대급부 없이 일반 국민으로부터 강제적으로 징수하는 공과금이라고 하고 있다(헌법재판소 1991. 11. 25. 선고 91헌가6 전원재판부).

우리가 내는 '공과금'에는 여러 가지가 있다. 그중에는 '사용료'나 '수수료'라고 부르는 것도 있고, '부담금'이라고 부르는 것도 있다. 이런 공과금들이 세금이 아닌 까닭은 무엇일까? 우선 사용료나 수수료는 국가가 제공하는 특정한 서비스에 대해 지급하는 요금을 말한다. 그러니까 사용료나 수수료에는 그에 상응하는 반대급부가 존재한다는 점에서 세금과 다르다. 부담금은 사용료나 수수료 같은 구체적인 반대급부는 없지만, 특정한 공익사업에 대한 이해관계가 있는 사람들(특별한 집단)로부터 징수한다는 점에서 일반적인 국민으로부터 걷는 세금과 다르다. 그리고 수도요금이나 전기요금은 사용료와 비슷한 성격(반대급부의 존재)도 있지만, 결정적으로 요금을 부과하는 주체가 공기업이라는 점에서 국가나 지방자치단체가 부과하는 세금과 다르다.

〈표 1-1〉 세금과 다른 공과금의 차이

구분	세금과의 차이
사용료, 수수료	반대급부가 존재함
부담금	특정한 공익사업에 대한 이해관계가 있는 자로부터 징수함
수도요금, 전기요금	부과주체가 국가나 지방자치단체가 아님

2) 세금의 분류

가. 국세와 지방세

세금을 분류하는 데에는 여러 가지 기준이 있다. 우선 세금을 징수하는 주체를 기준으로 구분할 수 있다. 국가가 걷는 세금은 국세(國稅)라고 하고, 지방자치단체가 걷는 세금은 지방세(地方稅)라고 한다. 한편, 세관에서 걷는 관세는 국세에 속하나 일반적인 국세와 달리 독특한 고유의 체계를 가지고 있다.

나. 직접세와 간접세

세금을 낼 의무를 부담하는 사람(이를 '납세의무자'라고 한다)과 실제로 세금을 부담하는 사람(이를 '담세자'라고 한다)이 일치하는지 여부를 기준으로 세금을 구분할 수 있다. 납세의무자와 담세자가 일치하는 세금은 '직접세'라고 하고, 일치하지 않는 세금은 '간접세'라고 한다. 납세의무자와 담세자가 다른 경우가 있다는 것이 선뜻 이해되지 않을 수도 있다. 가장 대표적인 간접세는 부가가치세이다. 부가가치세는 물건을 살 때 물건값에 더해서 부담하지만, 그렇게 거둔 돈을 부가가치세로서 납부할 의무를 지는 것은 물건을 판 사람이다(보다 자세한 내용은 제13강에서 다시 다루기로 한다).

다. 보통세와 목적세

걷는 목적에 따라서도 세금을 구분할 수 있다. 나라의 '일반재정'을 충당하기 위해서 거두는 세금은 '보통세'라고 하고, '특정목적'의 재정을 충당하기 위해서 거두는 세금은 '목적세'라고 한다.

위에서 설명한 분류방법으로 우리나라의 세금을 대략적으로 구분해 보면 아래 표와 같다.

〈표 1-2〉 우리나라 세금의 분류

구분			세목
국세	내국세	직접세	소득세, 법인세, 상속·증여세, 종합부동산세, 교육세, 농어촌특별세
		간접세	부가가치세, 개별소비세, 주세, 교통·에너지·환경세, 인지세, 증권거래세
	관세		
지방세	보통세		취득세, 등록면허세, 레저세, 담배소비세, 재산세, 지방소비세, 주민세, 지방소득세, 자동차세
	목적세		지방교육세, 지역자원시설세

1) 조세법률관계와 세법

'법률관계'란 법률에 의해 규율되는 관계를 말한다. 마찬가지로 조세법률관계란 '세법(稅法)'을 통하여 형성되는 국가와 납세자 간의 관계를 말하는 것이다. 조세법률관계에 따라 국가는 국민에게 세금을 부과할 권한을 행사하고, 납세자인 국민은 그와 같이 부과된 세금을 납부할 의무를 지게 된다.

세법이란, 세금을 매기고(부과) 매긴 세금을 걷기(징수) 위해 마련된 일련의 법체계를 말한다. 세법은 크게 조세실체법, 조세절차법, 조세쟁송법, 조세형법 등으로 구분된다. 조세실체법이란 구체적인 납세의무의 내용을 규정하고 있는 법률로서, 소득세법, 법인세법, 부가가치세법 등을 말하는 것이고, 조세절차법은 세금을 부과하고 징수하는 절차를 정하고 있는 법률인 국세기본법, 국세징수법 등의 법률을 말한다. 그리고 조세쟁송법은 세금에 대하여 국가와 납세자 사이에 분쟁이 생기는 경우에 그런 분쟁을 해결하기 위한 절차를 다루고 있는 법률인 국세기본법 등을 말하고, 조세형법은 세금을 포탈하는 등 세금과 관련된 범죄를 저질렀을 경우에 이를 처벌하기 위한 조세범처벌법 등을 말한다. 이러한 여러 법률을 아울러서 '조세법' 또는 '세법'이라고 부르는 것이다.

2) 조세법률관계의 법적 성질

조세법률관계의 법적 성질이 과연 어떤 것인지에 대해서는 권력관계설과 채무관계설이라는 두 가지 견해가 대립해 오고 있다.

'권력관계설'은 조세법률관계를 국가가 국민보다 우월적인 지위에서 국민을 상대로 하여 일방적으로 세금을 징수하는 권력관계라고 보는 견해를 말한다. 민주화가 이루어지기 이전에는 모든 국가작용에 있어서 국가가 국민보다 더 우위에 있다고 보는 견해가 강했으므로, 조세법률관계의 성질 역시 권력관계설이 유력하였다.

반면 '채무관계설'은 조세법률관계를 국가가 우월적 지위에서 권력을 행사하는 관계가 아니라, 채권자로서 국가가 세법을 근거로 해서 발생하는 조세채무의 이행을 채무자인 납세자에게 청구하는 관계, 즉 공법상 채무관계로 이해하는 견해이다. 민주주의가 자리 잡은 최근에는 국가와 납세자를 대등한 관계로 보는 채무관계설이 더욱 큰 의미를 가지게 되었다.

그러나 조세법률관계가 권력관계 또는 채무관계 중 하나의 성격만 가지고 있다고 설명할 수는 없고, 조세채권이 발생하는 단계부터 징수하는 단계까지 권력관계와 채무관계의 두 가지 성격이 혼합되어 있다고 보아야 할 것이다.

 ## 조세법률주의와 조세법의 법원

1) 조세법률주의의 역사적 배경

헌법은 "조세의 종목과 세율은 법률로 정한다"고 규정하고 있다(헌법 제59조). 이를 조세법률주의(租稅法律主義)라고 한다.

세금 문제는 여러 역사적 사건의 동인(動因)이기도 하였다. 영국의 대헌장(1215년), 권리청원(1628년), 권리장전(1689년), 미국의 보스턴 차 사건(1773년)과 독립선언(1776년), 프랑스 인권선언(1789년)에 이르기까지 이 모든 사건들의 배경에는 언제나 세금 문제가 있었다. 과거에는 절대적인 권력을 가진 왕이 제멋대로 세금을 거두

었지만, 근대 시민혁명의 결과, 국민의 대표가 제정한 법률에 의해서만 과세할 수 있게 되었으며, 정부가 자의적으로 과세하는 것은 허용되지 않는다는 주장이 상식이 되었다. 우리 헌법도 이런 역사적 교훈을 받아들인 것이다.

2) 과세요건 법정주의와 과세요건 명확주의

조세법률주의의 가장 핵심적인 요소는 과세요건 법정주의와 과세요건 명확주의이다. '과세요건 법정주의'란 조세의 종목과 세율, 납세의무자·과세물건·과세표준 등 모든 과세요건은 상세하고 엄격하게 '법률', 즉 국회가 제정하는 형식적 법률로써 규정해야 한다는 뜻이다.

그러나 법률만으로는 모든 사항을 다 규정할 수 없으므로, 세부적인 사항에 관하여는 형식적 법률보다 탄력성이 있는 행정입법에 이를 위임할 필요가 있다. 법률의 위임은 반드시 구체적이고 개별적으로 한정된 사항에 대하여 행해져야만 하며, 만약 일반적이고 포괄적으로 위임을 한다면 이는 사실상 입법권을 백지위임하는 것이나 다름없어 의회 입법의 원칙이나 법치주의를 부인하는 결과가 된다[헌법재판소 2006. 7. 27. 선고 2006헌바18, 54(병합) 전원재판부].

한편, 모든 과세요건이 법률에 규정되어 있다고 하더라도 그 규정이 불명확하거나, 지나치게 추상적인 개념으로 되어 있는 경우에는 국가와 납세자 간에 분쟁이 생길 수밖에 없다. '과세요건 명확주의'는 과세요건에 관한 법률규정의 내용이 명확하고 일의적(一義的)이어야 한다는 뜻이다(헌법재판소 2001. 8. 30. 선고 99헌바90 전원재판부). 즉, 과세요건에 대한 세법의 규정을 명확히 함으로써, 세법을 해석하고 적용하는 데에 혼란을 방지해야 하고, 따라서 세법에 사용되는 개념도 가능한 한 구체적이고 확정적이어야 한다. 과세요건

명확주의는 세법의 해석방법과도 밀접하게 관련된다.

나아가, 헌법재판소는 과세요건이 법률로 명확히 정해진 것일지라도 그것만으로 충분한 것은 아니고, 조세법의 목적과 내용이 기본권 보장의 헌법 이념과 이를 뒷받침하는 헌법상의 여러 원칙에 합치되어야 진정한 의미의 조세법률주의, 즉 실질적 법치주의에 부합하는 것이라고 하였다(헌법재판소 1992. 2. 25. 선고 90헌가69, 91헌가5, 90헌바3 전원재판부).

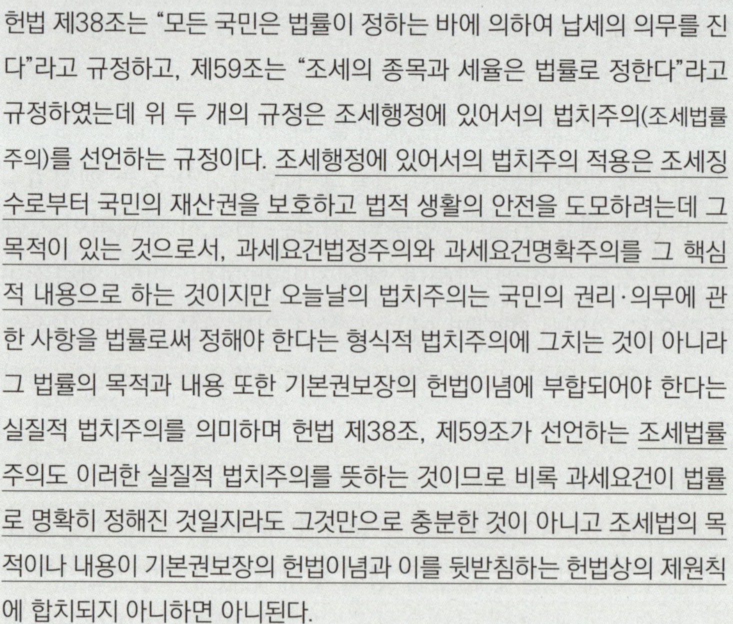

헌법재판소 1992. 2. 25. 선고 90헌가69, 91헌가5, 90헌바3 전원재판부

헌법 제38조는 "모든 국민은 법률이 정하는 바에 의하여 납세의 의무를 진다"라고 규정하고, 제59조는 "조세의 종목과 세율은 법률로 정한다"라고 규정하였는데 위 두 개의 규정은 조세행정에 있어서의 법치주의(조세법률주의)를 선언하는 규정이다. 조세행정에 있어서의 법치주의 적용은 조세징수로부터 국민의 재산권을 보호하고 법적 생활의 안전을 도모하려는데 그 목적이 있는 것으로서, 과세요건법정주의와 과세요건명확주의를 그 핵심적 내용으로 하는 것이지만 오늘날의 법치주의는 국민의 권리·의무에 관한 사항을 법률로써 정해야 한다는 형식적 법치주의에 그치는 것이 아니라 그 법률의 목적과 내용 또한 기본권보장의 헌법이념에 부합되어야 한다는 실질적 법치주의를 의미하며 헌법 제38조, 제59조가 선언하는 조세법률주의도 이러한 실질적 법치주의를 뜻하는 것이므로 비록 과세요건이 법률로 명확히 정해진 것일지라도 그것만으로 충분한 것이 아니고 조세법의 목적이나 내용이 기본권보장의 헌법이념과 이를 뒷받침하는 헌법상의 제원칙에 합치되지 아니하면 아니된다.

3) 소급과세금지의 원칙

헌법은 "모든 국민은 소급입법에 의하여 재산권을 박탈당하지 아니한다"고 규정하고 있다(헌법 제13조 제2항). 그리고 국세기본법은 "국세를 납부할 의무가 성립한 소득, 수익, 재산, 행위 또는 거래에 대해서는 그 성립 후의 새로운 세법에 따라 소급하여 과세하지 아니한다"고 규정하고 있다(국세기본법 제18조 제2항). 즉, 세법은 납세의무를 부과하여 국민의 재산권을 침해하는 측면이 있으므로, 새로운 세법을 입법하더라도 그 시행일 이전에 이미 확정된 법률관계에 대해서는 소급적으로 적용하지 않는다는 뜻이다.

대법원이 종전보다 가중된 납세의무를 규정하는 세법 조항은 그 시행 이후에 그러한 가중요건이 충족되는 경우에 한하여 적용할 수 있다고 판단한 것도 같은 뜻이다(대법원 1994. 6. 28. 선고 92누18467 판결). 다만, 소급입법이라고 하더라도 납세의무를 감면해 주는 것과 같이 납세자에게 유리한 내용의 소급입법은 허용된다고 보아야 할 것이다.

◆ **대법원 1994. 6. 28. 선고 92누18467 판결**

구 소득세법 시행령(1990.12.31. 대통령령 제13194호로 개정되기 전의 것) 제170조 제4항 제2호 마목의 규정취지는, 같은 시행령 제170조 제4항 제2호 본문과 단서 및 제9항과 연관시켜 보면, 그 조항에서 열거하고 있는 사유에 해당하는 거래행위는 이를 투기거래로 추정하여 양도차익을 기준시가가 아닌 실지거래가액으로 산정하여 중과세하겠다는 것으로 해석되고, 같은 시행령 규정과 같이 종전보다 가중된 납세의무를 규정하는 세법 조항은 그 공포시행 이후에 그 가중요건이 충족되는 경우에 비로소 적용할 수 있다고 보는 것이 국민의 조세법 적용에 관한 예측가능성과 법적안정성을 보호할 수 있고 소급입법에 의한 재산권박탈금지를 규정한 헌법 제13조 제2항, 조세법률주의를 규정한 헌법 제38조, 제59조, 소급과세의 금지를 규정한 국세기본법 제18조 제2항의 정신에 합치되는 해석이다.

4) 세법의 법원(法源)

가. 헌법

헌법이 세법의 법원이라는 점은 당연하다. 헌법은 모든 국가의 작용과 그 근거가 되는 법률의 근원이기 때문이다. 헌법이 천명하고 있는 조세법률주의는 세법의 근원인 동시에, 세법이 벗어나선 안 될 한계를 정하고 있다. 헌법재판소가 설립 초기부터 세법과 관련된 결정을 무수히 내놓았던 것은 그만큼 헌법이 세법의 중요한 판단 기준이 된다는 것을 잘 보여 준다고 할 수 있다.

헌법

제38조 모든 국민은 법률이 정하는 바에 의하여 납세의 의무를 진다.
제59조 조세의 종목과 세율은 법률로 정한다.

나. 법률

조세법률주의에 따라, 모든 세금은 국회에서 제정된 법률에 의해서만 과세될 수 있다. 우리나라에는 다양한 종류의 세법이 존재한다. 국세와 지방세로 구분하자면, 국세는 각각의 세목마다 별도의 법률을 마련하고 있는 데 비해, 지방세는 여러 가지 세목을 지방세법이라는 하나의 법률에서 규정하고 있는 점에서 체계적인 차이가 있다.

<표 1-3> 국세와 지방세에 대한 세법들

구분	내용
국세	• 국세기본법: 국세에 대한 통칙적인 규정과 불복 절차 등 규정 • 국세징수법: 국세에 대한 징수 절차 규정 • 소득세법, 법인세법, 부가가치세법, 종합부동산세법 등: 각 세목별로 납세의무의 구체적 요건 규정 • 조세특례제한법: 국세에 대한 감면·중과 규정 • 조세범처벌법: 국세 관련 형사처벌 규정(관세는 제외함) • 조세범처벌절차법: 조세범처벌에 대한 절차 규정
지방세	• 지방세기본법: 지방세에 대한 통칙적인 규정과 불복 절차 등 규정 • 지방세법: 취득세, 재산세, 자동차세, 지방소득세 등 모든 지방세 세목 규정 • 지방세특례제한법: 지방세의 감면·중과에 대한 규정

다. 조약

헌법에 의하여 체결되고 공포된 조약과 일반적으로 승인된 국제법규는 국내법과 같은 효력을 가지므로(헌법 제6조 제1항), 세금에 대하여 체결된 조약 역시 법률과 같은 지위에서 조세법의 법원이 된다.

세금과 관련한 조약 중 가장 대표적인 것이 조세조약이다. 우리나라 국민이 외국에서 돈을 버는 경우를 가정해 보면, 그 돈에 대해 우리나라가 과세할 것인지, 아니면 그 외국이 과세할 것인지 판단할 필요가 있다. 이와 같이 하나의 소득에 대하여 두 국가 간에 과세권이 충돌하는 경우를 '이중과세'라고 한다. 세계 각국은 이러한 이중과세를 방지하기 위한 목적에서 '소득에 대한 이중과세의 회피와 탈세방지를 위한 협정'이라는 것을 체결하고 있다. 이런 국가 간의 협정을 '조세조약'이라고 부른다.

그런데 최근에는 경제활동이 국제화되면서 조세회피 문제 역시

한 나라의 과세관청만으로는 감당하기 어려운 형편이 되었다. 그래서 조세행정공조협약이나 BEPS(Base Erosion and Profit Shifting; 세원 잠식과 소득 이전) 다자협약같이 여러 국가가 동시에 참여하는 조약들이 생겨나게 되었다. '조세행정공조협약'이란 회원국가 과세관청의 조세관련 정보 제공 등의 행정협조를 내용으로 하는 협약을 말하고, 'BEPS 다자협약'이란 다국적기업에 소득이 발생하였음에도 전세계 어느 국가에서도 과세가 제대로 이루어지지 않는 상황에 대응하기 위하여 체결된 협약을 말한다.

라. 법규명령

조세법률관계는 복잡하고, 계속해서 변화할 뿐만 아니라 전문적이고 기술적인 측면이 매우 강하므로, 국회가 제정하는 법률의 형식만으로는 구체적 사항을 모두 규정할 수가 없다. 따라서 보다 탄력적으로 대응할 수 있는 행정입법에 구체적 사항에 대한 규정을 위임하게 되는데, 이를 '법규명령'이라고 한다.

법규명령은 법령의 직접적인 위임에 따라 위임을 받은 행정기관이 그 법령을 시행하는 데 필요한 구체적 사항을 정하기 위하여 제정하는 일반적·추상적 규정으로서 행정청과 국민에 대한 구속력을 가지는 것을 말하며, 법원의 재판규범이 된다. 각 세법의 시행령(대통령령)과 시행규칙(기획재정부령)이 형식적인 법규명령에 해당한다. 이러한 하위규범에 대한 위임은 개별적이고 구체적이어야 하고, 백지위임은 절대적으로 금지된다.

마. 행정규칙

법규명령과는 달리 법령이 위임하지 않은 사항에 대하여 행정기관이 제정하는 규칙을 행정규칙이라고 한다. 행정규칙은 법규명령과 달리 국민에 대한 구속력이 없이 행정조직 내부만을 규율하는 것이고, 고시나 훈령, 예규 등의 형식을 가지게 된다. 각 세법에는 특히 기본통칙이나 집행기준이 있는데, 이 역시 행정규칙에 해당한다. 이러한 행정규칙은 대외적 구속력이 없으므로 세법의 법원은 아니다. 그러나 현실적으로는 국세공무원이 행정규칙에 따라 세법을 집행하기 때문에, 사실상 납세자의 권리의무에 매우 중대한 영향을 미친다.

바. 불문법

국세기본법은 "세법의 해석이나 국세행정의 관행이 일반적으로 납세자에게 받아들여진 후에는 그 해석이나 관행에 의한 행위 또는 계산은 정당한 것으로 보며, 새로운 해석이나 관행에 의하여 소급하여 과세되지 아니한다"고 규정하고 있다(국세기본법 제18조 제3항). 즉, 과세관청이 특정한 사안에 대하여 과세하지 않는 관행이 반복됨으로써 이에 대한 국민의 법적 확신을 얻게 되면, '비과세관행'이 성립할 수 있고, 이는 일종의 불문법으로서 기능하게 된다. 그러나 아무리 관행이 계속되더라도 법률의 근거 없이 새로운 과세권을 창설할 수는 없다. 또한 판례의 경우 선례에 구속되지 않는 것이 원칙이지만, 실제로는 대법원의 선례를 매우 중요한 참고자료로 삼아 판결이 이루어지므로 사실상의 구속력이 있다. 그리고 법의 일반원리, 조리 등도 재판규범이 되는 경우가 있다.

1) 세금이란 국가 또는 지방자치단체가 일반적인 재정조달 목적으로 과세권을 발동해서 일반 국민으로부터 특별한 반대급부 없이 강제적으로 부과징수하는 것을 말하며, 크게 보아 국세와 지방세, 직접세와 간접세, 보통세와 목적세로 구분할 수 있다.

2) 조세법률관계란 세법을 통하여 국가와 납세자가 형성하는 법률관계를 말하며, 권력관계설과 채무관계설이 대립하나, 어느 한쪽의 성격만 있다고 보기는 어렵고 세금을 부과하고 징수하는 단계별로 권력관계인 측면과 채무관계인 측면이 복합적이다.

3) 조세법률주의의 핵심은 과세요건 법정주의와 과세요건 명확주의로서, 모든 조세는 명확한 법률의 규정에 의해서만 과세될 수 있다는 뜻이다. 그리고 소급과세금지의 원칙도 인정되나, 납세자에게 유리한 소급입법은 허용된다고 볼 수 있다. 한편, 조세법의 법원에는 헌법, 법률, 조약, 법규명령 등이 있다.

제2강
세법과 조세법률관계(2)

학습개요

다양한 세법의 해석방법을 알아보고, 실질과세의 원칙을 이해한다.

학습목표

1) 세법의 해석방법을 이해할 수 있다.
2) 실질과세의 원칙을 이해할 수 있다.

1) 문리해석과 합목적적 해석

가. 문리해석

일반적으로 법률을 해석하는 방법으로 문언에 따른 문리해석, 법률의 체계에 따른 논리적·체계적 해석, 법률의 목적에 따른 목적론적 해석, 입법자의 의사에 따른 역사적 해석 등을 들 수 있다. 다른 법률들의 경우와 마찬가지로, 세법을 해석할 때는 우선 문언의 통상적인 의미에 따라서 해석(문리해석)하는 것이 원칙이다.

대법원 역시 조세법률주의의 원칙상 과세요건이나 비과세요건 또는 조세감면요건을 막론하고 조세법규의 해석은 특별한 사정이 없는 한 법문대로 해석할 것이고 합리적 이유 없이 확장해석하거나 유추해석하는 것은 허용되지 아니하며, 특히 감면요건 규정 가운데에 명백히 특혜규정이라고 볼 수 있는 것은 엄격하게 해석하는 것이 조세공평의 원칙에도 부합한다고 하였다(대법원 2003. 1. 24. 선고 2002두9537 판결). 즉, 세법의 해석방법은 문리해석이 원칙이며, 설령 조세감면규정과 같이 납세자에게 유리한 규정이라고 하더라도 납세자에게 이익이 되는 방향으로 해석할 수는 없고, 오히려 더 엄격하게 해석해야 한다는 것이다.

나. 합목적적 해석

그런데 세법의 모든 조항이 이론의 여지가 없을 정도로 명확하고 일의(一意)적으로 씌어 있는 것은 아니다. 그럴 때는 어떻게 해야 할까? 국세기본법은 "세법을 해석·적용할 때에는 과세의 형평(衡平)과 해당 조항의 합목적성에 비추어 납세자의 재산권이 부당하게 침

해되지 아니하도록 하여야 한다"고 규정하고 있다(국세기본법 제18조
제1항). 즉, 세법 규정을 여러 가지 의미로 해석할 수 있을 때는 그
규정을 만든 취지(합목적성)을 고려하되, 다른 납세자와의 형평에 어
긋나지 않도록 해석해야 한다는 것이다.

대법원 역시 세법을 확장해석하거나 유추해석하는 것은 허용되
지 않지만, 법규 상호 간의 해석을 통하여 그 의미를 명백히 할 필
요가 있는 경우는 조세법률주의가 지향하는 법적 안정성 및 예측가
능성을 해치지 않는 범위 내에서 입법 취지 및 목적 등을 고려한 합
목적적 해석을 하는 것은 불가피한 것이라고 하였다(대법원 2008. 2.
15. 선고 2007두4438 판결).

다. 의심스러울 때는 납세자의 이익으로?

형사법에서는 "의심스러울 때는 피고인의 이익으로(in dubio pro
reo)"라는 대원칙을 두고 있다. 이는 형사법이 국가 공형벌권의 발동
을 규율하고 있기 때문이다. 세금 역시 국가에 의한 재산권 침해의
측면이 있다는 점에서 형사법과 비슷하다고 생각할 수 있을 것이다.

그런데 세금의 경우에는 그 목적이 국가의 일반재정을 충당하기
위한 것이라는 점에서, 형사법과는 다른 맥락이 있다. 형사법의 경
우에는 피고인이 처벌받지 않는다고 하여 다른 사람이 더 강하게
처벌받는 것이 아니지만, 조세법의 경우에는 누군가 세금을 내지
않으면 다른 누군가가 세금을 더 많이 내야 재정을 충당할 수 있게
된다. 그래서 "의심스러울 때는 납세자의 이익으로"라는 명제는 적
어도 세법 영역에서는 형사법과 같은 대원칙이 될 수 없다.

라. 조세중립성

'조세중립성', 즉 조세의 경쟁중립성이란 경쟁의 평등을 해하는
조세제도는 바람직하지 않다는 것으로서 경제학, 재정학에 기원을

둔 개념이다. 세법에서도 입법 시 고려되어야 할 하나의 원칙으로 받아들여지고 있기는 하나, 조세제도는 필연적으로 경제적인 유불리를 수반할 수밖에 없으므로, 모든 경우에 조세중립성이 엄격하게 준수될 수는 없고, 세법상 다른 이념 및 입법자의 입법형성의 자유 등과의 조화를 통해서 구현된다. 따라서 특정한 조세제도가 조세중립성에 반한다고 하여 곧바로 위헌 내지 위법이라고 볼 수 없다는 것이 우리 법원의 판단이다(서울고등법원 2017. 6. 16. 선고 2016누37265 판결).

2) 차용개념과 고유개념

다른 법률과 마찬가지로 세법 역시 여러 가지 개념을 사용하고 있으며, 법률마다 정의규정을 두고 있는 경우가 많다. 이와 같이 세법이 스스로 어떠한 개념에 대한 정의를 내리고 있는 경우를 '고유개념'이라고 한다. 예컨대 상속세 및 증여세법상의 증여 개념(상속세 및 증여세법 제2조 제6호)은 민법상의 증여(민법 제554조)보다 훨씬 넓은 개념으로서, 세법이 그 의미를 독자적으로 규정하고 있으므로 고유개념에 해당한다.

상속세 및 증여세법

제2조(정의) 이 법에서 사용하는 용어의 뜻은 다음과 같다.

6. '증여'란 그 행위 또는 거래의 명칭·형식·목적 등과 관계없이 직접 또는 간접적인 방법으로 타인에게 무상으로 유형·무형의 재산 또는 이익을 이전(현저히 낮은 대가를 받고 이전하는 경우를 포함한다)하거나 타인의 재산가치를 증가시키는 것을 말한다. 다만, 유증, 사인증여, 유언대용신탁 및 수익자연속신탁은 제외한다.

민법

제554조(증여의 의의) 증여는 당사자 일방이 무상으로 재산을 상대방에 수여하는 의사를 표시하고 상대방이 이를 승낙함으로써 그 효력이 생긴다.

반면, 세법이 직접 규정하지 않고 다른 법의 개념을 빌려오는 경우를 '차용개념'이라고 한다. 세금 부과의 원인이 되는 경제활동은 법률행위를 통한 것이 많기 때문에 특히 민사법상의 개념을 많이 차용하고 있다. 문제는 차용개념을 원래 법률의 뜻과 똑같이 해석하여야 하는지, 아니면 세법의 목적에 맞추어 독자적으로 해석할 수 있는지 여부이다.

대법원은 세법이 다른 법률의 개념을 차용하면서 독자적인 정의 규정을 두지 않은 이상, 원래 법률의 뜻과 같이 해석해야 한다고 보고 있다(대법원 2013. 3. 14. 선고 2011두24842 판결).

◆ 대법원 2013. 3. 14. 선고 2011두24842 판결

구 지방세법(2006. 12. 30. 법률 제8147호로 개정되기 전의 것, 이하 같다) 제22조 제2호, 제105조 제6항 규정의 문언 내용과 아울러, 구 지방세법 제22조 제2호에서 말하는 '주주'나 '소유'의 개념에 대하여 구 지방세법이 별도의 정의 규정을 두고 있지 않은 이상 민사법과 동일하게 해석하는 것이 법적 안정성이나 조세법률주의가 요구하는 엄격해석의 원칙에 부합하는 점, 주식은 취득세의 과세대상물건이 아닐 뿐만 아니라, 구 지방세법 제22조 제2호는 출자자의 제2차 납세의무에 관하여 규정하면서 그 이하의 조항에서 말하는 과점주주의 개념을 일률적으로 정의하고 있어서 위 규정에서 말하는 '주주'가 되는 시기나 주식의 '소유' 여부를 결정할 때도 취득세에서의 취득시기에 관한 규정이 그대로 적용된다고 보기는 어려운 점 등을 종합하면, 이들 규정에서 말하는 '주주'나 '과점주주'가 되는 시기는 특별한 사정이 없는 한 사법상 주식 취득의 효력이 발생한 날을 의미한다.

3) 신의성실의 원칙

국세기본법은 "납세자가 그 의무를 이행할 때에는 신의에 따라 성실하게 하여야 한다. 세무공무원이 직무를 수행할 때에도 또한 같다"고 규정(국세기본법 제15조)하는 한편, "세법의 해석이나 국세행정의 관행이 일반적으로 납세자에게 받아들여진 후에는 그 해석이나 관행에 의한 행위 또는 계산은 정당한 것으로 보며, 새로운 해석이나 관행에 의하여 소급하여 과세되지 아니한다"고 규정하고 있다(제18조 제3항).

신의성실의 원칙은 합법성을 희생하여 구체적 신뢰를 보호하는 것으로서, 대법원은 신의성실의 원칙의 적용 요건으로 ① 공적 견해표명, ② 납세자의 신뢰 및 무과실, ③ 표명된 견해에 따른 납세자의 행위 그리고 ④ 견해표명에 반하는 과세처분을 들고 있으며, 과세관청이 어떠한 의사를 표시하였더라도 공적 견해의 표명이라 볼 수 없는 일반론적 견해표명에 불과한 경우에는 신의성실의 원칙이 적용되지 않는다고 판시하고 있다(대법원 2010. 4. 29. 선고 2007두19447, 19454 판결).

◆ **대법원 2010. 4. 29. 선고 2007두19447, 19454 판결**

일반적으로 조세법률관계에 있어서 과세관청의 행위에 대하여 신의성실의 원칙을 적용하기 위해서는, 과세관청이 납세자에게 신뢰의 대상이 되는 공적인 견해표명을 하여야 하고, 과세관청의 견해표명이 정당하다고 신뢰한 데 대하여 납세자에게 귀책사유가 없어야 하며, 납세자가 그 견해표명을 신뢰하여 무엇인가 행위를 하여야 하고, 과세관청이 위 견해표명에 반하는 처분을 함으로써 납세자의 이익이 침해되는 결과가 초래되어야 하는바(대법원 2009. 10. 29. 선고 2007두7741 판결 등 참조), 과세관청의 의사표시가 일반론적인 견해표명에 불과한 경우에는 위 원칙의 적용이 부정된다(대법원 2001. 4. 24. 선고 2000두5203 판결 등 참조).

1) 국세기본법 제14조의 내용

국세기본법 제14조는 '실질과세의 원칙'을 규정하고 있다. 우선 제1항은 실질귀속자를 기준으로 과세한다는 내용을 담고 있고, 제2항은 거래실질에 따른 과세를 규정하고 있으며, 제3항은 소위 '우회거래'에 대한 재구성을 규정하고 있다.

국세기본법

제14조(실질과세) ① 과세의 대상이 되는 소득, 수익, 재산, 행위 또는 거래의 귀속이 명의(名義)일 뿐이고 사실상 귀속되는 자가 따로 있을 때에는 사실상 귀속되는 자를 납세의무자로 하여 세법을 적용한다.

② 세법 중 과세표준의 계산에 관한 규정은 소득, 수익, 재산, 행위 또는 거래의 명칭이나 형식과 관계없이 그 실질 내용에 따라 적용한다.

③ 제3자를 통한 간접적인 방법이나 둘 이상의 행위 또는 거래를 거치는 방법으로 이 법 또는 세법의 혜택을 부당하게 받기 위한 것으로 인정되는 경우에는 그 경제적 실질 내용에 따라 당사자가 직접 거래를 한 것으로 보거나 연속된 하나의 행위 또는 거래를 한 것으로 보아 이 법 또는 세법을 적용한다.

---

2) 실질과세의 의의

납세자는 자유롭게 거래의 형식을 선택할 수 있다. 그런데 거래의 형식이 달라지면 세금 부담 또한 달라지는 경우가 있을 수 있다. 따라서 납세자가 선택한 거래의 형식만을 기준으로 과세하게 되면 납세자의 조세회피를 막을 방법이 없게 된다.

예를 들어, A가 C에게 자산을 양도할 때, A가 직접 C에게 자산을 양도하는 것이 아니라 배우자 B에게 증여한 후, B가 C에게 양도하는 2단계의 거래로 양도하면 A가 C에게 직접 양도할 때보다 세금이 줄어들 수 있다. 배우자 간의 증여에 대해서는 일정한 금액까지 증여세를 부과하지 않는다는 점을 이용하는 것이다. 이러한 거래에 대해 실질과세원칙을 적용하면 A가 직접 C에게 양도한 것으로 보아 과세할 수 있게 된다(현재는 배우자 간에 증여를 한 후 일정한 기간 이전에 양도하면 A가 C에게 직접 양도한 것과 같이 취급하도록 하는 개별적 규정을 두어 입법적으로 보완하고 있다).

세법이 실질에 따른 과세를 허용하는 것은 과세의 형평과 합목적성을 확보하기 위한 것이다. 과거에는 실질과세의 '실질'이 '법적 실질'을 의미한다는 주장이 있었으나, 지금은 '경제적 실질'을 말한다는 견해가 통설과 판례이다.

3) 대법원 2012. 1. 19. 선고 2008두8499 전원합의체 판결(로담코 판결)

경제적 실질설에 따른 실질과세원칙이 적용된 대표적 사례가 대법원 2012. 1. 19. 선고 2008두8499 전원합의체 판결(로담코 판결)이다.

로담코 판결을 이해하기 위해 그 사실관계를 살펴보면 다음과 같다. 외국법인 甲이 자회사인 외국법인 乙과 외국법인 丙을 설립하여 乙과 丙이 각각 내국법인 丁의 지분을 50%씩 취득하였고, 내국법인 丁은 국내에 부동산을 보유하고 있었다. 그런데 구 지방세법은 주주가 내국법인의 지분을 50%를 초과하여 취득하는 경우에는 (이를 '과점주주'라고 한다), 해당 내국법인이 보유하고 있는 부동산을 취득한 것으로 간주하여 간주취득세를 부과하도록 규정하고 있었

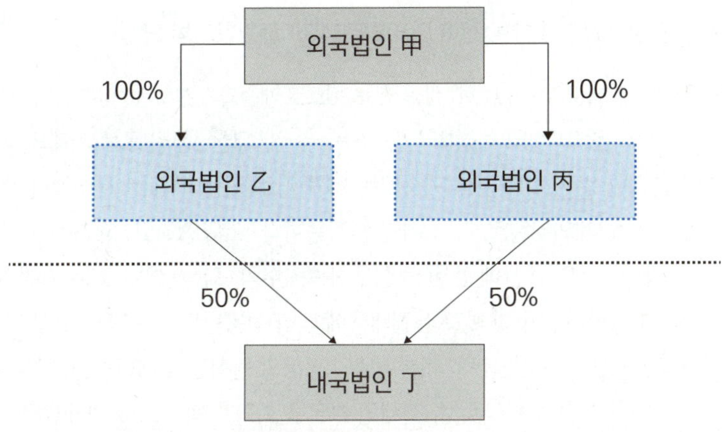

〈그림 2-1〉 로담코 판결의 거래구조

다. 즉, 외국법인 甲이 직접 내국법인 丁의 지분을 취득하면 과점주주가 되어 간주취득세가 부과되는 상황에서, 甲은 乙과 丙을 설립하고 각각 丁의 지분을 50%씩만 취득하게 함으로써 간주취득세 과세를 피할 수 있었던 것이다.

그런데 乙과 丙은 丁 지분을 보유하는 것 외에는 다른 사업실적이 없고, 회사로서 인적·물적 설비도 없어 독자적인 의사결정이나 사업수행능력이 없었다. 이를 근거로 대법원은 甲이 직접 丁의 지분을 취득하지 않고 자회사의 명의로 분산하여 취득함으로써 과점주주 요건에 미달하도록 구성한 것은 오로지 취득세 납세의무를 회피하기 위한 것이라고 보았다.

결국 대법원은 지분의 귀속명의자는 이를 지배·관리할 능력이 없고, 명의자에 대한 지배권 등을 통하여 실질적으로 지배·관리하는 자가 따로 있으며, 그와 같은 명의와 실질의 괴리가 조세회피 목적에서 비롯된 경우에는 그와 같은 지분은 실질적으로 이를 지배·관리하는 자에게 귀속된 것으로 보아 실질적인 지배자를 납세의무자로 삼아야 한다고 판단하였다.

구 국세기본법(2007. 12. 31. 법률 제8830호로 개정되기 전의 것, 이하 같다) 제14조 제1항은 "과세의 대상이 되는 소득·수익·재산·행위 또는 거래의 귀속이 명의일 뿐이고 사실상 귀속되는 자가 따로 있는 때에는 사실상 귀속되는 자를 납세의무자로 하여 세법을 적용한다"고 규정하고, 제2항은 "세법 중 과세표준의 계산에 관한 규정은 소득·수익·재산·행위 또는 거래의 명칭이나 형식에 불구하고 그 실질내용에 따라 적용한다"고 규정하고 있다. 실질과세의 원칙은 헌법상의 기본이념인 평등의 원칙을 조세법률관계에 구현하기 위한 실천적 원리로서, 조세의 부담을 회피할 목적으로 과세요건사실에 관하여 실질과 괴리되는 비합리적인 형식이나 외관을 취하는 경우에 그 형식이나 외관에 불구하고 실질에 따라 담세력이 있는 곳에 과세함으로써 부당한 조세회피행위를 규제하고 과세의 형평을 제고하여 조세정의를 실현하고자 하는 데 주된 목적이 있다. 이는 조세법의 기본원리인 조세법률주의와 대립관계에 있는 것이 아니라 조세법규를 다양하게 변화하는 경제생활관계에 적용함에 있어 예측가능성과 법적 안정성이 훼손되지 않는 범위 내에서 합목적적이고 탄력적으로 해석함으로써 조세법률주의의 형해화를 막고 실효성을 확보한다는 점에서 조세법률주의와 상호보완적이고 불가분적인 관계에 있다고 할 것이다.

이러한 실질과세의 원칙 중 구 국세기본법 제14조 제1항이 규정하고 있는 실질귀속자 과세의 원칙은 소득이나 수익, 재산, 거래 등의 과세대상에 관하여 그 귀속 명의와 달리 실질적으로 귀속되는 자가 따로 있는 경우에는 형식이나 외관을 이유로 그 귀속 명의자를 납세의무자로 삼을 것이 아니라 실질적으로 귀속되는 자를 납세의무자로 삼겠다는 것이고, 이러한 원칙은 구 지방세법 제82조에 의하여 지방세에 관한 법률관계에도 준용된다. 따라서 구 지방세법 제105조 제6항을 적용함에 있어서도, 당해 주식이나 지분의 귀속 명의자는 이를 지배·관리할 능력이 없고 그 명의자에 대한 지배권 등을 통하여 실질적으로 이를 지배·관리하는 자가 따로 있으며, 그와 같은 명의와 실질의 괴리가 위 규정의 적용을 회피할 목적에서 비롯된 경

4) 실질과세원칙과 조세회피목적

앞서 살펴본 바와 같이 실질과세원칙은 '일반적 조세회피 방지규정'의 성격을 가지고 있으나, 국세기본법 제14조 제1항과 제2항은 조세회피목적을 그 적용요건으로 명시하고 있지는 않다.

로담코 판결에서 보았듯 판례는 사업상 또는 경제적 목적이 없이 오직 조세를 회피할 의도로 부자연스럽고 불합리한 행위나 거래를 한 경우에는 그 경제적 실질에 따라 과세할 수 있다고 판시하고 있다. 즉, 판례는 실질과세원칙을 적용할 경우 조세회피의 목적이 있을 것을 요구하고 있다.

한편, 대법원은 납세자가 여러 단계의 거래를 선택하였고, 결과적으로 세금 부담이 줄어들었다고 하더라도, 이러한 결과만을 가지고 실질과세원칙을 적용해서는 안 된다고 판시하고 있다(대법원 2017. 12. 22. 선고 2017두57516 판결). 따라서 과세관청이 실질과세원칙을 적용하여 납세자가 선택한 법적 형식을 부인하고 실질에 따라 과세하려면 이를 정당화하는 특별한 사정, 즉 조세회피목적이 필요한 것이다.

◆ 대법원 2017. 12. 22. 선고 2017두57516 판결 

국세기본법에서 제14조 제3항을 둔 취지는 과세대상이 되는 행위 또는 거래를 우회하거나 변형하여 여러 단계의 거래를 거침으로써 부당하게 조세를 감소시키는 조세회피행위에 대처하기 위하여 그와 같은 여러 단계의 거래 형식을 부인하고 실질에 따라 과세대상인 하나의 행위 또는 거래로 보아 과세할 수 있도록 한 것으로서, 실질과세의 원칙의 적용 태양 중 하나를 규정하여 조세공평을 도모하고자 한 것이다. 그럴지만 한편 납세의무자는 경제활동을 할 때에 동일한 경제적 목적을 달성하기 위하여 여러 가지의 법률관계 중의 하나를 선택할 수 있고 과세관청으로서는 특별한 사정이 없는 한 당사자들이 선택한 법률관계를 존중하여야 하며, 또한 여러 단계의 거래를 거친 후의 결과에는 손실 등의 위험 부담에 대한 보상뿐 아니라 외부적인 요인이나 행위 등이 개입되어 있을 수 있으므로, 여러 단계의 거래를 거친 후의 결과만을 가지고 그 실질이 하나의 행위 또는 거래라고 쉽게 단정하여 과세대상으로 삼아서는 아니 된다.

그런데 납세자가 실질과세원칙을 적용해 달라고 요청하는 경우에는 조세회피목적이 있었다고 보기 어려울 것이다. 게다가 자신이 스스로 선택한 거래의 형식에도 불구하고, 다른 경제적 실질이 있다고 주장하여야 하는데 앞서 살펴본 바와 같이 국세기본법은 납세자에게도 신의성실의 원칙이 적용된다고 규정하고 있다. 그러나 납세자가 피치 못할 사정으로 어떠한 거래의 형식을 선택할 수밖에 없었고, 그 결과 세금 부담이 늘어난 경우라면(세금 부담이 늘어났으므로 그러한 거래의 형식을 선택한 데에 조세회피목적이 있다고 보기는 어려울 것이다) 실질과세원칙을 주장하는 것이 가능할 것이다.

5) 구체적 조세회피 방지규정

각 세법은 실질과세원칙과는 별도로 개별적이고 구체적인 조세회피 방지규정을 두고 있다. 법인세법은 "내국법인의 행위 또는 소득금액 계산이 특수관계인과의 거래로 인하여 그 법인의 소득에 대한 조세의 부담을 부당하게 감소시킨 것으로 인정되는 경우"를 유형화하여, 이러한 경우에는 과세관청이 거래행위나 소득을 부인할 수 있도록 규정하고 있다. 이와 같이 부당행위계산부인 규정을 적용할 때에는 조세회피목적이 있을 것을 추가적으로 요구하지 않는다(대법원 2011. 1. 27. 선고 2010두4421 판결).

◈ 대법원 2011. 1. 27. 선고 2010두4421 판결

부당행위계산부인 규정을 적용하기 위하여는, 특수관계자 사이의 거래가 사회통념이나 거래관행에 비추어 합리적인 경제인이 취할 정상적인 거래로 볼 수 없어 조세의 부담을 부당하게 감소시킨 것으로 인정되면 충분하고 반드시 당사자에게 조세회피의 목적이 있거나 경제적 손실이 있어야 하는 것은 아니다(대법원 2009. 9. 24. 선고 2007두7505 판결 참조).

또한, 상속세 및 증여세법은 "배우자 또는 직계존비속에게 양도한 재산은 양도자가 그 재산을 양도한 때에 그 재산의 가액을 배우자 등이 증여받은 것으로 추정하여 이를 배우자 등의 증여재산가액으로 한다"고 규정하고 있다(상속세 및 증여세법 제44조 제1항). 이 역시 외관상 양도의 형식을 갖추었으나, 그 실질이 증여인 경우에 이를 증여세로 과세하기 위한 규정이다.

1) 세법은 원칙적으로 문언에 따라 엄격하게 해석하여야 하나(문리해석), 입법 취지 등을 고려한 합목적적 해석도 불가피하다. 세법에는 세법이 직접 개념의 의미를 정의하고 있는 고유개념과, 다른 법의 개념을 빌려오는 차용개념이 있으며, 차용개념은 원래 법의 의미대로 해석하여야 한다. 세법상 신의성실의 원칙이 적용되려면 과세관청의 공적 견해표명이 있고, 납세자가 귀책사유 없이 공적 견해표명을 믿고 행위를 하여야 하며, 과세관청이 공적 견해표명에 반하여 과세처분을 하여야 한다.

2) 실질과세의 원칙은 납세자가 형성한 법적 형식이 아닌 그 실질적 내용, 즉 경제적 실질에 따라 과세하는 것을 말하며, 일반적 조세회피 방지규정에 해당한다. 실질과세원칙이 적용된 가장 대표적인 사례로 로담코 판결이 있으며, 판례는 실질과세원칙의 적용이 쟁점이 된 사안들에서 대체로 조세회피목적을 요구하고 있는데, 이는 그러한 사안들이 과세관청이 납세자의 거래를 부인하고 그 경제적 실질에 따라 거래를 재구성하여 과세하는 사례이기 때문이다.

제3강
납세의무(1)

　추상적 납세의무를 성립시키는 과세요건의 개념과, 구체적 납세의무가 확정되기 위하여 필요한 절차에 대해 이해한다.

1) 추상적 납세의무를 성립시키는 일반적 과세요건에 대해 이해할 수 있다.
2) 구체적 납세의무를 확정시키는 절차와 반복되는 과세처분 간의 관계를 이해할 수 있다.

1) 추상적 납세의무의 성립과 과세요건

납세의무는 성립, 확정 및 소멸의 단계를 거치게 된다. 국세기본법은 "국세를 납부할 의무는 세법에서 정하는 과세요건이 충족되면 성립한다"고 규정하고 있다(국세기본법 제21조 제1항). '납세의무의 성립'이란 세법에서 규정하고 있는 과세요건이 충족되는 것을 말하며, 이와 같이 납세의무가 성립하는 때에 '추상적 납세의무'가 발생한다고 말한다. '추상적'이라는 말에서 알 수 있듯이, 납세의무가 성립하였다고 해서 아직까지 납세자가 납부해야 할 조세채무가 확정적으로 발생한 것은 아니다.

납세의무를 성립시키는 요건을 '과세요건'이라고 한다. 과세요건에는 여러 가지가 있다. 우선, 개별적인 세목과 무관하게 모든 세금에 공통적인 과세요건이 있다. 이를 '일반적 과세요건'이라고 하고, 일반적 과세요건에는 납세의무자와 과세물건, 과세표준, 세율이 있다. 각 세목별로 구체적인 과세요건은 각 세법에서 규정하고 있다. 이번 강의에서는 일반적 과세요건에 대해서 살펴보도록 한다.

2) 납세의무의 성립 시기

국세기본법은 각 세목별로 납세의무의 성립시기를 열거하고 있다.

국세기본법

제21조(납세의무의 성립시기) ② 제1항에 따른 국세를 납부할 의무의 성립시기는 다음 각호의 구분에 따른다.

1. 소득세·법인세: 과세기간이 끝나는 때. 다만, 청산소득에 대한 법인세는

그 법인이 해산을 하는 때를 말한다.

2. 상속세: 상속이 개시되는 때

3. 증여세: 증여에 의하여 재산을 취득하는 때

4. 부가가치세: 과세기간이 끝나는 때. 다만, 수입재화의 경우에는 세관장에게 수입신고를 하는 때를 말한다.

5. 개별소비세·주세 및 교통·에너지·환경세: 과세물품을 제조장으로부터 반출하거나 판매장에서 판매하는 때, 과세장소에 입장하거나 과세유흥장소에서 유흥음식행위를 하는 때 또는 과세영업장소에서 영업행위를 하는 때. 다만, 수입물품의 경우에는 세관장에게 수입신고를 하는 때를 말한다.

6. 인지세: 과세문서를 작성한 때

7. 증권거래세: 해당 매매거래가 확정되는 때

(이하 생략)

위의 내용을 보면 "과세기간이 끝나는 때"에 납세의무가 성립하는 경우가 있고, "상속이 개시되는 때"나 "증여에 의하여 재산을 취득하는 때"에 납세의무가 성립하는 경우가 있다.

'과세기간'이란 "세법에 따라 국세의 과세표준 계산의 기초가 되는 기간"을 말한다(국세기본법 제2조 제13호). 세금 중에는 1년이나 6개월이라는 기간을 기준으로 과세하는 세목이 있다. 이렇게 일정한 기간을 기준으로 과세하는 것을 '기간과세'라고 한다. 기간과세의 가장 대표적인 세목은 법인세와 소득세, 부가가치세이다. 법인세나 소득세는 보통 1년을 하나의 과세단위로 해서 1년간 얼마나 돈을 벌었는지를 기준으로 과세하고, 부가가치세는 1년을 2번으로 쪼개서 1기(1월부터 6월까지)와 2기(7월부터 12월까지)로 구분해서 과세한다. 이처럼 기간과세되는 세목은 과세사건이 정기적이고 반복적으로 일어나므로 매번 과세하지 않고 일정한 기간을 합쳐서 한 번에 과세하는 것이다.

반면, 상속이나 증여의 경우에는 정기적이거나 반복적으로 이루어진다고 보기 어렵다. 대체로 상속이나 증여는 일생을 살면서 고작 몇 번 정도 경험할 수 있는 사건인데, 이걸 1년 단위로 과세한다는 건 무의미한 것이다. 그래서 이러한 세목들은 매 과세물건이 발생할 때를 기준으로 세금을 거두게 된다.

3) 납세의무자

가. 자연인과 법인

국세기본법은 "납세의무자란 세법에 따라 국세를 납부할 의무가 있는 자를 말한다"고 규정하고 있다(국세기본법 제2조 제9호). 즉, 납세의무자는 조세채무를 부담하는 의무자를 말하며, 원칙적으로 세법상 권리능력자여야 한다. 자연인이나 법인 같은 민사법상 권리능력자는 세법상 권리능력자가 되는 것이 원칙이다. 그러나 세법과 민사법은 서로 목적이 다르기 때문에, 반드시 그 둘 사이의 권리능력자 범위가 일치하는 것은 아니다.

예컨대 과세물건의 형식적 소유자와 실질적 소유자가 다를 경우가 있다. 명의신탁의 경우가 대표적이다. 민법상 명의신탁은 대외적으로는 수탁자가 그 소유권자이지만, 대내적으로는 위탁자의 소유인 것이다. 그런데 만약에 수탁자가 명의신탁 재산을 양도해서 소득을 얻었다면, 그 소득은 누구 것인가? 명의자인 수탁자? 아니면 진짜 소유권자인 위탁자?

대법원은 "부동산을 제3자에게 명의신탁한 경우 명의신탁자가 부동산을 양도하여 그 양도로 인한 소득이 명의신탁자에게 귀속되었다면, 국세기본법 제14조 제1항에서 정한 실질과세의 원칙상 당해 양도소득세의 납부의무자는 양도의 주체인 명의신탁자일 뿐 명의수탁자가 그 납부의무자가 되는 것은 아니다"라고 판시하고 있다(대법원 2021. 7. 29. 선고 2020다260902 판결).

나. 법인으로 보는 단체(의제법인)

국세기본법은 '법인으로 보는 단체'라는 규정을 두고 있다(국세기본법 제13조). 법인으로 보는 단체는 흔히 '의제법인'이라고도 한다. 의제법인이라는 용어만 봐도 알 수 있듯, 실제로는 법인이 아님에도 불구하고 세법상 법인으로 의제(간주)하여 과세하는 단체를 말한다.

국세기본법

제13조(법인으로 보는 단체 등) ① 법인이 아닌 사단, 재단, 그 밖의 단체(이하 '법인 아닌 단체'라 한다) 중 다음 각호의 어느 하나에 해당하는 것으로서 수익을 구성원에게 분배하지 아니하는 것은 법인으로 보아 이 법과 세법을 적용한다.

1. 주무관청의 허가 또는 인가를 받아 설립되거나 법령에 따라 주무관청에 등록한 사단, 재단, 그 밖의 단체로서 등기되지 아니한 것

2. 공익을 목적으로 출연(出捐)된 기본재산이 있는 재단으로서 등기되지 아니한 것

② 제1항에 따라 법인으로 보는 사단, 재단, 그 밖의 단체 외의 법인 아닌 단체 중 다음 각호의 요건을 모두 갖춘 것으로서 대표자나 관리인이 관할 세무서장에게 신청하여 승인을 받은 것도 법인으로 보아 이 법과 세법을 적용한다. 이 경우 해당 사단, 재단, 그 밖의 단체의 계속성과 동질성이 유지되는 것으로 본다.

1. 사단, 재단, 그 밖의 단체의 조직과 운영에 관한 규정(規程)을 가지고 대표자나 관리인을 선임하고 있을 것

2. 사단, 재단, 그 밖의 단체 자신의 계산과 명의로 수익과 재산을 독립적으로 소유·관리할 것

3. 사난, 새난, 그 밖의 단체의 수익을 구성원에게 분배히지 아니할 것

의제법인에는 '당연의제법인'과 '승인의제법인'이 있다. 당연의제법인은 과세관청의 승인 없이도 당연히 법인으로 의제되는 단체를 말하는 것으로서(국세기본법 제13조 제1항), 이미 주무관청의 허가 또는 인가를 받았으므로 과세관청의 승인을 따로 받을 필요가 없는 단체이다. 반면 승인의제법인은 과세관청의 승인이 있어야 비로소 법인으로 의제되는 단체를 말한다(제2항). 당연의제법인과 승인의제법인은 형식적으로 법인격은 없지만, 단체로서의 실질적인 성격을 가지고 있기 때문에 별도의 납세의무자로 취급되는 것이다.

다. 연대납세의무

민사법에 연대채무가 있듯이, 세법에는 '연대납세의무'가 있다. 연대납세의무란 하나의 납세의무에 대해서, 두 사람 이상이 연대해서 책임을 지는 것을 말한다. 국세기본법은 아래 4가지 경우를 규정하고 있다(국세기본법 제25조).

국세기본법

제25조(연대납세의무) ① 공유물(共有物), 공동사업 또는 그 공동사업에 속하는 재산과 관계되는 국세 및 강제징수비는 공유자 또는 공동사업자가 연대하여 납부할 의무를 진다.

② 법인이 분할되거나 분할합병된 후 분할되는 법인(이하 이 조에서 '분할법인'이라 한다)이 존속하는 경우 다음 각호의 법인은 분할등기일 이전에 분할법인에 부과되거나 납세의무가 성립한 국세 및 강제징수비에 대하여 분할로 승계된 재산가액을 한도로 연대하여 납부할 의무가 있다.

1. 분할법인

2. 분할 또는 분할합병으로 설립되는 법인(이하 이 조에서 '분할신설법인'이라 한다)

3. 분할법인의 일부가 다른 법인과 합병하는 경우 그 합병의 상대방인 다른

법인(이하 이 조에서 '분할합병의 상대방 법인'이라 한다)

③ 법인이 분할 또는 분할합병한 후 소멸하는 경우 다음 각호의 법인은 분할법인에 부과되거나 분할법인이 납부하여야 할 국세 및 강제징수비에 대하여 분할로 승계된 재산가액을 한도로 연대하여 납부할 의무가 있다.

1. 분할신설법인

2. 분할합병의 상대방 법인

④ 법인이 「채무자 회생 및 파산에 관한 법률」 제215조에 따라 신회사를 설립하는 경우 기존의 법인에 부과되거나 납세의무가 성립한 국세 및 강제징수비는 신회사가 연대하여 납부할 의무를 진다.

연대납세의무에 대해서는 민법상 연대채무에 관한 규정들을 준용하고 있다(국세기본법 제25조의2). 그 성질이 유사하기 때문이다.

라. 제2차 납세의무

'제2차 납세의무'는 연대납세의무의 경우와 달리, "납세자가 납세의무를 이행할 수 없는 경우에 납세자를 갈음하여 납세의무를 지는 자"로서(국세기본법 제2조 제11호), 우선 납세의무자의 재산으로 체납처분을 하여도 그가 납부하여야 할 국세·가산금 및 체납처분비에 충당하기 부족한 경우에 납세의무자와 일정한 관계가 있는 자가 부족한 금액에 대하여 책임지는 것이다. 따라서 제2차 납세의무는 본래의 납세의무에 대해 부종성과 보충성을 가진다. 국세기본법은 청산인 등의 제2차 납세의무(국세기본법 제38조), 출자자의 제2차 납세의무(제39조), 법인의 제2차 납세의무(제40조), 사업양수인의 제2차 납세의무(제41조)를 규정하고 있다.

제38조(청산인 등의 제2차 납세의무) ① 법인이 해산하여 청산하는 경우에 그 법인에 부과되거나 그 법인이 납부할 국세 및 강제징수비를 납부하지 아니하고 해산에 의한 잔여재산을 분배하거나 인도하였을 때에 그 법인에 대하여 강제징수를 하여도 징수할 금액에 미치지 못하는 경우에는 청산인 또는 잔여재산을 분배받거나 인도받은 자는 그 부족한 금액에 대하여 제2차 납세의무를 진다. (생략)

제39조(출자자의 제2차 납세의무) 법인의 재산으로 그 법인에 부과되거나 그 법인이 납부할 국세 및 강제징수비에 충당하여도 부족한 경우에는 그 국세의 납세의무 성립일 현재 다음 각호의 어느 하나에 해당하는 자는 그 부족한 금액에 대하여 제2차 납세의무를 진다. 다만, 제2호에 따른 과점주주 또는 제3호에 따른 과점조합원의 경우에는 그 부족한 금액을 그 법인의 발행주식 총수 또는 출자총액으로 나눈 금액에 해당 과점주주 또는 과점조합원이 실질적으로 권리를 행사하는 주식 수 또는 출자액을 곱하여 산출한 금액을 한도로 한다. (생략)

제40조(법인의 제2차 납세의무) ① 국세의 납부기간 만료일 현재 법인의 무한책임사원 또는 과점주주의 재산으로 그 출자자가 납부할 국세 및 강제징수비에 충당하여도 부족한 경우에는 그 법인은 다음 각호의 어느 하나에 해당하는 경우에만 그 부족한 금액에 대하여 제2차 납세의무를 진다. (생략)

제41조(사업양수인의 제2차 납세의무) ① 사업이 양도·양수된 경우에 양도일 이전에 양도인의 납세의무가 확정된 그 사업에 관한 국세 및 강제징수비를 양도인의 재산으로 충당하여도 부족할 때에는 대통령령으로 정하는 사업의 양수인은 그 부족한 금액에 대하여 양수한 재산의 가액을 한도로 제2차 납세의무를 진다. (생략)

4) 과세물건

'과세물건'이란 세법이 과세대상으로 정하고 있는 물건이나 행위 등, 조세채무를 성립시키는 물적 요소를 말한다. 소득세법이나 법인세법의 경우에는 소득이 과세물건이 되고, 부가가치세법의 경우에는 재화 또는 용역의 공급이 과세물건이 된다. 상속세나 증여세의 경우에는 재산의 상속이나 증여가 과세물건이 된다. 무엇을 과세물건으로 삼을 것인지는 결국 국민의 담세력을 기준으로 결정할 수밖에 없다.

5) 과세표준

'과세표준'이란 "세법에 따라 직접적으로 세액산출의 기초가 되는 과세대상의 수량 또는 가액(價額)"을 말한다(국세기본법 제2조 제14호). 예컨대 소득세나 법인세의 경우 소득금액이 과세표준이 된다. 과세물건의 크기가 곧바로 과세표준이 되는 경우도 있지만, 과세표준을 산정할 때 정책적 이유로 과세물건의 합계액에서 여러 가지 항목을 공제하는 경우가 많다.

한편, 과세표준의 크기를 금액이나 가격을 기준으로 산정할 수도 있지만, 수량을 기준으로 산정할 수도 있다. 소비세의 경우 금액이나 가격을 기초로 과세표준을 산정하게 되면 '종가세'라고 하고, 수량을 기초로 하면 '종량세'라고 한다. 부가가치세가 대표적인 종가세이고, 유류에 부과되는 교통·에너지·환경세가 대표적인 종량세이다.

6) 세율

'세율'이란 세액을 산출하기 위해 과세표준에 곱하는 비율을 말한다. 즉, '산출세액'은 과세표준에 세율을 곱한 것이다.

세율은 대표적으로 '비례세율(단일세율)'과 '누진세율'로 구분할 수 있다. 비례세율이란 과세표준의 크기와 무관하게 일정한 비율의 세율이 똑같이 적용되는 체계를 말하며, 누진세율은 과세표준이 커

질수록 적용되는 세율 역시 높아지는 체계를 말한다. 소득세법이나 법인세법은 누진세율 체계를 채택하고 있으며, 부가가치세법은 비례세율 체계를 채택하고 있다.

한편, '실효세율'이라는 개념도 있다. 실효세율은 명목적인 세율과 달리, 납세자가 실제로 부담하는 세율, 즉 세금 감면 등을 다 적용받고 난 후의 실제 세율을 말하는 것이다. 그리고 '탄력세율'은 경제환경의 변화에 대응하여 세법이 정하는 범위에서 행정부가 조정할 수 있도록 하는 세율을 말한다. 통상적으로 종량세에 적용되며, 가장 대표적으로 유류에 부과되는 교통·에너지·환경세를 그 예로 들 수 있다.

2 ▶ 납세의무의 확정

1) 구체적 납세의무의 확정

납세의무의 '성립'은 추상적 납세의무를 발생시킬 뿐이며, 납세의무가 현실적인 금전채무(조세채무)로 되려면 '확정'이라는 절차를 거쳐야 한다. 납세의무의 성립에는 특별한 절차가 필요하지 않지만, 납세의무의 확정에는 통상적으로 법률에 정해진 절차(납세신고 또는 부과처분)가 필요하다는 점에서 차이가 있다(국세기본법 제22조 제1항).

2) 신고납부방식

'신고납부방식'이란 납세의무자가 과세표준과 세액을 정부에 신고했을 때에 납세의무(조세채무)가 확정되는 방식을 말한다(국세기본법 제22조 제2항). 국세기본법은 소득세, 법인세, 부가가치세, 개별소비세, 주세, 증권거래세, 교육세, 교통·에너지·환경세, 종합부동산세를 신고납부방식 세목으로 규정하고 있다.

신고납부방식에서는 납세자가 직접 자기의 과세표준과 세액을 과세관청에 신고하면 과세관청의 행정처분 없이 신고한 내용대로 조세채무가 확정된다. 즉, 신고납부방식에서 납세신고는 사인의 공법행위에 해당하며, 납세신고에 의해 조세채무가 확정된다는 점에서 채무관계설과 친화적인 측면이 있다.

다만, 납세의무자가 과세표준과 세액의 신고를 하지 아니하거나 신고한 과세표준과 세액이 세법에서 정하는 바와 맞지 아니한 경우에는 정부가 과세표준과 세액을 결정하거나 경정하는 때에 그 결정 또는 경정에 따라 확정된다(국세기본법 제22조 제2항 단서).

3) 부과고지방식

'부과고지방식'이란 과세관청이 납세자의 과세표준 및 세액을 일방적으로 결정하여 부과하는 방식을 말하며, 해당 국세의 과세표준과 세액을 과세관청이 결정하는 때에 납세의무가 확정된다(국세기본법 제22조 제3항). 과거 국가가 권위적으로 세금을 부과했던 방식이라는 점에서 권력관계설과 친화적인 방식이라고 할 수 있다.

부과고지방식에서 납세자의 신고로써 납세의무를 확정시키는 효력이 없음은 당연하고, 단지 과세관청이 과세처분을 함에 있어 참고자료를 제공하는 의미가 있을 뿐이다. 대표적으로 상속세나 증여세, 그리고 종합부동산세 등이 부과고지방식의 국세에 해당한다. 종합부동산세는 신고납부도 가능하고, 부과고지도 가능하다는 점에서 특이한 세목이라 볼 수 있다.

4) 부과권

부과고지방식의 세목 또는 신고납부방식이지만 납세자의 신고가 없다거나, 혹은 신고를 잘못한 경우에, 그리고 이미 확정된 조세채무의 내용을 변경하여 납세의무를 확정하는 과세관청의 권한을 '부과권'이라고 한다. '결정'이란 과세관청이 최초로 조세채무를 확정하는 과세처분을 말하고, '경정'이란 기존의 조세채무를 변경하는 과세처분을 말하며, '재경정'이란 경정처분을 다시 변경하는 처분을 말한다.

5) 기한후신고

법정신고기한까지 과세표준신고서를 제출하지 아니한 자는 관할 세무서장이 세법에 따라 해당 국세의 과세표준과 세액을 결정하여 통지하기 전까지 기한후과세표준신고서를 제출할 수 있고(국세기본법 제45조의3 제1항), 그 세액을 납부할 수 있다(제2항).

그러나 '기한후신고'는 납세의무를 확정시키는 효력이 없으며, 과세관청의 결정 또는 경정으로 납세의무가 확정된다는(제3항) 점에서 법정신고기한 내의 납세신고(이를 '확정신고'라고 한다)와 차이가 있으나, 기한후신고를 해야 가산세가 감면되고(국세기본법 제48조), 수정신고(제45조)나 경정청구(제45조의2)가 가능하다는 점에서 실익이 있다.

6) 수정신고

'수정신고'는 납세자가 조세채무를 과소하게 신고한 경우에 이를 스스로 정정할 수 있도록 하는 절차로서, 조세채무를 증액시키는 절차이다(국세기본법 제45조).

국세기본법

제45조(수정신고) ① 과세표준신고서를 법정신고기한까지 제출한 자 및 제45조의3 제1항에 따른 기한후과세표준신고서를 제출한 자는 다음 각호의 어느 하나에 해당할 때에는 관할 세무서장이 각 세법에 따라 해당 국세의 과세표준과 세액을 결정 또는 경정하여 통지하기 전으로서 제26조의2 제1항부터 제4항까지의 규정에 따른 기간이 끝나기 전까지 과세표준수정신고서를 제출할 수 있다.

1. 과세표준신고서 또는 기한후과세표준신고서에 기재된 과세표준 및 세액이 세법에 따라 신고하여야 할 과세표준 및 세액에 미치지 못할 때

2. 과세표준신고서 또는 기한후과세표준신고서에 기재된 결손금액 또는 환급세액이 세법에 따라 신고하여야 할 결손금액이나 환급세액을 초과할 때

3. 제1호 및 제2호 외에 원천징수의무자의 정산 과정에서의 누락, 세무조정 과정에서의 누락 등 대통령령으로 정하는 사유로 불완전한 신고를 하였을 때(제45조의2에 따라 경정 등의 청구를 할 수 있는 경우는 제외한다)

확정신고 및 기한후신고를 한 경우에만 수정신고를 할 수 있으며, 수정신고를 하는 경우 가산세 감면의 혜택이 있다(국세기본법 제48조). 확정신고를 한 납세자의 경우에는 수정신고 역시 기존에 확정된 조세채무를 증액하여 확정하는 효력이 있다. 반면 기한후신고의 경우에는 기한후신고 자체가 조세채무를 확정하는 효력이 없으므로, 수정신고를 하더라도 마찬가지로 조세채무를 확정하는 효력이 없다.

그렇다면 만약 확정신고를 하지 않고 수정신고만 하였다면 어떻게 될까? 대법원은, 수정신고의 적법성 요건은 당초에 적법한 과세표준신고서를 제출하였을 것과, 당초 신고에 수정할 사항이 있을 경우일 것이므로, 확정신고기한 내에 확정신고를 하지 않고 이후에

수정신고만 한 경우에는 그 전제가 되는 확정신고가 없으므로 수정신고 역시 효력이 없다고 판단하였다(대법원 1983. 12. 13. 선고 83누198 판결).

7) 경정 등의 청구

'경정청구'는 수정신고와 반대로, 납세자가 조세채무를 과다하게 신고한 경우에 이를 정정하여 달라고 청구할 수 있는 절차로서, 조세채무를 감액시키는 절차이다(국세기본법 제45조의2).

국세기본법

제45조의2(경정 등의 청구) ① 과세표준신고서를 법정신고기한까지 제출한 자 및 제45조의3 제1항에 따른 기한후과세표준신고서를 제출한 자는 다음 각호의 어느 하나에 해당할 때에는 최초신고 및 수정신고한 국세의 과세표준 및 세액의 결정 또는 경정을 법정신고기한이 지난 후 5년 이내에 관할 세무서장에게 청구할 수 있다. 다만, 결정 또는 경정으로 인하여 증가된 과세표준 및 세액에 대하여는 해당 처분이 있음을 안 날(처분의 통지를 받은 때에는 그 받은 날)부터 3개월 이내(법정신고기한이 지난 후 5년 이내로 한정한다)에 경정을 청구할 수 있다.

1. 과세표준신고서 또는 기한후과세표준신고서에 기재된 과세표준 및 세액(각 세법에 따라 결정 또는 경정이 있는 경우에는 해당 결정 또는 경정 후의 과세표준 및 세액을 말한다)이 세법에 따라 신고하여야 할 과세표준 및 세액을 초과할 때

2. 과세표준신고서 또는 기한후과세표준신고서에 기재된 결손금액, 세액공제액 또는 환급세액(각 세법에 따라 결정 또는 경정이 있는 경우에는 해당 결정 또는 경정 후의 결손금액, 세액공제액 또는 환급세액을 말한다)이 세법에 따라 신고하여야 할 결손금액, 세액공제액 또는 환급세액에 미치지 못할 때 (중략)

③ 제1항과 제2항에 따라 결정 또는 경정의 청구를 받은 세무서장은 그 청

구를 받은 날부터 2개월 이내에 과세표준 및 세액을 결정 또는 경정하거나 결정 또는 경정하여야 할 이유가 없다는 뜻을 그 청구를 한 자에게 통지하여야 한다. (생략)

확정신고 또는 기한후신고를 한 납세자만 경정청구를 할 수 있으며, 경정청구가 있으면 과세관청은 2개월 이내에 세액을 경정하거나, 경정청구를 거부하여야 한다. 즉, 경정청구만으로는 조세채무가 변동되는 효력이 없고, 과세관청의 과세처분에 따라 조세채무가 변동되는 것이다.

8) 납세의무 변경의 효과

구체적 납세의무(조세채무)가 확정된 이후에 과세관청의 경정 등 처분이 있게 되면 기존의 조세채무를 변경하는 효력이 발생한다. 그런데 과세관청이 결정이나 경정 등의 과세처분을 한 이후에(이를 '선행처분'이라고 한다), 다시 경정하는 경우(이를 '후행처분'이라고 한다) 각 처분 간의 관계가 어떻게 되는지에 대해 견해가 대립한다. 이는 결국 두 처분 중 조세쟁송의 대상이 되는 과세처분이 과연 무엇인지에 관한 견해 대립이다.

〈표 3-1〉 선행처분과 후행처분의 관계에 대한 견해 대립

견해	내용
흡수설	후행처분에 따라 선행처분이 소멸한다는 견해(선행처분이 후행처분에 흡수됨)
역흡수설	후행처분이 선행처분에 흡수된다는 견해
병존설	선행처분과 후행처분은 별개의 처분으로서 독립적으로 병존한다는 견해

　대법원은 증액경정처분과 감액경정처분을 다르게 보고 있다. 증액경정처분의 경우에는 선행처분이 후행처분에 흡수된다는 흡수설을 따르고 있고(대법원 2013. 4. 18. 선고 2010두11733 전원합의체 판결), 감액경정처분의 경우에는 후행처분이 선행처분에 흡수된다는 역흡수설을 따르고 있다(대법원 1995. 8. 11. 선고 95누351 판결).

◆ 대법원 2013. 4. 18. 선고 2010두11733 전원합의체 판결

과세표준과 세액을 증액하는 증액경정처분은 당초 납세의무자가 신고하거나 과세관청이 결정한 과세표준과 세액을 그대로 둔 채 탈루된 부분만을 추가로 확정하는 처분이 아니라 당초신고나 결정에서 확정된 과세표준과 세액을 포함하여 전체로서 하나의 과세표준과 세액을 다시 결정하는 것이므로, 당초신고나 결정에 대한 불복기간의 경과 여부 등에 관계없이 오직 증액경정처분만이 항고소송의 심판대상이 되는 점, (생략)

◆ 대법원 1995. 8. 11. 선고 95누351 판결

과세표준과 세액을 감액하는 경정처분은 당초 부과처분과 별개 독립의 과세처분이 아니라 그 실질은 당초 부과처분의 변경이고, 그에 의하여 세액의 일부 취소라는 납세자에게 유리한 효과를 가져오는 처분이므로 그 경정결정으로도 아직 취소되지 않고 남아 있는 부분이 위법하다 하여 다투는 경우, 항고소송의 대상은 당초의 부과처분 중 경정결정에 의하여 취소되지 않고 남은 부분이고, 경정결정이 항고소송의 대상이 되는 것이 아니며, 이 경우 적법한 전심절차를 거쳤는지 여부도 당초 처분을 기준으로 하여 판단하여야 한다.

1) 과세요건이란 납세의무자, 과세물건, 과세표준, 세율 등 추상적인 납세 의무를 성립시키는 요건을 말한다. 납세의무자는 세법상 권리능력자여야 하며, 국세기본법에는 법인이 아님에도 법인으로 의제하는 경우가 규정되어 있다. 그 외에 연대납세의무, 제2차 납세의무 등도 인정된다. 과세물건이란 세법이 과세대상으로 정하고 있는 물건이나 행위 등, 조세채무를 성립시키는 물적 요소를 말하고, 과세표준이란 세법에 따라 직접적으로 세액산출의 기초가 되는 과세대상의 수량 또는 가액(價額)을 말하며, 세율이란 세액을 산출하기 위해 과세표준에 곱하는 비율을 말한다.

2) 납세의무의 확정은 구체적 조세채무를 확정하는 절차를 거쳐야 하며, 신고납부방식과 부과고지방식이 있다. 신고납부방식의 경우 수정신고와 기한후신고, 경정청구가 인정된다. 그리고 선행 과세처분과 후행 과세처분 간의 관계에 대하여 흡수설, 역흡수설, 병존설 등 견해가 대립하는데, 판례는 증액경정처분에 대해서는 흡수설, 감액경정처분에 대해서는 역흡수설을 따르고 있다.

제4강
납세의무(2)

성립된 납세의무가 소멸하는 과정을 이해하고, 그 밖에 납세의무와 관련된 쟁점들을 학습한다.

1) 부과제척기간과 국세징수권의 소멸시효를 이해할 수 있다.
2) 원천징수와 납세의무의 승계, 가산세와 국세환급금을 이해할 수 있다.

1) 납세의무의 소멸 사유

국세기본법은 국세를 납부할 의무가 소멸하는 경우를 국세가 납부·충당되거나 부과가 취소된 때, 국세를 부과할 수 있는 기간에 국세가 부과되지 아니하고 그 기간이 끝난 때, 국세징수권의 소멸시효가 완성된 때로 규정하고 있다(국세기본법 제26조). 여기서 국세의 '충당'이란, 국가가 납세자로부터 징수할 조세채권과 해당 납세자에 대한 국세환급금을 동시에 가지고 있는 경우에 이를 서로 상계하는 것을 말한다(국세기본법 제51조 제2항).

이하에서는 부과제척기간과 국세징수권의 소멸시효를 차례로 알아본다.

2) 부과제척기간

가. 통상적인 부과제척기간

'제척기간'이란 일정한 권리에 관해 법률상 정해진 권리의 존속기간을 말하는 것으로서, 원칙적으로 제척기간에는 정지나 중단이 인정되지 않는다.

'부과제척기간'은 국세를 부과할 수 있는 기간을 말하며, 국세를 부과할 수 있는 날부터 기산한다. 단, 부과고지방식의 세목이라고 하더라도 납세자의 신고가 필요한 경우(증여세나 상속세 등)에는 그 신고기한이 경과해야 부과권이 발생하고, 제척기간도 기산된다.

국내거래에 대한 원칙적인 부과제척기간은 5년이지만, 역외거래의 경우에는 7년이다. 여기서 '역외거래'란 「국제조세조정에 관한 법률」에 따른 국제거래(거래의 일방 당사자가 비거주자 또는 외국법인인 경우) 및 거래 당사자 양쪽이 거주자인 거래이지만 국외에 있는 자산의 매매·임대차, 국외에서 제공하는 용역과 관련된 거래를 말한다(국세기본법 제26조의2 제1항).

나. 무신고에 대한 부과제척기간

납세자가 법정신고기한까지 과세표준신고서를 제출하지 않은 경우, 국내거래에 대해서는 7년, 역외거래에 대해서는 10년의 부과제척기간이 적용된다(국세기본법 제26조의2 제2항 제1호). 이는 신고를 아예 하지 않은 경우(즉, 무신고)만을 의미하며, 과소하게 신고한 경우는 제외된다. 따라서 근로소득만 있는 자가 연말정산을 통해 소득세를 납부하였다면, 연말정산시 누락된 다른 근로소득이 있다고 하더라도 이는 무신고가 아니라 과소신고이므로 부과제척기간은 5년이다(대법원 2013. 7. 11. 선고 2013두5555 판결).

◆ 대법원 2013. 7. 11. 선고 2013두5555 판결

국세기본법 제26조의2 제1항은 무신고와 과소신고를 각각 달리 취급하고 있는 것으로 이해되므로 7년의 부과제척기간을 규정한 국세기본법 제26조의2 제1항 제2호는 과세표준확정신고를 하여야 할 의무가 있음에도 아예 그 신고를 하지 아니한 무신고의 경우에 적용되고 과소신고의 경우에는 국세기본법 제26조의2 제1항 제3호에 의하여 5년의 부과제척기간이 적용된다고 보아야 한다. 이러한 점에다가 소득세법 제70조 제1항 각호의 어느 하나에 해당하는 거주자가 원천징수나 연말정산에 의하여 소득세를 납부한 경우에는 같은 호의 소득이 누락되었다고 하더라도 이를 과소신고와 마찬가지로 취급하는 것이 소득세 납부의 간이화와 과세의 편의를 도모하기 위하여 과세표준확정신고의 예외를 규정한 소득세법 제70조 제1항 등의 취지에 부합하는 점 등을 함께 고려하여 보면, 근로소득만 있는 거주자가 연말정산에 의하여 소득세를 납부한 경우에는 연말정산에서 누락된 다른 근로소득이 있다고 하더라도 그 소득세에 대한 부과제척기간은 특별한 사정이 없는 한 5년으로 보아야 할 것이다.

다. 사기 기타 부정한 행위에 대한 부과제척기간

납세자가 사기 기타 부정한 행위(이를 '부정행위'라고 한다)로 국세를 포탈하거나 환급 또는 공제받은 경우, 국내거래에 대해서는 10년, 역외거래에 대해서는 15년의 부과제척기간이 적용된다(국세기본법 제26조의2 제2항 제2호). 여기서 부정행위란 "조세의 부과와 징수를 불가능하게 하거나 현저히 곤란하게 하는 적극적 행위"를 의미한다(국세기본법 시행령 제12조의2, 조세범처벌법 제3조 제6항).

대법원은 부정행위의 범위에 납세의무자 본인의 행위뿐만 아니라, 납세의무자의 대리인이나 이행보조자 등의 행위도 포함된다고 판시하고 있다(대법원 2015. 9. 10. 선고 2010두1385 판결).

◆ 대법원 2015. 9. 10. 선고 2010두1385 판결

구 국세기본법(1999. 12. 31. 법률 제6070호로 개정되기 전의 것) 제26조의2 제1항 제1호 및 제3호의 내용과 입법 취지는 조세법률관계의 신속한 확정을 위하여 원칙적으로 국세 부과권의 제척기간을 5년으로 하면서도 국세에 관한 과세요건사실의 발견을 곤란하게 하거나 허위의 사실을 작출하는 등의 부정한 행위가 있는 경우에 과세관청은 탈루신고임을 발견하기가 쉽지 아니하여 부과권의 행사를 기대하기가 어려우므로 국세에 대한 부과제척기간을 10년으로 연장하는 데 있다. 그렇다면 여기서 말하는 '부정한 행위'에는 납세의무자 본인의 부정한 행위뿐만 아니라, 납세의무자가 스스로 관련 업무의 처리를 위탁함으로써 행위영역 확장의 이익을 얻게 되는 납세의무자의 대리인이나 이행보조자 등의 부정한 행위도 다른 특별한 사정이 없는 한 포함된다.

라. 상속세와 증여세의 부과제척기간

상속세와 증여세는 원칙적으로 10년의 부과제척기간이 적용되고, 예외적으로 납세자가 부정행위로 상속세나 증여세를 포탈하거나, 환급 또는 공제받은 경우, 납세자가 신고서를 제출하지 않은 경우, 납세자가 신고서를 제출하였으나 거짓신고 또는 누락신고를 한 경우에는 15년의 부과제척기간이 적용된다(국세기본법 제26조의2 제4항).

나아가 국세기본법은, 제3자의 명의로 되어 있는 피상속인 또는 증여자의 재산을 상속인이나 수증자가 취득한 경우, 계약에 따라 피상속인이 취득할 재산이 계약이행기간에 상속이 개시됨으로써 등기·등록 또는 명의개서가 이루어지지 아니하고 상속인이 취득한 경우, 국외에 있는 상속재산이나 증여재산을 상속인이나 수증자가 취득한 경우, 등기·등록 또는 명의개서가 필요하지 아니한 유가증권, 서화(書畵), 골동품 등 상속재산 또는 증여재산을 상속인이나 수증자가 취득한 경우 등에는 과세관청이 해당 행위가 있음을 안 날부터 1년 이내에 상속세 또는 증여세를 부과할 수 있도록 하고 있다(국세기본법 제26조의2 제5항). 따라서, 이러한 경우는 사실상 부과제척기간의 제한이 없는 경우가 된다.

3) 국세징수권의 소멸시효

'국세징수권'이란 국세의 징수를 목적으로 하는 국가의 권리를 말한다. 한편, '소멸시효'란 권리자가 권리를 행사할 수 있으나, 이를 행사하지 않은 채 일정한 기간이 경과하면 그 권리가 소멸되는 기간을 말한다.

국세기본법은, 국세징수권은 이를 행사할 수 있는 때부터 5년(5억 원 미만) 또는 10년(5억 원 이상)의 기간이 경과하면 소멸시효가 완성된다고 규정하고 있다(국세기본법 제27조 제1항). 국세징수권을 행사할 수 있는 때란, 신고납부방식의 세목은 법정 신고납부기한의 다음 날, 부과고지방식의 세목은 고지에 따른 납부기한의 다음 날을 말한다(제3항).

소멸시효는 권리를 행사하지 않았다는 사실에 근거해서 권리를 소멸시키는 제도이므로, 권리를 행사한 것으로 볼 수 있으면 중단되고, 권리를 행사할 수 없는 사정이 있는 경우에는 정지될 수 있다. 즉, 부과제척기간과 달리 소멸시효에는 중단이나 정지가 인정된다.

국세기본법은 납부고지, 독촉, 교부청구, 압류를 소멸시효 중단 사유로 규정하고 있으며(국세기본법 제28조 제1항), 이러한 사유가 종료되면 소멸시효가 새롭게 진행된다(제2항). 납부고지는 세액을 결정하여 부과하는 부과처분의 성격과 함께 확정된 조세채무의 이행을 청구하는 성격을 동시에 가지므로, 국세징수권을 행사한 것으로 볼 수 있다.

한편, 국세기본법은 분납기간, 납부고지 유예, 지정납부기한·독촉장에서 정하는 기한의 연장, 징수 유예기간, 압류·매각의 유예기간, 연부연납(年賦延納)기간, 사해행위(詐害行爲) 취소소송이나 채권자대위 소송을 제기하여 그 소송이 진행 중인 기간, 체납자가 국외에 6개월 이상 계속 체류하는 경우 해당 국외 체류 기간을 소멸시효 정지 사유로 규정하고 있으며(국세기본법 제28조 제3항), 이러한 사유가 종료되면 그때부터 나머지 시효가 진행된다.

소멸시효가 완성되면 국세징수권은 절대적으로 소멸하며, 설령 납세자가 이를 원용하지 않더라도 소멸한다. 또한 납세자는 시효이익을 포기할 수 없다.

4) 국세 우선의 원칙

국세 및 강제징수비는 다른 공과금이나 그 밖의 채권에 우선하여 징수한다(국세기본법 제35조 제1항 본문). 다만, 지방세나 공과금의 체납처분 또는 강제징수를 할 때 그 체납처분 또는 강제징수 금액 중에서 국세 및 강제징수비를 징수하는 경우의 그 지방세나 공과금의 체납처분비 또는 강제징수비, 강제집행·경매 또는 파산 절차에 따라 재산을 매각할 때 그 매각금액 중에서 국세 및 강제징수비를 징수하는 경우의 그 강제집행, 경매 또는 파산 절차에 든 비용, 그리고 법정기일 전에 설정된 전세권·질권 또는 저당권 등의 담보물권에 의하여 담보되는 채권 또는 임대차보증금반환채권, 「주택임대차보호법」 또는 「상가건물임대차보호법」에 따른 대항요건과 확정일자를 갖춘 임대보증금 반환채권 등은 국세보다 우선한다(제1항 단서 및 각호). 여기서 '법정기일'이란 신고납부방식의 세목의 경우 그 신고일, 부과고지방식의 세목의 경우 납부고지서 발송일을 말한다(제2항).

2   기타 납세의무 관련 쟁점

1) 원천징수

'원천징수'란 세법에 따라 소득을 지급하는 자(이를 '원천징수의무자'라고 한다)가 그 소득을 지급받는 자(이를 '원천납세의무자'라고 한다)가 부담할 국세를 징수하여 납부하는 것을 말하며, 이는 과세의 편의와 형평을 위한 제도이다.

원칙적으로 소득을 지급받는 자가 그에 대한 소득세 등을 신고납부할 의무를 지지만, 국가 역시 소득의 흐름을 파악할 필요가 있다. 한편, 납세자 입장에서도 1년에 한 번 소득세 등을 전액 납부하게 되면 지나친 부담이 될 수 있으므로, 소득을 지급받는 시점에 미리 세금을 내는 것이 편리할 수 있다. 이러한 측면에서 소득을 지급하는 자에게 미리 소득 중 일부를 먼저 떼어내서 세금으로 납부하도록 하는 것이다.

원천징수에는 '완납적 원천징수'와 '예납적 원천징수'가 있다. 완납적 원천징수란 원천징수만으로 납세의무가 완결되는 경우를 말한다. 일용직 근로자가 받는 근로소득과 같이 분리과세되는 소득이나, 국내사업장이 없는 외국법인에게 지급하는 소득 같은 경우에는 원천징수만 이행하면 더 이상 납세의무가 없다. 반면, 예납적 원천징수란 원천징수 이후에 다시 확정신고를 해야 하는 경우를 말한다. 현행 세법상 원천징수는 원칙적으로 예납적 원천징수라고 볼 수 있다.

2) 납세의무의 승계

국세기본법은 법인이 합병하는 경우나(국세기본법 제23조) 상속이 이루어지는 경우에(제24조) 납세의무가 승계된다고 규정하고 있다. 법인이 합병하게 되면 피합병법인은 법인격이 소멸하므로, 합병존속법인 또는 합병신설법인이 피합병법인의 납세의무를 승계하는 것이다. 제3강에서 분할합병의 경우 연대납세의무를 진다고 하였는데, 분할합병의 경우는 분할법인이 소멸하지 않기 때문에 납세의무를 승계하는 것이 아니라 연대납세의무를 지는 것이다.

국세기본법

제23조(법인의 합병으로 인한 납세의무의 승계) 법인이 합병한 경우 합병 후 존속하는 법인 또는 합병으로 설립된 법인은 합병으로 소멸된 법인에 부과되거나 그 법인이 납부할 국세 및 강제징수비를 납부할 의무를 진다.

제24조(상속으로 인한 납세의무의 승계) ① 상속이 개시된 때에 그 상속인 또는 「민법」 제1053조에 규정된 상속재산관리인은 피상속인에게 부과되거나 그 피상속인이 납부할 국세 및 강제징수비를 상속으로 받은 재산의 한도에서 납부할 의무를 진다.

3) 가산세

가. 가산세의 의미

'가산세'란, 세법에서 규정하는 의무의 성실한 이행을 확보하기 위하여 세법에 따라 산출한 세액에 가산하여 징수하는 금액을 말한다(국세기본법 제2조 제4호). 가산세는 행정상의 제재로서 형사처분이 아니므로 조세범처벌법에 따른 형벌과 병과가 가능하며, 납세자의 고의 과실 등도 고려하지 않는다(대법원 2001. 9. 14. 선고 99두3324 판결).

◈ 대법원 2001. 9. 14. 선고 99두3324 판결

세법상 가산세는 과세권의 행사 및 조세채권의 실현을 용이하게 하기 위하여 납세자가 정당한 이유 없이 법에 규정된 신고, 납세 등 각종 의무를 위반한 경우에 개별세법이 정하는 바에 따라 부과되는 행정상의 제재로서 납세자의 고의, 과실은 고려되지 않는 것이고, 다만 납세의무자가 그 의무를 알지 못한 것이 무리가 아니었다거나, 그 의무의 이행을 당사자에게 기대하는 것이 무리라고 하는 사정이 있을 때 등, 그 의무해태를 탓할 수 없는 정당한 사유가 있는 경우에는 이를 부과할 수 없다.

　가산세의 세목은 본세의 세목으로 하는 것이므로(국세기본법 제47조 제2항 본문), 본세와 연계성이 있다고 볼 수 있으나, 가산세는 본질적으로 세금이 아닌 행정상 제재이므로 본세와는 차이가 있다(대법원 2005. 9. 30. 선고 2004두2356 판결). 따라서 본세를 감면하는 경우에도 가산세는 그 감면대상에 포함되지 않는다(단서).

◆ **대법원 2005. 9. 30. 선고 2004두2356 판결**

가산세는 과세권의 행사와 조세채권의 실현을 용이하게 하기 위하여 세법에 규정된 의무를 정당한 이유 없이 위반한 납세자에게 부과하는 일종의 행정상 제재이므로, 징수절차의 편의상 당해 세법이 정하는 국세의 세목으로 하여 그 세법에 의하여 산출한 본세의 세액에 가산하여 함께 징수하는 것일 뿐, 세법이 정하는 바에 의하여 성립·확정되는 국세와 본질적으로 그 성질이 다른 것이므로, 가산세부과처분은 본세의 부과처분과 별개의 과세처분이라 할 것이다(대법원 2001. 10. 26. 선고 2000두7520 판결 참조).

나. 국세기본법상 가산세의 유형

　국세기본법은 무신고가산세, 과소신고·초과환급신고가산세, 납부지연가산세, 원천징수 등 납부지연가산세를 규정하고 있다. 우선 '무신고가산세'란, 법정기한 내에 과세표준신고서를 제출하지 않은 경우에 부과되는 가산세를 말하며(국세기본법 제47조의2), '과소신고·초과환급신고가산세'란, 법정기한 내에 신고를 하였으나, 신고하여야 할 세액(이를 '정당세액'이라고 한다)보다 적게 신고하거나, 환급세액을 정당세액보다 많이 신고한 경우에 부과되는 가산세를 말한다(제47조의3). 그리고 '납부지연가산세'란, 납세의무자가 법정납부기한까지 국세를 납부하지 않거나, 납부해야 할 세액보다 적게 납부하거나(과소납부), 환급받아야 할 세액보다 많이 환급받은 경우에 부과되는 가산세를 말하고(제47조의4), '원천징수 등 납부지연가산세'란, 원천징수의무자가 징수해야 할 세액을 법정기한까지 납부하지 않거나, 과소납부한 경우 부과되는 가산세를 말한다(제47조의5).

다. 가산세의 감면과 한도

천재지변 등 신고기한을 연장하는 사유에 해당하거나, 그 외에 납세자가 의무를 이행하지 아니한 데에 정당한 사유가 있는 등 납세자의 의무불이행이 부득이하다고 인정되는 경우에는 가산세를 부과하지 않는다(국세기본법 제48조 제1항). 또한, 납세의무자가 일정한 기간 내에 수정신고를 하거나 기한후신고를 하여 오류를 바로잡는 경우에는 가산세 중 일부를 감면하도록 하고 있다(제2항).

국세기본법은 특정한 의무불이행에 대한 가산세는 그 의무위반의 종류별로 5천만 원(중소기업이 아닌 경우에는 1억 원)을 한도로 하고 있다. 다만, 의무위반이 고의적인 경우에는 이러한 한도를 적용하지 않는다(국세기본법 제49조 제1항).

4) 국세환급금

납세의무자가 국세로 납부한 금액 중 잘못 납부하거나, 초과납부한 금액이 있거나, 세법에 따라 환급해야 할 환급세액이 있는 경우, 과세관청은 이를 '국세환급금'으로 결정하여야 한다(국세기본법 제51조). 그리고 국세환급금을 지급하는 경우에는 대통령령으로 정하는 국세환급가산금 기산일부터 지급결정을 하는 날까지 이자율 등에 따라 계산한 금액(이를 '국세환급가산금'이라 한다)을 국세환급금에 가산하여 지급하여야 한다. 국세환급금 및 국세환급가산금은 5년의 소멸시효에 걸린다(제54조).

대법원은 국세환급금결정 또는 환급거부결정은 항고소송의 대상이 되는 처분(과세처분)에 해당하지 않는다고 하는 한편(대법원 2009.

11. 26. 선고 2007두4018 판결), 환급세액 지급청구 소송은 민사소송 (부당이득반환소송)이 아닌 행정소송법상 당사자소송에 해당한다고 판단하였다(대법원 2013. 3. 21. 선고 2011다95564 전원합의체 판결).

◈ 대법원 2009. 11. 26. 선고 2007두4018 판결

구 국세기본법(2006. 12. 30. 법률 제8139호로 개정되기 전의 것) 제51조의 오납액과 초과납부액은 조세채무가 처음부터 존재하지 않거나 그 후 소멸되었음에도 불구하고 국가가 법률상 원인 없이 수령하거나 보유하고 있는 부당이득에 해당하고, 그 국세환급금결정에 관한 규정은 이미 납세의무자의 환급청구권이 확정된 국세환급금에 대하여 내부적 사무처리절차로서 과세관청의 환급절차를 규정한 것에 지나지 않고 위 규정에 의한 국세환급금결정에 의하여 비로소 환급청구권이 확정되는 것은 아니므로, 위 국세환급금결정이나 이 결정을 구하는 신청에 대한 환급거부결정은 납세의무자가 갖는 환급청구권의 존부나 범위에 구체적이고 직접적인 영향을 미치는 처분이 아니어서 항고소송의 대상이 되는 처분이라고 볼 수 없다.

◈ 대법원 2013. 3. 21. 선고 2011다95564 전원합의체 판결

납세의무자에 대한 국가의 부가가치세 환급세액 지급의무는 그 납세의무자로부터 어느 과세기간에 과다하게 거래징수된 세액 상당을 국가가 실제로 납부받았는지와 관계없이 부가가치세법령의 규정에 의하여 직접 발생하는 것으로서, 그 법적 성질은 정의와 공평의 관념에서 수익자와 손실자 사이의 재산상태 조정을 위해 인정되는 부당이득 반환의무가 아니라 부가가치세법령에 의하여 그 존부나 범위가 구체적으로 확정되고 조세정책적 관점에서 특별히 인정되는 공법상 의무라고 봄이 타당하다. 그렇다면 납세의무자에 대한 국가의 부가가치세 환급세액 지급의무에 대응하는 국가에 대한 납세의무자의 부가가치세 환급세액 지급청구는 민사소송이 아니라 행정소송법 제3조 제2호에 규정된 당사자소송의 절차에 따라야 한다.

1) 국세의 부과제척기간은 국내거래의 경우 원칙적으로 5년이지만, 납세자가 신고를 하지 않은 경우에는 7년, 부정행위에 의한 경우에는 10년의 부과제척기간이 적용된다. 부과제척기간은 정지되거나 중단되지 않는다. 국세징수권의 소멸시효는, 5억 이상은 10년, 5억 미만은 5년의 기간이 적용되며, 소멸시효는 제척기간과 달리 정지사유와 중단사유가 존재한다.

2) 가산세란, 세법상 의무이행을 확보하기 위하여 부과하는 행정상 제재이며, 납세자의 고의과실을 묻지 않으나, 납세자가 의무를 이행하지 않은데 정당한 사유가 있는 경우에는 부과하지 않는다. 납세자가 과오납한 세금이 있는 경우, 이는 국세환급금으로 되돌려 받을 수 있고 5년의 소멸시효가 적용된다.

제5강
납세자 권리의 보호(1)

학습개요

세무조사절차와 사전구제절차(과세전적부심사, 세법해석 등)를 통해 납세자의 권리를 보호하기 위한 제도를 학습한다.

학습목표

1) 세무조사절차를 이해하고, 재조사는 원칙적으로 금지됨을 이해할 수 있다.
2) 과세전적부심사 제도와 세법해석(서면질의와 사전답변) 제도를 이해할 수 있다.

1) 세무조사의 의미

'세무조사'란, 과세관청이 "국세의 과세표준과 세액을 결정 또는 경정하기 위하여 질문을 하거나, 해당 장부·서류 또는 그 밖의 물건을 검사·조사하거나, 그 제출을 명하는 활동"을 말한다(국세기본법 제2조 제21호).

제3강에서 살펴본 바와 같이, 신고납부방식의 세목에 대하여 납세자는 직접 납세신고를 하여야 한다. 그런데 만약 납세자가 납세신고를 하지 않거나, 적정하게 납세신고를 하지 않은 경우에는 과세관청이 직접 부과징수권을 행사하게 된다. 부과징수권의 행사를 위해 과세관청이 과세에 대한 자료를 확보하기 위한 활동을 세무조사라 한다.

2) 납세자권리헌장과 납세자의 성실성 추정

세무공무원이 세무조사 및 조세범칙조사를 하거나, 사업자등록증을 발급하는 등의 경우 납세자권리헌장의 내용이 수록된 문서를 납세자에게 교부해야 한다(국세기본법 제81조의2). '납세자권리헌장'이란, 납세자의 권리보호에 관한 사항에 대하여 국세청장이 제정하여 고시하는 것으로서 아래와 같은 내용으로 되어 있다.

납세자권리헌장

납세자의 권리는 헌법과 법률에 따라 존중되고 보장됩니다.

납세자는 신고 등의 협력의무를 이행하지 않았거나 구체적인 조세탈루 혐의가 없는 한 성실하다고 추정되고 법령에 의해서만 세무조사 대상으로 선정되며, 공정한 과세에 필요한 최소한의 기간과 범위에서 조사받을 권리가 있습니다.

납세자는 증거인멸의 우려 등이 없는 한 세무조사 기간과 사유를 사전에 통지받으며, 사업의 어려움으로 불가피한 때에는 조사의 연기를 요구하여 그 결과를 통지받을 권리가 있습니다.

납세자는 세무대리인의 조력을 받을 수 있고 명백한 조세탈루혐의 등이 없는 한 중복조사를 받지 아니하며, 장부·서류는 탈루혐의가 있는 경우로서 납세자의 동의가 있어야 세무관서에 일시 보관될 수 있습니다.

납세자는 세무조사 기간이 연장 또는 중지되거나 조사범위가 확대될 때, 그리고 조사가 끝났을 때 그 사유와 결과를 서면으로 통지받을 권리가 있습니다.

납세자는 위법·부당한 처분 또는 절차로 권익을 침해당하거나 침해당할 우려가 있을 때 그 처분의 적법성에 대하여 불복을 제기하여 구제받을 수 있으며, 납세자보호담당관과 보호위원회를 통하여 정당한 권익을 보호받을 수 있습니다.

납세자는 자신의 과세정보에 대해 비밀을 보호받고 권리행사에 필요한 정보를 신속하게 제공받을 수 있으며, 국세공무원으로부터 언제나 공정한 대우를 받을 권리가 있습니다.

세무공무원은 수시조사대상(아래 4) 나. 참조)에 해당하는 사유가 있는 경우를 제외하고는 원칙적으로 납세자가 성실하며, 납세자가 제출한 신고서 등이 진실한 것으로 추정하여야 한다(국세기본법 제81조의3). 한편, 납세자는 세무조사를 받는 경우에 변호사, 공인회계사, 세무사로 하여금 조사에 참여하게 하거나 의견을 진술하게 할 수 있다(제81조의5).

3) 세무조사의 목적과 세무조사권 남용 금지

세무조사는 과세관청이 조세채무를 확정하기 위하여 기초적인 자료를 파악할 목적에서 하는 행위이다. 그런데 세무조사는 단순히 납세자의 거래나 행위 등에 대한 사실관계만 파악하는 것(이를 '사실판단'이라고 한다)이 아니라, 납세자가 신고한 내용이 세법을 적정하게 적용한 것인지 여부도 파악하게 된다(이를 '법률판단'이라고 한다).

국세기본법은 "세무공무원은 적정하고 공평한 과세를 실현하기 위하여 필요한 최소한의 범위에서 세무조사를 하여야 하며, 다른 목적 등을 위하여 조사권을 남용해서는 아니 된다"고 규정하고 있다(국세기본법 제81조의4).

4) 세무조사 대상자 선정

가. 정기조사

과세관청은 납세신고의 적정성을 검증하기 위하여 조사대상을 선정할 수 있다. 이를 '정기선정' 또는 '정기조사'라고 하고, 통상적인 유형의 세무조사에 해당한다. 정기선정의 사유는 국세청장이 납세자의 신고에 대한 자료를 고려하여 정기적으로 성실도를 분석한 결과 불성실 혐의가 있다고 인정하는 경우, 최근 4과세기간 이상 같은 세목의 세무조사를 받지 아니한 납세자에 대하여 업종, 규모, 경제력 집중 등을 고려하여 신고 내용의 적정성에 대한 검증이 필요한 경우, 무작위추출방식으로 표본조사를 하려는 경우이다(국세기본법 제81조의6 제2항).

나. 수시조사

과세관청은 납세자의 성실성을 신뢰하기 어려운 사유가 있는 경우에는 정기조사 외에도 수시로 조사대상을 선정할 수 있다. 이를 '수시조사'라고 하며, '조세범칙조사'와 함께 통상적이지 않은 유형의 세무조사 중 하나이다. 수시조사의 사유는 납세자가 세법에서 정하는 신고, 성실신고확인서의 제출, 세금계산서 또는 계산서의 작성·교부·제출, 지급명세서의 작성·제출 등 납세협력의무를 이행하지 아니한 경우, 무자료거래, 위장·가공거래 등 거래 내용이 사실과 다른 혐의가 있는 경우, 납세자에 대한 구체적인 탈세 제보가 있는 경우, 신고 내용에 탈루나 오류의 혐의를 인정할 만한 명백한 자료가 있는 경우, 납세자가 세무공무원에게 직무와 관련하여 금품을 제공하거나 금품제공을 알선한 경우이다(국세기본법 제81조의6 제3항).

5) 세무조사의 범위

세무조사는 납세자의 사업과 관련하여 세법에 따라 신고·납부의무가 있는 모든 세목을 통합하여 실시하는 것이 원칙이다(국세기본법 제81조의11 제1항). 이를 '통합조사의 원칙'이라고 한다. 세무조사는 그 조사 결과에 따른 과세처분뿐만 아니라, 조사 자체로도 납세자에게 상당한 불편을 끼치는 절차이기 때문에, 가급적이면 한 번의 세무조사로 끝내는 것이 바람직하기 때문이다.

다만, 언제나 통합조사를 해야 하는 것은 아니고 세목의 특성, 납세자의 신고유형, 사업규모, 세금탈루 혐의 등을 고려하여 특정한 세목만 조사하는 것도 가능하고, 납세의무자의 감액경정청구에 대한 처리를 위하여 확인이 필요한 경우 등에는 해당 부분에 대한 세무조사도 가능하다(국세기본법 제81조의11 제2항). 이를 '부분조사'라고 한다.

　통합조사이건, 부분조사이건 일단 세무조사가 시작된 이후에는 구체적인 세금탈루 혐의가 여러 과세기간 또는 다른 세목까지 관련되는 것으로 확인되는 경우 등과 같이 예외적인 경우를 제외하고는 조사진행 중에 세무조사의 범위를 확대할 수 없다(국세기본법 제81조의9).

6) 재조사의 금지

　세무조사의 목적은 적정하고 공평한 과세를 실현하기 위한 것으로서 필요한 최소한의 범위에서 이루어져야 하며, 특별한 사정이 없는 한 같은 세목 및 같은 과세기간에 대하여 재조사를 할 수 없다. 다만, 조세탈루의 혐의를 인정할 만한 명백한 자료가 있는 경우, 거래상대방에 대한 조사가 필요한 경우, 2개 이상의 과세기간과 관련하여 잘못이 있는 경우, 조세심판원의 재조사결정이 있는 경우, 납세자가 세무공무원에게 직무와 관련하여 금품을 제공(알선)한 경우, 부분조사 실시 후 해당 조사에 포함되지 않은 부분에 대하여 조사하는 경우, 부동산투기, 매점매석, 무자료거래 등 경제질서 교란 등을 통한 세금탈루 혐의가 있는 자에 대하여 일제조사를 하는 경우 등에 한하여 재조사가 허용된다(국세기본법 제81조의4 제2항).

　대법원은 허용되는 재조사의 범위를 상당히 엄격하게 해석하고 있으며(대법원 2015. 9. 10. 선고 2013두6206 판결), 과세관청이 재조사 금지 원칙을 어긴 경우 이를 중대한 절차적 하자로 보아 과세처분의 효력을 부인하고 있다(대법원 2017. 12. 13. 선고 2016두55421 판결).

세무공무원이 어느 세목의 특정 과세기간에 대하여 모든 항목에 걸쳐서 세무조사를 한 경우는 물론 그 과세기간의 특정 항목에 대하여만 세무조사를 한 경우에도 다시 해당 세목의 같은 과세기간에 대하여 세무조사를 하는 것은 국세기본법 제81조의3 제2항에서 금지하는 재조사에 해당한다. 다만 당초의 세무조사가 다른 세목이나 다른 과세기간에 대한 세무조사 도중에 해당 세목이나 과세기간에도 동일한 잘못이나 세금탈루 혐의가 있다고 인정되어 관련 항목에 대하여 세무조사 범위가 확대되어서 부분적으로만 이루어진 경우와 같이, 당초 세무조사 당시 모든 항목에 걸쳐 세무조사를 하는 것이 무리였다는 등의 특별한 사정이 있는 경우에는, 당초 세무조사를 한 항목을 제외한 나머지 항목에 대하여 향후 다시 세무조사를 하는 것은 국세기본법에서 금지하는 재조사에 해당하지 아니한다.

국세기본법은 재조사가 예외적으로 허용되는 경우를 엄격히 제한하고 있는 바, 그와 같이 한정적으로 열거된 요건을 갖추지 못한 경우 같은 세목 및 같은 과세기간에 대한 재조사는 원칙적으로 금지되고, 중복세무조사금지의 원칙을 위반한 경우 과세처분의 효력을 부정하는 방법으로 통제할 수밖에 없는 중대한 절차적 하자가 존재한다고 보아야 한다. 국세기본법 제81조의4 제2항에 따라 금지되는 재조사에 기하여 과세처분을 하는 것은 단순히 당초 과세처분의 오류를 경정하는 경우에 불과하다는 등의 특별한 사정이 없는 한 그 자체로 위법하고, 이는 과세관청이 그러한 재조사로 얻은 과세자료를 과세처분의 근거로 삼지 않았다거나 이를 배제하고서도 동일한 과세처분이 가능한 경우라고 하여 달리 볼 것은 아니다.

7) 세무조사 기간의 제한

국세기본법은 세무조사 기간에 대하여, 조사대상 세목·업종·규

모, 조사 난이도 등을 고려하여 그 기간이 최소한이 되도록 하여
야 한다고 규정하고 있다(국세기본법 제81조의8 제1항 본문). 다만, 장
부·서류 등의 은닉·제출 지연·거부 등 조사 기피행위가 명백한 경
우, 거래처 조사, 거래처 현지확인 또는 금융거래 현지확인이 필요
한 경우, 세금탈루 혐의가 포착되거나 조사 과정에서 조세범칙조사
를 개시하는 경우, 천재지변이나 노동쟁의로 조사가 중단되는 경
우, 납세자보호관 등이 납세자의 세금탈루혐의와 관련한 추가적인
사실 확인이 필요하다고 인정하는 경우, 세무조사 대상자가 세금탈
루혐의에 대한 해명 등을 위하여 세무조사 기간의 연장을 신청한
경우로서 납세자보호관 등이 이를 인정하는 경우에는 세무조사 기
간을 연장할 수 있다(단서 및 각호).

또한, 무자료거래, 위장·가공거래 등 거래의 내용이 사실과 다른
혐의가 있어 실제 거래 내용에 대한 조사가 필요한 경우, 역외거래
를 이용하여 세금을 탈루(脫漏)하거나 국내 탈루소득을 해외로 변칙
유출한 혐의로 조사하는 경우, 명의위장, 이중장부의 작성, 차명계
좌의 이용, 현금거래의 누락 등의 방법을 통하여 세금을 탈루한 혐
의로 조사하는 경우, 거짓계약서 작성, 미등기양도 등을 이용한 부
동산 투기 등을 통하여 세금을 탈루한 혐의로 조사하는 경우, 상속
세·증여세 조사, 주식변동 조사, 범칙사건 조사 및 출자·거래관계
에 있는 관련자에 대하여 동시조사를 하는 경우에는 세무조사 기간
및 기간연장에 대한 제한이 없다(국세기본법 제81조의8 제3항).

8) 세무조사의 중지·재개 및 조기종결

세무공무원은 납세자가 자료 제출을 지연하는 등 대통령령으로
정하는 사유로 세무조사를 진행하기 어려운 경우에는 세무조사를
중지할 수 있다. 이 경우 중지기간은 세무조사 기간 및 연장기간에

산입하지 않는다(국세기본법 제81조의8 제4항). 세무조사가 중지된 기간 중에는 세무공무원이 납세자에게 질문을 하거나 장부 등의 검사·조사 또는 그 제출을 요구할 수 없다(제5항). 세무공무원은 세무조사의 중지사유가 소멸하게 되면 즉시 조사를 재개하여야 하며, 중지사유가 소멸하지 않았더라도 조세채권의 확보 등 긴급히 조사를 재개하여야 할 필요가 있는 경우에는 세무조사를 재개할 수 있다(제6항). 세무공무원은 조사기간을 단축하기 위해 노력하여야 하며, 장부기록 및 회계처리의 투명성 등 납세성실도를 검토하여 더 이상 조사할 사항이 없다고 판단될 때에는 조사기간 종료 전이라도 조사를 조기에 종결할 수 있다(제8항).

9) 질문조사권과 납세자의 협력의무

세무공무원은 납세자 및 관계인에게 질문을 하거나, 장부나 서류 등 물건을 조사할 수 있는 권한이 있으며(소득세법 제170조, 법인세법 제122조 등), 이와 같이 세무공무원이 '질문조사권'을 행사하여 과세자료를 확보하는 활동이 세무조사이다.

소득세법

제170조(질문·조사) ① 소득세에 관한 사무에 종사하는 공무원은 그 직무수행을 위하여 필요한 경우에는 다음 각호의 어느 하나에 해당하는 자에 대하여 질문을 하거나 해당 장부·서류 또는 그 밖의 물건을 조사하거나 그 제출을 명할 수 있다. (생략)

법인세법

제122조(질문·조사) 법인세에 관한 사무에 종사하는 공무원은 그 직무수행에 필요한 경우에는 다음 각호의 어느 하나에 해당하는 자에 대하여 질

통상적인 세무조사에서 이루어지는 질문·조사는 영장을 요하는 강제조사가 아니라, 납세자의 협력이 필요한 임의조사이다. 다만, 납세자는 세무공무원의 적법한 질문·조사, 제출명령에 대하여 성실하게 협력하여야 할 의무가 있으며(국세기본법 제81조의17), 과세관청은 적법한 세무공무원의 질문에 대하여 거짓으로 진술하거나 그 직무집행을 거부 또는 기피한 자에게 5천만 원 이하의 과태료를 부과·징수한다(국세기본법 제88조).

10) 세무조사에 대한 통지

세무공무원이 세무조사를 개시하려면 원칙적으로 조사 개시 20일 전(※ 2025. 1. 1. 이전에는 15일 전이었으나, 국세기본법이 개정되어 20일 전으로 사전통지 기간이 연장됨)에 조사대상자에게 조사대상 세목, 조사기간, 조사 사유, 그 밖에 대통령령으로 정하는 사항을 통지(이를 '사전통지'라고 한다)하여야 하지만(국세기본법 제81조의7 제1항 본문), 사전통지를 하면 증거인멸 등으로 조사 목적을 달성할 수 없다고 인정되는 경우에는 통지할 필요가 없다(단서). 한편, 사전통지를 받은 납세자가 천재지변 등 대통령령으로 정하는 사유로 조사를 받기 곤란한 경우에는 조사를 연기해 줄 것을 신청할 수 있다(제2항).

세무공무원은 세무조사를 마쳤을 때 그 조사를 마친 날부터 20일 이내에 세무조사 내용, 결정 또는 경정할 과세표준, 세액 및 산출근거 등이 포함된 조사결과를 납세자에게 설명하고, 이를 서면으

로 통지하여야 하는데(국세기본법 제81조의12), 이를 '결과통지'라고
한다.

1) 과세예고통지와 과세전적부심사

세무조사 결과에 대한 서면통지, 세무서 또는 지방국세청에 대한
업무감사 결과에 따른 과세통지, 세무조사 결과 관련자에 대한 과
세자료 및 현지 확인조사에 따른 과세통지, 납부고지하려는 세액이
100만 원 이상인 경우 이루어지는 과세통지를 일컬어 '과세예고통
지'라고 한다.

납세자는 과세예고통지를 받은 날부터 30일 이내에 해당 통지를
한 과세관청에 통지 내용의 적법성에 관한 심사를 청구할 수 있으
며(이를 '과세전적부심사'라고 한다), 법령과 관련하여 국세청장의 유
권해석을 변경하여야 하거나 새로운 해석이 필요한 경우 등에는 국
세청장에게 과세전적부심사를 청구할 수 있다(국세기본법 제81조의
15 제2항).

다만, 납부기한 전 징수의 사유가 있거나 수시부과의 사유가 있
는 경우, 조세범처벌법 위반으로 고발 또는 통고처분하는 경우, 세
무조사 결과 통지 및 과세예고통지를 하는 날부터 부과제척기간의
만료일까지의 기간이 3개월 이하인 경우 등에는 과세전적부심사가
허용되지 않는다(국세기본법 제81조의15 제3항).

과세예고통지는 과세처분이 있기 전에 미리 납세자에게 해당 사
실을 알려 줌으로써, 납세자가 과세전적부심사를 청구하여 과세처
분 이전 단계에서 납세자의 권리를 보호하기 위한 목적을 가지고

있다. 다시 말해 과세예고통지와 과세전적부심사는 과세처분이 내려지기 전에 이를 다툴 수 있다는 점에서 사전적(事前的) 납세자 권리구제 절차에 해당한다.

과세예고통지를 받은 납세자는 과세전적부심사를 청구하지 않고, 통지받은 내용의 전부 또는 일부에 대하여 과세표준 및 세액을 조기에 결정 또는 경정결정하여 줄 것을 신청할 수 있으며, 이러한 신청이 있으면 과세관청은 신청받은 내용대로 즉시 결정이나 경정결정을 하여야 한다(국세기본법 제81조의15 제8항). 이를 '조기결정신청'이라고 한다.

과세전적부심사 청구를 받은 과세관청(세무서장, 지방국세청장 및 국세청장)은 각각 국세심사위원회의 심사를 거쳐 결정을 하고, 그 결과를 청구를 받은 날부터 30일 이내에 청구인에게 통지하여야 하며(국세기본법 제81조의15 제4항), 과세전적부심사 청구에 대한 결정은 ① 청구가 이유 없다고 인정되는 경우에는 '채택하지 아니한다'는 결정, ② 청구가 이유 있다고 인정되는 경우에는 '채택'하거나 '일부 채택'하는 결정, ③ 청구가 적법하지 않은 경우에는 '심사하지 아니한다'는 결정으로 하여야 한다(제5항).

대법원은 과세예고통지를 하지 않아 과세전적부심사의 기회를 부여하지 않은 경우(대법원 2016. 4. 15. 선고 2015두52326 판결)는 물론, 과세예고통지를 하였다고 하더라도 납세자가 미처 과세전적부심사를 신청하지 못하였거나, 또는 과세전적부심사를 신청하였다고 하더라도 그에 대한 결정이 있기 전에 과세처분을 한 경우(대법원 2016. 12. 27. 선고 2016두49228 판결), 이는 모두 중대한 절차적 하자로 보아 위법한 과세처분이라고 보고 있다.

국세기본법이 과세예고 통지의 대상으로 삼고 있지 않다거나 과세전적부심사를 거치지 않고도 곧바로 과세처분을 할 수 있는 예외사유로 정하고 있는 등의 특별한 사정이 없는 한, 과세관청이 과세처분에 앞서 필수적으로 행하여야 할 과세예고 통지를 하지 아니함으로써 납세자에게 과세전적부심사의 기회를 부여하지 아니한 채 과세처분을 하였다면, 이는 납세자의 절차적 권리를 침해한 것으로서 처분의 효력을 부정하는 방법으로 통제할 수밖에 없는 중대한 절차적 하자가 존재하는 경우에 해당하므로, 과세처분은 위법하다.

국세기본법이 과세전적부심사를 거치지 않고 곧바로 과세처분을 할 수 있거나 과세전적부심사 결정이 있기 전이라도 과세처분을 할 수 있는 예외사유로 규정하고 있다는 등의 특별한 사정이 없는 한, 과세예고통지 후 과세전적부심사 청구나 그에 대한 결정이 있기 전에 과세처분을 하는 것은 원칙적으로 과세전적부심사 이후에 이루어져야 할 과세처분을 그보다 앞서 함으로써 과세전적부심사 제도 자체를 형해화시킬 뿐만 아니라 과세전적부심사 결정과 과세처분 사이의 관계 및 불복절차를 불분명하게 할 우려가 있으므로, 그와 같은 과세처분은 납세자의 절차적 권리를 침해하는 것으로서 절차상 하자가 중대하고도 명백하여 무효이다.

2) 세법해석

'세법해석'은 세법령의 입법배경 및 취지 등을 체계적으로 이해하고 이를 바탕으로 세법령을 구성하는 문장의 의미나 내용을 명확히 하는 행정해석을 말한다(국세청 법령사무처리규정 제2조 제6호). 즉, 세법해석은 국세에 대한 행정기관인 국세청이 납세자의 질의에 대하여 내리는 유권해석을 의미한다.

세법해석에는 서면질의와 사전답변 두 가지 종류가 있다. '서면질의'란 민원인이 세법 또는 국세청 고시의 해석과 관련된 일반적 사항에 대하여 국세청장에게 문서 형태로 질의하면 서면으로 답변을 주는 제도를 말하고(국세청 법령사무처리규정 제2조 제9호), '사전답변'이란 신청인이 본인의 특정한 거래 또는 행위에 관한 세법해석과 관련하여 실명과 구체적인 사실관계 등을 기재한 신청서를 법정신고기한 전에 제출하는 경우 국세청장이 명확히 답변하는 제도를 말한다(제10호).

서면질의는 민원인 본인이 직접 또는 대리인이 신청할 수 있으며, 민원인이 법인 또는 단체인 경우에는 법인 또는 단체의 이름으로 신청하여야 한다(국세청 법령사무처리규정 제14조). 서면질의의 신청대상은 세법 또는 국세청 고시의 해석과 관련된 일반적 사항이지만, 민원인 본인과 관련 없는 질의, 세법해석과 무관한 사실판단 사항에 관한 질의, 조세의 탈루 또는 회피 목적의 질의, 사실관계를 왜곡하거나 중요한 사항을 고의로 누락한 질의, 국세청의 업무와 무관한 질의, 신청에 관련된 거래 등이 법령 등에 저촉되거나 저촉될 우려가 있는 질의 등은 신청대상에 해당하지 않는다(제14조의2).

사전답변은 '특정한 거래'(이미 개시되었거나 가까운 장래에 개시될 것이 객관적인 증명서류에 의해 명확히 확인되는 거래)와 직접 관련이 있는 자 또는 대리인이 신청할 수 있다(국세청 법령사무처리규정 제16조, 제17조). 사전답변의 신청대상은 신청인의 특정한 거래에 대한 세법해석이며, 신청인에 대한 세법적용과 관련 없는 사항, 가정의 사실관계에 기초한 질의, 사실판단사항에 해당하는 질의, 신청에 관련된 거래 등이 법령에 저촉되거나 저촉될 우려가 있는 질의, 일련의 조합된 거래 등의 일부만을 신청한 질의, 조세의 회피 또는 탈루 목적의 신청에 해당하는 질의 등은 신청대상에 해당하지 않는다(제18조).

　서면질의와 사전답변의 가장 큰 차이점은 구속력 여부에 있다. 사전답변 제도의 경우, 신청인이 답변의 내용을 정당하게 신뢰하고 신청한 사실대로 특정한 거래 등을 이행한 경우에는 관할 지방국세청장 또는 세무서장은 해당 거래에 대하여 경정 또는 결정을 할 때에 그 답변내용에 따라야 한다(국세청 법령사무처리규정 제25조). 반면, 서면질의에 대한 회신은 사전답변과 같은 구속력이 없으나 서면질의에 대한 회신은 신의성실의 원칙의 적용 요건이 되는 공적 견해표명에 해당할 수 있다.

![국세법령정보시스템 National Tax Law Information System]

문서번호	서면-2019-징세-2429		
납세자회신번호	징세과-5953	세목	국세기본
생산일자	2019. 08. 16.	귀속연도	
제목	신의·성실의 원칙 위배 여부		
요지	당초 세무공무원의 안내는 과세관청이 공적견해를 표명한 것으로 볼 수 없고 신의성실의 원칙을 적용함에 있어서도 잘못된 결정을 시정하는 것까지 금하는 것은 아니므로, 과세관청이 당초 안내와 달리 환급거부처분을 한다고 하여 신의·성실의 원칙에 위배되는 것은 아님		
답변내용	귀 질의의 경우, 당초 세무공무원의 안내는 과세관청이 공적견해를 표명한 것으로 볼 수 없고 신의성실의 원칙을 적용함에 있어서도 잘못된 결정을 시정하는 것까지 금하는 것은 아니므로, 과세관청이 당초 안내와 달리 환급거부처분을 한다고 하여 신의·성실의 원칙에 위배되는 것은 아님을 알려드립니다.		
관련법령	소득세법 제127조, 국세기본법 제15조, 국세기본법 제18조		
상세내용			

〈그림 5-1〉 세법해석 서면질의 회신 예시

사전답변은 과세처분이 있기 전에 신청이 이루어져야 한다는 점
에서 사전적 납세자 권리보호 절차이며, 서면질의는 과세처분이 있
은 후에도 이루어질 수는 있으나 사전적 구제절차로 활용하는 경우
가 많다. 세법해석에 대한 답변 내용은 원칙적으로 국세청이 운영
하는 웹사이트인 국세법령정보시스템(https://taxlaw.nts.go.kr)을 통
해 공개된다.

3) 과세기준자문과 과세사실판단자문

'과세기준자문'이란 지방국세청장·세무서장 및 주무국장이 납세
자와 이견이 있거나 단독으로 판단하기 곤란한 세법해석 사항에 대
하여 과세 전에 국세청장에게 자문을 하는 것을 말한다(국세청 법령
사무처리규정 제2조 제11호). 과세기준자문은 납세자가 신청하는 것
이 아니라, 과세관청 내에서 통일적으로 세법을 해석하기 위하여
마련된 내부적인 절차이며, 그 답변 내용에 구속력이 부여되지도
않는다.

'과세사실판단자문'이란 국세의 부과, 징수, 환급 등과 관련된 일
정한 사실관계를 확정하거나 확정된 사실관계를 해석된 법령에 적
용함에 있어서 국세공무원과 납세자 간에 다른 의견이 있거나 있
을 소지가 있는 경우에, 국세공무원이 과세사실판단자문위원회에
서 심의하여 과세여부 등을 판단해 줄 것을 신청하는 절차를 말한
다(국세청 과세사실판단자문사무처리규정 제2조 제1항).

과세사실판단자문은 국세공무원에게만 신청권이 있으나, 신청
시에는 납세자의 의견을 충분히 반영하여 기재해야 하며(국세청 과
세사실판단자문사무처리규정 제12조), 납세자보호담당관이 과세쟁점
사실조사서를 작성하기 위하여 필요한 경우 납세자의 의견을 조회
할 수 있고(제17조), 과세사실판단자문위원장이 심의를 위해 필요하

다고 인정하는 때에는 납세자를 출석시켜 의견을 청취할 수 있다 (제19조 제4항)는 점에서 사전적 권리구제 절차의 일종으로 볼 수 있다. 다만 과세사실판단자문 역시 과세관청의 내부절차로서, 위원회의 결정에 구속력은 없다.

1) 세무조사는 국세공무원이 납세자에게 질문을 하거나, 장부 등을 검사하는 활동으로 사실관계를 파악하고, 세법 적용의 적정성을 파악하는 절차로서 납세자의 협조가 필요한 임의조사에 해당한다. 예외적인 사정이 없는 한 재조사는 엄격히 금지되며, 허용되지 않는 재조사에 의한 과세처분은 위법이며 취소의 대상이 된다.

2) 과세전적부심사는 가장 대표적인 사전구제절차로서, 국세심사위원회의 심사를 거쳐 과세 여부를 결정하게 된다. 세법해석은 과세관청으로부터 유권해석을 받는 절차이며, 서면질의에는 구속력이 없으나 공적 견해표명에 해당하여 신의성실의 원칙의 적용대상이 되고, 사전답변은 제도적으로 구속력이 인정된다.

제6강
납세자 권리의 보호(2)

학습개요

사후구제절차(조세심판, 심사청구, 조세행정소송) 및 경정청구 절차를 통해 납세자의 권리를 보호하기 위한 제도를 학습한다.

학습목표

1) 조세불복과 조세행정소송 절차를 이해할 수 있다.

2) 경정청구 제도를 이해할 수 있다.

1) 조세불복의 의미

제5강에서 본 사전(事前)구제절차가 과세처분이 있기 전에 납세자의 권리를 보호하는 제도였다면, 사후(事後)구제절차는 과세처분이 있은 뒤에 납세자의 권리를 보호하는 제도이다. '조세불복'과 '조세행정소송'은 사후적인 권리구제절차에 해당한다. 우선 조세불복부터 살펴보자.

국세기본법은 "세법에 따른 처분으로서 위법·부당한 처분을 받거나 필요한 처분을 받지 못함으로 인하여 권리나 이익을 침해당한 자는 그 처분의 취소 또는 변경 등 필요한 처분을 청구할 수 있다"고 규정하고 있는데(국세기본법 제55조 제1항), 이를 '조세불복'이라고 한다.

행정법을 공부한 사람들이라면 알겠지만 행정처분에 대한 불복을 행정심판이라고 하고, 그러한 불복절차에 대한 법률로 행정심판법이 있다. 조세불복 역시 행정심판의 일종이라고 할 수 있는데, 그러면 조세불복도 행정심판법 규정에 따라서 하면 되지 않을까 하는 생각이 들 수 있다. 그러나 일반적인 행정처분의 경우와 달리, 세법과 그에 따른 과세처분은 매우 전문적이고 특수하다는 특성이 있다.

국세기본법은 그러한 과세처분의 특수성을 고려하여 별도의 절차와 규정들을 마련하고 있고, 조세불복에 대해서는 원칙적으로 행정심판법 규정을 적용하지 않도록 하고 있다. 다만 행정심판 절차의 세세한 사항들을 모두 국세기본법에 규정할 수는 없으므로, 행정심판법의 일부 절차규정은 준용된다(국세기본법 제56조 제1항).

한편, 과세처분이 적법한지에 대한 최종적인 판단은 법원, 즉 조세행정소송 절차에 의하여야 하는데, 국세기본법은, 과세처분에 대한 소송(조세행정소송)은 국세기본법에 따른 심사청구(감사원 심사청구 포함) 또는 심판청구를 거치지 않으면 제기할 수 없다고 규정하고 있다(국세기본법 제56조 제2항, 제5항). 이를 '필요적 전치주의'라고 한다. 행정소송을 제기하려면 반드시 행정심판을 거치는 과정이 필요하다는 뜻이다.

헌법재판소는 과거 지방세에 대한 행정소송을 제기하기 전에 지방세심의위원회의 심사청구를 반드시 거치도록 하였던 구 지방세법 규정에 대해 위헌이라고 판단한 바 있다(헌법재판소 2001. 6. 28. 선고 2000헌바30 전원재판부). 당시 지방세에 대한 불복절차를 담당했던 지방세심의위원회가 판단기관의 독립성과 공정성, 대심적 심리구조(당사자 쌍방이 대등하게 대립하도록 하여 심리하는 구조), 당사자의 절차적 권리 보장 등의 측면에서 사법절차를 준용하지 못했기 때문이다. 이후 지방세는 행정심판 절차를 거치지 않고도 행정소송을 제기할 수 있었으나, 2019년 개정 지방세기본법(2019. 12. 31. 법률 제16854호로 개정된 것, 2021. 1. 1.부터 시행)에서 다시 필요적 전치주의를 도입하였고, 조세심판원은 국세뿐만 아니라 지방세에 대한 조세불복 역시 심리한다.

◆ **헌법재판소 2001. 6. 28. 선고 2000헌바30 전원재판부**

가. 헌법 제107조 제3항은 "재판의 전심절차로서 행정심판을 할 수 있다. 행정심판의 절차는 법률로 정하되, 사법절차가 준용되어야 한다"고 규정하고 있으므로, 입법자가 행정심판을 전심절차가 아니라 종심절차로 규정함으로써 정식재판의 기회를 배제하거나, 어떤 행정심판을 필요적 전심절차로 규정하면서도 그 절차에 사법절차가 준용되지 않는다면 이는 위 헌법 조항, 나아가 재판청구권을 보장하고 있는 헌법 제27조에도 위반되며, 헌법 제107조 제3항은 사법절차가 '준용'될 것만을 요구하고 있으나 판단기관의 독립성과 공정성, 대심적 심리구조, 당사자의 설차적 권리보징 등의

면에서 사법절차의 본질적 요소를 현저히 결여하고 있다면 '준용'의 요청
에마저 위반된다.

나. 지방세 부과처분에 대한 이의신청 및 심사청구의 심의·의결기관인 지
방세심의위원회는 그 구성과 운영에 있어서 심의·의결의 독립성과 공정성
을 객관적으로 신뢰할 수 있는 토대를 충분히 갖추고 있다고 보기 어려운
점, 이의신청 및 심사청구의 심리절차에 사법절차적 요소가 매우 미흡하
고 당사자의 절차적 권리보장의 본질적 요소가 결여되어 있다는 점에서 지
방세법상의 이의신청·심사청구제도는 헌법 제107조 제3항에서 요구하는
'사법절차 준용'의 요청을 외면하고 있다고 할 것인데, 지방세법 제78조 제
2항은 이러한 이의신청 및 심사청구라는 2중의 행정심판을 거치지 아니하
고서는 행정소송을 제기하지 못하도록 하고 있으므로 위 헌법조항에 위반
될 뿐만 아니라, 재판청구권을 보장하고 있는 헌법 제27조 제3항에도 위반
된다 할 것이며, 나아가 필요적 행정심판전치주의의 예외사유를 규정한 행
정소송법 제18조 제2항, 제3항에 해당하는 사유가 있어 행정심판제도의
본래의 취지를 살릴 수 없는 경우에까지 그러한 전심절차를 거치도록 강요
한다는 점에서도 국민의 재판청구권을 침해한다 할 것이다.

2) 조세불복의 대상

조세불복은 "세법에 따른 처분으로서 위법·부당한 처분을 받거
나 필요한 처분을 받지 못한" 경우에 제기할 수 있으므로(국세기본법
제55조 제1항), 조세불복의 대상은 '처분'과 '부작위'라고 볼 수 있다.

국세기본법은 '처분'과 '부작위'의 의미를 별도로 규정하고 있지
않으므로 행정심판법의 개념을 차용한 것이다. 행정심판법은 '처
분'을 "행정청이 행하는 구체적 사실에 관한 법집행으로서 공권력
의 행사 또는 그 거부, 그 밖에 이에 준하는 행정작용을 말한다"고
규정하고, '부작위'는 "행정청이 당사자의 신청에 대하여 상당한 기
간 내에 일정한 처분을 하여야 할 법률상의 의무가 있음에도 처분

을 하지 않는 것을 말한다”고 규정하고 있다(행정심판법 제2조 제1호, 제2호).

과세관청의 행위 중에는 그 행위가 ‘처분’인지 여부가 불분명한 경우가 많이 있다. 예컨대 세무조사결정통지가 ‘처분’인지 여부가 문제될 수 있다. 어떠한 납세자에 대해 세무조사를 하겠다는 결정을 하고 그에 대한 통지를 한다고 하더라도, 아직까지 그 납세자에게 구체적으로 어떠한 공권력의 행사(과세처분)가 있다고 보기는 어려운 측면이 있기 때문이다. 과거에는 세무조사결정통지를 처분이 아니라고 보았으나, 대법원은 세무조사결정통지 역시 처분에 해당한다고 판단하였다(대법원 2011. 3. 10. 선고 2009두23617, 23624 판결).

◈ **대법원 2011. 3. 10. 선고 2009두23617, 23624 판결**

[1] 행정청의 어떤 행위가 항고소송의 대상이 될 수 있는지의 문제는 추상적·일반적으로 결정할 수 없고, 구체적인 경우 행정처분은 행정청이 공권력의 주체로서 행하는 구체적 사실에 관한 법집행으로서 국민의 권리의무에 직접적으로 영향을 미치는 행위라는 점을 염두에 두고, 관련 법령의 내용과 취지, 그 행위의 주체·내용·형식·절차, 그 행위와 상대방 등 이해관계인이 입는 불이익과의 실질적 견련성, 그리고 법치행정의 원리와 당해 행위에 관련한 행정청 및 이해관계인의 태도 등을 참작하여 개별적으로 결정하여야 한다.

[2] 부과처분을 위한 과세관청의 질문조사권이 행해지는 세무조사결정이 있는 경우 납세의무자는 세무공무원의 과세자료 수집을 위한 질문에 대답하고 검사를 수인하여야 할 법적 의무를 부담하게 되는 점, 세무조사는 기본적으로 적정하고 공평한 과세의 실현을 위하여 필요한 최소한의 범위 안에서 행하여져야 하고, 더욱이 동일한 세목 및 과세기간에 대한 재조사는 납세자의 영업의 자유 등 권익을 심각하게 침해할 뿐만 아니라 과세관청에 의한 자의적인 세무조사의 위험마저 있으므로 조세공평의 원칙에 현저히

한편, 처분임에도 불구하고 조세불복의 대상이 되지 않는 것들도 있다. 국세기본법은 조세불복에 대한 처분(심사청구 또는 심판청구에 대한 처분), 조세범처벌절차법에 따른 통고처분, 감사원법에 따라 심사청구를 한 처분이나 그 심사청구에 대한 처분, 세법에 따른 과태료 부과처분은 조세불복의 대상이 되지 않는다고 규정하고 있다(국세기본법 제55조 제1항, 제5항, 제6항).

조세불복(심사청구, 심판청구, 감사원 심사청구) 결과 납세자의 주장을 기각하는 결정이 내려진다면 이에 대한 불복은 조세행정소송 절차를 통해야 하는 것이다. 조세범처벌절차법에 따른 '통고처분'이란 납세자에게 조세범칙행위의 확증이 있으나, 벌금 상당액을 납부하는 조건으로 조세범처벌법에 따른 처벌을 받지 않도록 해 주는 것을 말한다(조세범처벌절차법 제15조). 즉, 납세자가 통고처분을 따르지 않는 경우에는 형사절차가 개시되는 것이다. 한편, 과태료 부과처분 역시 질서위반행위규제법에 따른 불복절차에 따라야 하므로, 조세불복의 대상에서 제외하고 있다.

3) 조세불복의 청구인

조세불복은 원칙적으로 "위법 또는 부당한 처분을 받거나 필요한 처분을 받지 못함으로 인해 권리 또는 법률상 보호되는 이익을 침해당한 자", 즉 과세처분의 당사자가 제기할 수 있다. 그런데 과세처분의 당사자가 아니더라도 과세처분과 밀접한 이해관계가 있는 경우에는 조세불복을 허용해 줄 필요가 있다. 국세기본법은 제2차 납세의무자, 물적납세의무자, 보증인 등과 같이 과세처분의 직접 상대방은 아니더라도 세법에 따른 처분에 의하여 권리나 이익을 침해당하게 될 이해관계인은 불복을 청구할 수 있다고 규정하고 있다(국세기본법 제55조 제2항). 이 경우 '이익'이란 '법률상 보호되는 이익'을 의미하며, 해당 처분의 근거 법령(세법)에 의하여 보호되는 개별적·직접적·구체적 이익으로서 단순한 사실상의 이익은 포함되지 않는다고 보아야 한다(대법원 2008. 4. 10. 선고 2008두402 판결).

◆ **대법원 2008. 4. 10. 선고 2008두402 판결**

행정처분의 직접 상대방이 아닌 제3자라 하더라도 당해 행정처분으로 인하여 법률상 보호되는 이익을 침해당한 경우에는 그 처분의 취소나 무효확인을 구하는 행정소송을 제기하여 그 당부의 판단을 받을 자격이 있다 할 것이며, 여기에서 말하는 법률상 보호되는 이익이라 함은, 당해 처분의 근거 법규 및 관련 법규에 의하여 보호되는 개별적·직접적·구체적 이익이 있는 경우를 말한다.

4) 조세불복의 대리인

조세불복을 청구하는 납세자(청구인)와 처분청은 변호사, 세무사, 공인회계사(세무사법에 따른 세무사등록부 또는 공인회계사 세무대리업무등록부에 등록한 경우로 한정)를 조세불복 절차의 대리인으로 선임할 수 있다(국세기본법 제59조 제1항).

불복을 청구하는 세액이 5천만 원 미만의 소액사건의 경우에는 변호사, 세무사, 공인회계사와 같은 대리인을 선임하는 것이 사실

「국세기본법」 제69조에 따라 위와 같이 조세심판청구를 합니다.

년   월   일

청구인   (서명 또는 인)

조세심판원장 귀하

「국세기본법」 제59조제1항(관세에 관한 사항인 경우에는 「관세법」 제126조제1항)에 따라 아래 사람에게 위 조세심판청구에 관한 사항을 위임합니다.
(조세심판청구의 취하는 이에 대한 별도의 위임이 있어야만 합니다)

위임장	위임자 (청구인)				(서명 또는 인)
	대리인	사업장	상호	사업자등록번호	소재지	전자우편
			(서명 또는 인)			
		수행자	구분	성명	생년월일	(휴대)전화번호
			세 무 사 [ ] 공인회계사 [ ] 변 호 사 [ ] 관 세 사 [ ] 배우자등 [ ]			

〈그림 6-1〉 조세심판청구서의 위임장 기재 양식

상 무의미할 수 있다. 그래서 이러한 경우에는 청구인의 배우자, 4촌 이내의 혈족 또는 그 배우자의 4촌 이내의 혈족을 대리인으로 선임할 수 있도록 하고 있다(국세기본법 제59조 제2항).

대리인은 본인을 위해 조세불복과 관련된 모든 행위를 할 수 있으나, 조세불복의 취하는 매우 중요한 사항이므로 특별한 위임을 받은 경우에만 할 수 있다(국세기본법 제59조 제4항). 즉, 이미 대리인으로 선임된 상태라고 하더라도 조세불복의 취하에 대해서는 별도의 위임을 받아야 한다.

대리인의 권한은 반드시 서면으로 증명하여야 하며(국세기본법 제59조 제3항), 해임 시에도 서면으로 신고해야 한다(제5항).

5) 조세불복의 종류

조세불복은 크게 '심사청구'와 '심판청구'로 구분할 수 있다. 심사청구는 청구대상 처분을 하였거나 하였어야 할 세무서장을 거쳐 국세청장에게 불복을 제기하는 절차인 반면(국세기본법 제62조 제1항), 심판청구는 과세관청과는 독립된 기관(조세심판원은 국무총리 소속) 인 조세심판원장에게 제기하는 불복절차이다(제69조 제1항).

앞서 본 바와 같이 조세행정소송을 제기하려면 그 전에 반드시 심사청구 또는 심판청구를 거쳐야 하며, 동일한 처분에 대하여 심 판청구와 심사청구를 중복하여 제기할 수 없다(국세기본법 제55조 제9항).

불복의 대상이 되는 처분이 국세청장이 처리하여야 할 성격이 아 닌 경우에는 심사청구나 심판청구를 제기하기 전에 세무서장 또는 지방국세청장에게 '이의신청'을 제기할 수 있다(국세기본법 제66조). 이의신청은 심사청구나 심판청구와 달리 임의적 불복절차이며, 이 의신청을 거친 후에라도 다시 심사청구나 심판청구를 거쳐야 조세 행정소송을 제기할 수 있다.

6) 불복기간

심판청구 및 심사청구, 이의신청은 모두 해당 처분이 있음을 안 날(처분의 통지를 받은 때에는 그 받은 날)부터 90일 이내에 제기하여 야 하는 것이 원칙이다(국세기본법 제61조 제1항). 또한 이의신청을 거친 후에 다시 심판청구 또는 심사청구를 하려면 이의신청에 대한 결정의 통지를 받은 날부터 90일 이내에 제기하여야 한다(제2항).

다만 천재지변 등과 같이 청구를 정해진 기간(90일) 이내에 할 수 없다고 인정하는 경우(국세기본법 시행령 제2조에 따른 사유가 있는 경 우)에는 그 사유가 소멸한 날부터 14일 이내에 심사청구 또는 심판 청구 등을 제기할 수 있으며, 청구인은 그 기간에 심사청구를 할 수 없었던 사유, 그 사유가 발생한 날과 소멸한 날, 그 밖에 필요한 사 항을 기재한 문서를 함께 제출하여야 한다(국세기본법 제61소 세4항).

7) 조세불복의 심리대상

조세불복의 심리대상(조세행정소송의 경우 소송물)이 과연 무엇인지에 대해서는 '총액주의'와 '쟁점주의'가 대립한다. 총액주의란 "부과된 세금의 액수가 적법한지 여부가 심리의 대상"이라는 견해이며, 쟁점주의란 "처분 시에 표명된 처분 사유가 적법한지 여부"가 심리의 대상이라는 견해이다. 우리 법원과 조세심판원은 총액주의에 따르고 있다(대법원 1989. 3. 28. 선고 88누6504 판결, 대법원 2006. 6. 15. 선고 2004두3823 판결 등).

◆ 대법원 2006. 6. 15. 선고 2004두3823 판결

과세처분의 취소를 구하는 소송에서 그 과세처분의 위법 여부는 그 과세처분에 의하여 인정된 세액이 정당한 세액을 초과하는지 여부에 의하여 판단하여야 할 것이므로(대법원 1982. 5. 11. 선고 81누296 판결, 1999. 9. 3. 선고 98두4993 판결 등), 과세관청이 과세표준과 세액의 산출·결정과정에서 잘못을 저질러 과세처분이 위법한 경우라도 그와 같이 하여 부과고지된 세액이 정당한 산출 세액의 범위를 넘지 아니하고 잘못된 방식이 과세단위와 처분사유의 범위를 달리하는 정도의 것이 아니라면 정당세액 범위 내의 부과고지처분이 위법하다 하여 이를 취소할 것은 아니다(대법원 1992. 7. 28. 선고 91누10695 판결, 1993. 9. 28. 선고 92누10180 판결 등).

8) 결정의 종류

심사청구나 심판청구의 결과는 결정으로 한다(국세기본법 제65조). 결정에는 '각하결정', '기각결정', '인용결정'이 있다.

우선 각하결정이란, 불복청구 기간을 도과한 경우 등과 같이 불복청구를 적법하게 청구할 수 있는 형식적 요건을 갖추지 못한 경우에 내리는 결정으로서, 본안심리(불복청구 내용에 대한 판단)를 하지 않는다는 결정이다. 기각결정이란, 본안심리를 한 결과 청구인의 불복청구에 합당한 이유가 없다고 인정하는 경우에 내리는 결정이다.

인용결정이란, 청구인의 불복청구가 합당한 이유가 있어 이를 받아들이는 결정이다. 처분이 위법·부당하다고 인정하는 경우에는 해당 처분을 '취소'하는 결정을 하거나, 처분의 내용을 변경하는 '경정' 결정을 한다. 만약 부작위가 위법한 경우에는 '필요한 처분'의 결정을 한다. 청구인의 불복청구에 합당한 이유가 있다는 점은 인정하지만, 구체적인 처분을 하기 위해서 추가적인 조사가 필요한 경우에는 '재조사결정'을 한다.

9) 불고불리와 불이익변경 금지

아무리 재결청이라고 하더라도, 청구인이 불복청구를 한 처분 외의 외의 처분에 대해서는 그 처분의 전부 또는 일부를 취소 또는 변경하거나 새로운 처분의 결정을 하지 못한다(국세기본법 제65조의3 제1항). 이를 '불고불리(不告不理)'라고 한다. 청구인이 불복한 처분에 대해서만 판단할 수 있다는 뜻이다.

한편, 재결청은 불복청구를 한 처분보다 청구인에게 불리한 결정을 하지 못한다(국세기본법 제65조의3 제2항). 이를 '불이익변경 금지'라고 한다.

10) 결정의 기간

심사청구와 심판청구에 대한 결정은 불복청구를 받은 날부터 90일 이내에 하여야 한다(국세기본법 제65조 제2항). 이의신청에 대한 결정은 이의신청을 받은 날부터 30일 이내이지만, 이의신청인이 처분청의 의견서에 항변하는 경우에는 60일 이내에 결정하여야 한다(제66조 제7항).

그렇지만, 이러한 결정기간에 대한 규정은 구속력이 없는 훈시규정에 불과하다는 것이 법원의 입장이다(서울행정법원 2019. 6. 7. 선고 2018구합52785 판결). 실무적으로도 심사청구나 심판청구에 대한 결정은 90일 이내에 처리되는 경우보다 그 이상의 기간이 소요되는 경우가 훨씬 많다.

◈ 서울행정법원 2019. 6. 7. 선고 2018구합52785 판결

가) 국세기본법 제65조 제5항은 심사청구에 대한 결정 중 재조사결정이 있는 경우 처분청은 재조사결정일로부터 60일 이내에 결정서 주문에 기재된 범위에 한정하여 조사하고, 그 결과에 따라 취소·결정하거나 필요한 처분을 하여야 하며, 이 경우 처분청은 제81조의7(세무조사의 통지와 연기신청) 및 제81조의8(세무조사 기간)에 따라 조사를 연기하거나 조사기간을 연장하거나 조사를 중지할 수 있다고 규정하고 있다. 위 규정은 이의신청에 대한 결정 중 재조사결정에 대해서도 준용된다(제66조 제6항).

나) 그런데, ① 국세기본법 제65조 제5항은 그 조항 자체에서 조사를 연기하거나 조사기간을 연장, 중지할 수 있다고 규정하고 있는 점, ② 유사한 형식으로 규정된 국세기본법 제65조 제2항의 심사청구에 대한 결정기간 역시 일반적으로 훈시규정으로 해석되는 점, ③ 국세기본법 제65조 제5항을 강행규정으로 볼 경우 오히려 충분한 사전 조사 및 검토가 이루어지지 못한 채 재차 세무조사가 이루어져 세무행정 측면에서 비효율이 발생할 우려가 있고, 납세자 권리구제 역시 제대로 이루어지지 못할 가능성이 존재하는 점 등 사정을 고려할 때, 국세기본법 제65조 제5항은 강행규정이 아닌 훈시규정이라고 봄이 타당하다.

11) 결정의 효력

재결청이 내린 결정의 효력에는 불가쟁력, 불가변력, 기속력, 형성력이 인정된다.

'불가쟁력'이란, 심판청구 및 심사청구에 대한 결정(재결)에 대하여 소송을 제기하지 않는 이상, 해당 결정(재결)은 형식적으로 확정되고, 이러한 결정(재결)이 당연무효가 아니라면 더 이상 그 효력을 다툴 수 없게 되는 효력을 말한다.

'불가변력'이란, 재결청 스스로도 자신이 내린 결정(재결)을 취소 또는 변경할 수 없는 효력을 말한다.

그리고 재결청의 결정(재결)은 청구인 및 처분청을 기속하므로, 인용결정이 있는 경우 처분청은 결정 내용에 반하는 처분을 할 수 없고, 결정의 취지에 따라 필요한 처분을 하여야 한다(국세기본법 제80조).

끝으로 '형성력'이란, 심사청구 또는 심판청구에서 원처분(청구의 대상이 된 과세처분)을 취소 또는 변경하는 결정이 있으면 특단의 사정이 없는 한 그러한 결정의 효력에 의하여 원처분은 당연히 취소 또는 변경되는 효력을 말한다(대법원 1982. 7. 27. 선고 82누91 판결).

12) 조세심판원

조세심판원은 조세에 대한 심판청구를 담당하는 행정심판기관이다. 조세심판원은 국무총리 소속이며(국세기본법 제67조 제1항), 조세심판원은 그 권한에 속하는 사무를 독립적으로 수행한다(제2항).

조세심판원에는 원장과 조세심판관을 두되, 원장과 원장이 아닌 '상임조세심판관'은 고위공무원단에 속하는 일반직공무원 중에서 국무총리의 제청으로 대통령이 임명하고, '비상임조세심판관'은 대통령령으로 정하는 바에 따라 위촉한다. 이 경우 원장이 아닌 상임조세심판관은 임기제공무원으로 임용한다(국세기본법 제67조 세

3항). 조세심판관은 조세·법률·회계분야에 관한 전문지식과 경험을 갖춘 사람으로서 대통령령으로 정하는 자격을 가진 사람이어야 하는데(제4항), 상임조세심판관의 임기는 3년으로 한 차례만 중임할 수 있고(제5항), 비상임조세심판관의 임기도 3년이며 한 차례만 연임할 수 있다(제6항).

조세심판원장은 심판청구를 받으면 이에 관한 조사와 심리(審理)를 담당할 주심조세심판관 1명과 배석조세심판관 2명 이상을 지정하여 조세심판관회의를 구성하게 한다(국세기본법 제72조 제1항). 조세심판관회의는 주심조세심판관이 그 의장이 되며, 의장은 그 심판사건에 관한 사무를 총괄한다(제2항). 조세심판관회의는 담당 조세심판관 3분의 2 이상의 출석으로 개의(開議)하고, 출석조세심판관 과반수의 찬성으로 의결한다(제3항). 조세심판관회의는 비공개가 원칙이며, 다만 조세심판관회의 의장이 필요하다고 인정할 때에는 공개할 수 있다(제4항).

13) 국세심사위원회

국세청장은 심사청구를 받으면 국세심사위원회의 의결에 따라 결정을 하여야 한다(국세기본법 제64조 제1항). 이처럼 심사청구, 이의신청 및 과세전적부심사 청구사항을 심의 및 의결하기 위하여 세무서, 지방국세청 및 국세청에 각각 '국세심사위원회'를 둔다(제66조의2 제1항).

세무서에 두는 국세심사위원회의 위원장은 해당 세무서의 세무서장이 되며, 지방국세청에 두는 국세심사위원회의 위원장은 지방국세청장이 되고, 국세청에 두는 국세심사위원회의 위원장은 국세청차장이 된다(국세기본법 시행령 제53조 제3항). 국세심사위원회는 소속 공무원으로 구성되는 내부위원과 외부에서 위촉하는 민간위원으로 구성된다(제4항).

14) 감사원 심사청구

조세불복에는 국세기본법에 따른 심사청구와 심판청구 외에, 감사원법에 따른 심사청구가 포함된다. 감사원법은 "감사원의 감사를 받는 자의 직무에 관한 처분이나 그 밖에 감사원규칙으로 정하는 행위에 관하여 이해관계가 있는 자는 감사원에 그 심사의 청구를 할 수 있다"고 규정하고 있는데(감사원법 제43조), 국세청은 감사원의 감사를 받는 기관에 해당하므로, 과세처분에 대한 심사를 감사원에 청구할 수 있는 것이다.

감사원 심사청구 역시 처분이 있은 것을 안 날(처분의 통지를 받은 때는 그 받은 날)부터 90일 이내에 제기하여야 하며(감사원법 제44조), 감사원 심사결정에 불복하는 경우 심사결정을 통지받은 날부터 90일 이내에 원처분청(과세관청)을 피고로 하여 조세행정소송을 제기할 수 있다(제46조의2).

15) 조세행정소송과 조세불복

조세행정소송은 행정소송의 일종으로서, 앞서 본 바와 같이 필요적 전치주의를 채택하고 있다. 이와 같은 행정심판 전치주의는 행정행위의 특수성, 전문성 등에 비추어 행정청으로 하여금 스스로 재고하고 시정할 수 있는 기회를 부여하는 데에 취지가 있다(대법원 1996. 7. 30. 선고 95누6328 판결).

◆ **대법원 1996. 7. 30. 선고 95누6328 판결**

행정심판전치주의는 행정행위의 특수성, 전문성 등에 비추어 행정청으로 하여금 그 스스로의 재고, 시정의 기회를 부여함에 그 뜻이 있는 만큼 법률

조세불복의 경우 '위법 또는 부당한 처분'을 불복대상으로 규정하고 있으므로, 과세처분의 위법성뿐 아니라 부당성에 대해서도 다툴 수 있다. 그러나 행정소송법은 항고소송의 대상을 행정청의 위법한 처분 또는 부작위로 규정하고 있으므로(행정소송법 제4조), 행정소송법이 적용되는 조세행정소송에서는 처분의 부당성을 다툴 수 없다.

한편, 조세행정소송은 원칙적으로 심사청구 또는 심판청구에 대한 결정의 통지를 받은 날부터 90일 이내에 제기하여야 하나, 예외적으로 결정기간에 결정 통지를 받지 못한 경우에는 그 결정기간이 지난 날부터 조세행정소송을 제기할 수 있다(국세기본법 제56조 제3항). 이는 불변기간이다(제6항). '불변기간'이란 법률에 의해 정해진 기간으로서, 그 기간을 늘이거나 줄이지 못하는 기간을 말한다(민사소송법 제172조).

그리고 조세행정소송의 대상은 원칙적으로 재결 처분(심사청구나 심판청구에 대한 결정)이 아닌 원처분(당초의 과세처분)이다(대법원 1994. 1. 25. 선고 93누16901 판결).

◆ 대법원 1994. 1. 25. 선고 93누16901 판결

2 경정청구

1) 통상적 경정청구

제4강에서 본 바와 같이, 경정청구는 납세자가 과다신고한 경우의 정정 절차를 말한다(조세채무의 감액). 국세기본법 제45조의2 제1항은 '통상적 경정청구'에 대해 규정하고 있다.

국세기본법

제45조의2(경정 등의 청구) ① 과세표준신고서를 법정신고기한까지 제출한 자 및 제45조의3 제1항에 따른 기한후과세표준신고서를 제출한 자는 다음 각호의 어느 하나에 해당할 때에는 최초신고 및 수정신고한 국세의 과세표준 및 세액의 결정 또는 경정을 법정신고기한이 지난 후 5년 이내에 관할 세무서장에게 청구할 수 있다. 다만, 결정 또는 경정으로 인하여 증가된 과세표준 및 세액에 대하여는 해당 처분이 있음을 안 날(처분의 통지를 받은 때에는 그 받은 날)부터 3개월 이내(법정신고기한이 지난 후 5년 이내로 한정한다)에 경정을 청구할 수 있다.

1. 과세표준신고서 또는 기한후과세표준신고서에 기재된 과세표준 및 세액(각 세법에 따라 결정 또는 경정이 있는 경우에는 해당 결정 또는 경정 후의 과세표준 및 세액을 말한다)이 세법에 따라 신고하여야 할 과세표준 및 세액을 초과할 때

2. 과세표준신고서 또는 기한후과세표준신고서에 기재된 결손금액, 세액

공제액 또는 환급세액(각 세법에 따라 결정 또는 경정이 있는 경우에는 해당 결정 또는 경정 후의 결손금액, 세액공제액 또는 환급세액을 말한다)이 세법에 따라 신고하여야 할 결손금액, 세액공제액 또는 환급세액에 미치지 못할 때

통상적 경정청구의 경우 원칙적으로 법정신고기한이 지난 후 5년 내에 청구할 수 있으나, 결정·경정으로 인하여 증가된 과세표준 및 세액(증액경정)에 대하여는 해당 처분이 있음을 안 날(처분의 통지를 받은 때에는 그 받은 날)부터 90일 이내에 청구하여야 한다.

이를 좀 더 쉽게 풀어서 쓰자면, 납세자가 납세신고를 한 때(법정신고기한)로부터 5년 동안은 통상적 경정청구를 할 수 있는 것이 원칙이라는 것이다. 다만 세무조사 등으로 인하여 세액을 증액하는 과세처분 등이 있다면 그러한 과세처분에 대해서는 조세불복으로 다투어야 하는 것이지, 불복기간이 지난 이후에 해당 과세처분을 경정청구로는 다툴 수 없다.

2) 후발적 경정청구

국세기본법 제45조의2 제2항은 후발적인 사유에 의한 경정청구, 즉 '후발적 경정청구'에 대해 규정하고 있다.

국세기본법

제45조의2(경정 등의 청구) ② 과세표준신고서를 법정신고기한까지 제출한 자 또는 국세의 과세표준 및 세액의 결정을 받은 자는 다음 각호의 어느 하나에 해당하는 사유가 발생하였을 때에는 제1항에서 규정하는 기간에도 불구하고 그 사유가 발생한 것을 안 날부터 3개월 이내에 결정 또는 경정을 청구할 수 있다.

1. 최초의 신고·결정 또는 경정에서 과세표준 및 세액의 계산 근거가 된 거

래 또는 행위 등이 그에 관한 제7장에 따른 심사청구, 심판청구, 「감사원법」에 따른 심사청구에 대한 결정이나 소송에 대한 판결(판결과 같은 효력을 가지는 화해나 그 밖의 행위를 포함한다)에 의하여 다른 것으로 확정되었을 때

2. 소득이나 그 밖의 과세물건의 귀속을 제3자에게로 변경시키는 결정 또는 경정이 있을 때

3. 조세조약에 따른 상호합의가 최초의 신고·결정 또는 경정의 내용과 다르게 이루어졌을 때

4. 결정 또는 경정으로 인하여 그 결정 또는 경정의 대상이 된 과세표준 및 세액과 연동된 다른 세목(같은 과세기간으로 한정한다)이나 연동된 다른 과세기간(같은 세목으로 한정한다)의 과세표준 또는 세액이 세법에 따라 신고하여야 할 과세표준 또는 세액을 초과할 때

5. 제1호부터 제4호까지와 유사한 사유로서 대통령령으로 정하는 사유가 해당 국세의 법정신고기한이 지난 후에 발생하였을 때

후발적 경정청구란 통상적 경정청구 기간(5년)과 무관하게(즉, 5년 이후라도 가능), 법령에 열거된 사유가 있는 경우에는 해당 사유가 발생한 것을 안 날부터 3개월 이내에 경정청구를 할 수 있도록 하는 제도이다.

즉, 통상적 경정청구는 신고 당시에 존재한 사유에 의해서 세액을 과다하게 납부한 경우에 납세자를 구제하는 절차인 반면, 후발적 경정청구는 세액을 과다하게 납부하게 된 사유가 신고 당시에 존재하지 않았던 사유, 즉 후발적 사유인 경우에 이를 근거로 납세자를 구제하는 절차인 것이다.

대법원은 통상적 경정청구를 할 수 있는 경우에 후발적 경정청구가 배제되는 것이 아니라, 통상적 경정청구 기간 내라고 하더라도 후발적 사유가 있다면 후발적 경정청구를 할 수 있다고 판단하였다(대법원 2017. 9. 7. 선고 2017두41740 판결).

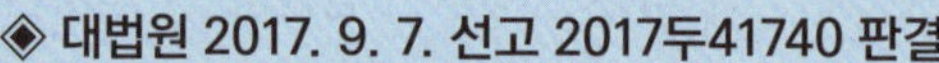

구 국세기본법(2015. 12. 15. 법률 제13552호로 개정되기 전의 것, 이하 '법'이라고 한다) 제45조의2 제2항은 "과세표준신고서를 법정신고기한까지 제출한 자 또는 국세의 과세표준 및 세액의 결정을 받은 자는 다음 각호의 어느 하나에 해당하는 사유가 발생하였을 때에는 그 사유가 발생한 것을 안 날부터 2개월 이내에 결정 또는 경정을 청구할 수 있다"고 규정하면서, 그 제1호에서 "최초의 신고·결정 또는 경정(이하 '최초의 신고 등'이라고 한다)에서 과세표준 및 세액의 계산 근거가 된 거래 또는 행위 등이 그에 관한 소송에 대한 판결(판결과 동일한 효력을 가지는 화해 기타 행위를 포함한다)에 의하여 다른 것으로 확정된 때"를 규정하고 있다.

이처럼 후발적 경정청구 제도를 둔 취지는 납세의무 성립 후 일정한 후발적 사유의 발생으로 말미암아 과세표준 및 세액의 산정기초에 변동이 생긴 경우 납세자로 하여금 그 사실을 증명하여 감액을 청구할 수 있도록 함으로써 납세자의 권리구제를 확대하려는 데 있는바, 여기서 말하는 후발적 경정 청구사유 중 법 제45조의2 제2항 제1호 소정의 "거래 또는 행위 등이 그에 관한 소송에 대한 판결에 의하여 다른 것으로 확정된 때"는 최초의 신고 등이 이루어진 후 과세표준 및 세액의 계산근거가 된 거래 또는 행위 등에 관한 분쟁이 발생하여 그에 관한 소송에서 판결에 의하여 그 거래 또는 행위 등의 존부나 그 법률효과 등이 다른 내용의 것으로 확정됨으로써 최초의 신고 등이 정당하게 유지될 수 없게 된 경우를 의미한다(대법원 2006. 1. 26. 선고 2005두7006 판결, 대법원 2011. 7. 28. 선고 2009두22379 판결 등 참조). 또한 위 규정의 문언 내용과 그 입법 취지 등에 비추어 보면, 최초의 신고 등에서 과세표준 및 세액의 계산근거가 된 거래 또는 행위 등을 다른 내용의 것으로 확정하는 판결이 있는 경우라면 특별한 사정이 없는 한 법 제45조의2 제2항 제1호에서 정한 경정청구사유에 해당한다고 할 것이고, 납세의무자가 그 판결에서 확정된 내용을 법 제45조의2 제1항 각호에서 정한 통상의 경정청구사유로 다툴 수 있었다는 사정만으로 납세의무자의 정당한 후발적 경정청구가 배제된다고 할 수 없다.

1) 조세불복은 심판청구, 심사청구, 이의신청 및 감사원 심사청구로 구별할 수 있으며, 처분 또는 부작위를 대상으로 그 위법성 또는 부당성을 사법부가 아닌 행정부 내에서 판단받는 절차를 말한다. 조세행정소송은 재결이 아닌 원처분을 대상으로 하여 법원의 판단을 구하는 절차이지만, 조세행정소송을 제기하기 위해서 심판청구 또는 심사청구를 반드시 거쳐야 한다.

2) 통상적 경정청구는 신고 당시 존재한 사유에 따라 세액을 과다하게 납부한 경우의 납세자구제 절차인 데 비하여, 후발적 경정청구는 신고 당시에는 존재하지 않았던 후발적 사유를 근거로 납세자를 구제하는 절차이다.

제 2 부

소득세

제7강
소득세(1)

학습개요

　소득세의 기본구조와 소득의 개념을 학습하고, 소득세의 납세의무자를 이해한다.

학습목표

1) 분류과세와 종합과세의 개념을 이해할 수 있다.

2) 소득원천설과 순자산증가설을 이해할 수 있다.

3) 실현주의와 위법소득을 이해할 수 있다.

4) 거주자와 비거주자를 판정하는 기준을 이해할 수 있다.

5) 법인 아닌 단체의 납세의무를 이해할 수 있다.

1) 소득세의 기원과 연혁

오늘날은 "소득이 있는 곳에 세금이 있다"는 말이 너무나 당연하게 여겨지지만, 역사적으로 보면 소득세는 전쟁과 같은 국가적 위기 상황에서 재정을 충당하기 위해 한시적으로 도입되었던 것이 점차 보편적인 세제로 변화된 것이다.

지금은 상상하기 어렵지만, 소득세가 처음 도입되었던 시대에는 모든 사람들의 소득에 대해 과세한다는 것에 대한 저항이 매우 강하였다. 특히 사람들이 비판적으로 생각했던 것은 소득세가 국민의 사생활을 침해한다는 점이었다. 국가가 납세의무자 개개인의 소득에 대해 과세하려면 그 전제로서 납세자의 모든 소득을 파악해야만 하는데, 이를 위해서는 납세의무자에게 납세신고를 강제하거나, 아니면 국가가 직접 국민 개개인의 소득에 대한 조사를 할 수밖에 없다. 이러한 측면에서 소득세는 국민의 사생활을 침해하는 나쁜 제도라고 여겨졌던 것이다.

이처럼 초창기의 소득세는 소득을 모두 신고하여야 한다는 사실에 대한 납세의무자의 저항이 무척 심하였기 때문에, 이후 분류과세 제도와 원천징수 제도가 도입되었다. '분류과세'란, 소득을 전형적인 원천(예컨대 사업소득, 근로소득 등)으로 분류한 뒤, 그러한 소득의 원천별로 따로 과세(이를 '분리과세'라고 한다)하는 것을 말한다. 그리고 '원천징수'란, 소득을 지급하는 자(이를 '원천징수의무자'라고 한다)가 소득을 지급받는 자(이를 '원천납세의무자'라고 한다)에게 소득을 지급하면서 소득세를 미리 징수하는 것을 말한다.

분류과세 제도에 따라서 소득세 과세대상은 일정한 분류의 소득으로 한정되었고, 원천징수 제도에 따라서 소득을 벌어들인 사람이 아니라 소득을 지급하는 사람이 소득세를 거두어서 납부하게 되었으므로, 그만큼 납세자의 사생활을 침해하는 성격이 상당히 희석된 것이다. 따라서 분류과세 제도와 원천징수 제도의 도입은 소득세징수 제도의 안착에 큰 도움이 되었다 볼 수 있다.

그런데 분류과세 제도는 납세의무자의 소득을 원천별로 따로 과세하기 때문에 누진세율의 효과가 감소되는 경향이 있다. 예를 들어, 소득 2,000만 원을 기준으로 2,000만 원 미만의 소득에 대해서는 10%의 세율을 적용하고, 2,000만 원을 초과하는 소득에 대해서는 15%의 세율을 적용한다고 가정하자. 연간 3,000만 원의 소득을 벌어들이는 납세의무자가 있을 때, 그 납세의무자가 하나의 소득에서 3,000만 원을 버는 경우와 3개의 소득에서 각각 1,000만 원을 버는 경우를 생각해 보자. 하나의 소득에서 3,000만 원을 버는 경우에는 2,000만 원까지 10%를 적용한 200만 원의 세금을 부담하고, 2,000만 원을 초과하는 1,000만 원에 대해서는 15%를 적용한 150만 원의 세금을 부담하게 되므로, 결국 350만 원의 세금을 부담하는 것이다. 반면, 3개의 소득에서 각각 1,000만 원을 버는 사람은 각 소득별로 100만 원씩, 결국 300만 원의 세금만 부담하면 된다. 결과적으로 같은 돈을 벌었음에도 불구하고 소득세 부담이 달라지는 것이다.

이러한 문제를 해결하기 위해서 소득세제는 '종합과세'를 도입하게 된다. 종합과세란 납세의무자가 1년 동안 벌어들인 여러 가지 소득을 모두 합산하여, 1년 동안의 전체 소득에 대하여 소득세를 과세하는 제도를 말한다. 이하에서 다시 보겠지만, 종합과세는 '순자산증가설(純資産增加說)'에 기초하고 있는 제도이다.

2) 우리나라 소득세의 구조

소득세법은 개인의 소득을 이자소득, 배당소득, 사업소득, 근로소득, 연금소득, 기타소득, 퇴직소득, 양도소득으로 분류하고, 그중에서도 이자소득, 배당소득, 사업소득, 근로소득, 연금소득, 기타소득은 합산하여 '종합소득'으로 과세한다(소득세법 제4조 제1항, 종합과세). 종합소득은 누진세율을 적용받는다(제55조). 다만, 일부 소득(분리과세 이자소득, 분리과세 배당소득 등)은 정책적으로 종합소득 과세표준에 합산하지 않고 분리하여 과세한다(제14조 제3항, 분리과세). 그리고 퇴직소득과 양도소득은 종합소득에 합산하지 않고 각각 별도의 과세표준과 세율을 적용하여 과세한다(분류과세).

2   소득의 개념

1) 소득원천설과 순자산증가설

소득세에서 말하는 소득의 개념이 무엇인지에 대해서는 소득원천설과 순자산증가설이 대립한다. '소득원천설'이란 일정한 원천에서 계속적·반복적으로 발생하는 소득만 소득세의 과세 대상으로 삼는 것을 말하며, '제한적 소득개념'이라고도 한다. 반면 '순자산증가설'은 과세기간 동안 자산의 순증가액과 총 소비의 합계를 소득으로 보아 소득세를 과세하는 것을 말하며, 소득의 원천을 따지지 않고 포괄적으로 보는 입장으로서 '포괄적 소득개념'이라고도 한다.

순자산증가설은 Haig와 Simons라는 학자들이 제시한 소득 개념이다. Haig와 Simons는 납세의무자의 순자산이 증가한 것뿐만 아니라 그가 소비한 것까지 과세소득이 된다고 보았다. 예컨대 어떤 납세의무자가 1년 동안 1,000만 원의 자산이 증가하고, 400만 원의 생활비를 썼다면 그가 벌어들인 돈은 1,400만 원이고, 또 다른 납세의무자가 800만 원의 자산이 증가하였지만 생활비로 800만 원을 썼다면 그는 1,600만 원을 번 것이라고 생각하는 것이다. 소득개념에 대해서는 매우 복잡한 논의가 있지만, 이번 강의에서는 이 정도만 언급하고 넘어가기로 한다.

앞서 본 것처럼 소득세법의 소득 개념은 과거 소득원천설에서 출발하였고, 현재도 소득을 원천별로 구분하고 있다는 점에서 기본적으로는 소득원천설을 따르고 있다. 그러나 개별적인 소득원천의 개념을 상당히 포괄적으로 규정하고 있기 때문에 순자산증가설 개념 역시 많이 받아들이고 있다고 평가할 수 있다.

2) 실현주의

부동산이나 주식은 그 가치가 자주, 그리고 큰 폭으로 변동된다. 실제로 이런 자산에 대한 투자를 본업으로 삼는 사람들도 심심치 않게 보인다. 이러한 측면에서, 부동산이나 주식의 가치(시가)가 올라가면 그만큼 돈을 벌었다고 생각할 수 있고, 이에 대해서 소득세를 과세해야 한다는 생각이 있을 수 있다.

그러나 현행 소득세법은 자산을 실제 양도하여 양도차익이 생겼을 때에 비로소 과세대상 소득이 발생하였다고 보아 소득세를 과세할 뿐(소득세법 제94조), 자산의 시가 변동에 따른 이익(이를 '평가이익'이라고 한다)은 소득으로서 실현되지 않았다고 보아 과세하지 않는다(이를 '미실현소득'이라고 한다). 미실현소득을 과세한다는 특별한 규정이 없는 이상, 원칙적으로 과세할 수 없다는 것이 통설이자 판례의 입장이다(헌법재판소 1994. 7. 29. 선고 92헌바49 결정).

이득이 실현되었건 실현되지 않았건 납세자에게 소득의 증대에 따른 담세력의 증대가 있었다는 점에서는 실현이득이나 미실현이득 양자가 본질적으로 차이가 없고, 그와 같이 증대된 소득의 실현 여부 즉, 증대된 소득을 토지자본과 분리하여 현금화할 것인지의 여부는 당해 납세자가 전체 자산구성을 어떻게 하여 둘 것인가를 선택하는 자산보유형태의 문제일 뿐 소득창출의 문제는 아니며, 미실현이득에 대한 과세 역시 실현이득에 대한 과세와 마찬가지로 원본과는 구별되는 소득에 대한 과세에 지나지 아니하므로, 적어도 법리적으로는 미실현이득에 대한 과세에 있어서 원본잠식의 문제가 생길 여지는 없고, 실제에 있어서도 비록 과세목적과 과세방법이 다르기는 하나 자산재평가세, 자산평가 차익에 대한 법인세 등 미실현이득에 과세하는 기존의 예가 없지도 아니하다. 따라서 과세대상인 자본이득의 범위를 실현된 소득에 국한할 것인가 혹은 미실현이득을 포함시킬 것인가의 여부는, 과세목적, 과세소득의 특성, 과세기술상의 문제 등을 고려하여 판단할 입법정책의 문제일 뿐, 헌법상의 조세개념에 저촉되거나 그와 양립할 수 없는 모순이 있는 것으로는 보여지지 아니한다.

다만, 미실현이득에 대한 과세제도가 이론상으로는 조세의 기본원리에 배치되는 것이 아니라고 하더라도, 미실현이득은 용어 그대로 그 이득이 아직 자본과 분리되지 아니하여 현실적으로 지배·관리·처분할 수 있는 상태에 있는 것이 아니라는 특성으로 인하여, 수득세의 형태로 이를 조세로 환수함에 있어서는 과세대상이득의 공정하고도 정확한 계측 문제, 조세법상의 응능부담(應能負擔) 원칙과 모순되지 않도록 납세자의 현실 담세력을 고려하는 문제, 지가변동순환기(循環期)를 고려한 적정한 과세기간의 설정문제, 지가하락에 대비한 적절한 보충규정 설정문제 등 선결(先決)되지 아니하면 아니 될 여러 가지 과제가 있다. 실제 세계의 여러 나라에서 불로소득의 환수와 지가안정을 이유로 부동산상의 미실현이득에 대한 과세의 정당성과 필요성이 오래전부터 주장되어 왔음에도 불구하고, 오늘날 그러한 과세제도가 성공적으로 정착되고 있는 입법례를 찾아보기가 쉽지 아니하다는 것은, 바로 미실현이득에 대한 과세제도의 이와 같은 난점을 실증적으로 반영하고 있는 것이라 할 수 있다.

특히 토초세는 토지재산, 즉 원본에 대한 과세가 아니라 원본으로부터 파생된 이득에 대하여 과세하는 수득세의 일종이므로, 만약 유휴토지 등 소유자가 가공이득에 대한 토초세를 부담하는 경우가 생긴다면, 이는 원본인 토지 자체를 무상으로 몰수당하는 셈이 되어 수득세의 본질에도 반하는 결과가 될 뿐만 아니라, 결과적으로 헌법상의 재산권 보장원칙에 배치되고 조세원리상의 실질과세, 공평과세의 이념에도 반한다고 하지 아니할 수 없다. 그러므로 미실현이득에 대한 과세제도는 이상의 제반 문제점이 합리적으로 해결되는 것을 전제로 하는 극히 제한적·예외적인 제도라 보지 아니할 수 없으며, 그렇기 때문에 미실현이득에 대한 과세제도인 토초세의 헌법적합성을 논함에 있어서는 무엇보다도 먼저 그 과세대상이득의 공평하고도 정확한 계측 여부가 제일의 과제가 되어야 할 것이고, 나아가 앞에서 본 여러 가지 문제점에 대한 적절한 해결책이 마련되어 세제 자체가 체계적으로 모순 없이 조화를 이루고 있는가 하는 점을 특히 염두에 두지 아니할 수 없다.

3) 위법소득

뇌물, 횡령과 같이 소득을 얻는 것 자체가 위법하거나, 또는 소득을 얻게 된 원인이 위법한 행위인 경우를 '위법소득'이라고 한다. 이처럼 위법하게 얻은 소득에 대해서 과세를 한다는 것은 어떻게 보면 과세권자인 국가가 그러한 위법상태를 인정한다는 말이 될 수 있으므로, 위법소득은 과세대상이 아니라는 주장이 있을 수 있다. 또한, 뇌물이나 횡령으로 가져간 금액은 법률적으로 환수되어야 할 성격이므로, 결국 그런 소득을 받았다고 하더라도 그 소득자에게 확정적으로 귀속된 소득은 아니라고 보아 소득세 과세대상이 아니라는 주장이 있을 수 있다.

　　그러나 대법원은 위법소득이라고 하더라도 위법소득의 수취자가 사실상 소유자처럼 경제적 측면에서 이를 향유할 수 있는 이상 이는 과세대상 소득이 되며, 만약 추후에 위법소득을 상실하는 경우에는 그때에 이를 조정(후발적 경정청구)하면 충분하다고 판단하고 있다(대법원 2015. 7. 16. 선고 2014두5514 전원합의체 판결).

◆ 대법원 2015. 7. 16. 선고 2014두5514 전원합의체 판결

뇌물 등의 위법소득을 얻은 자가 그 소득을 종국적으로 보유할 권리를 갖지 못함에도 그가 얻은 소득을 과세대상으로 삼는 것은, 그가 사실상 소유자나 정당한 권리자처럼 경제적 측면에서 현실로 이득을 지배·관리하고 있음에도 불구하고 이에 대하여 과세하지 않거나 그가 얻은 위법소득이 더 이상 상실될 가능성이 없을 때에 이르러야 비로소 과세할 수 있다면 이는 위법하게 소득을 얻은 자를 적법하게 소득을 얻은 자보다 우대하는 셈이 되어 조세정의나 조세공평에 반하는 측면이 있음을 고려한 것이고, 사후에 위법소득이 정당한 절차에 의하여 환수됨으로써 그 위법소득에 내재되어 있던 경제적 이익의 상실가능성이 현실화된 경우에는 그때 소득이 종국적으로 실현되지 아니한 것으로 보아 이를 조정하면 충분하다. 그런데 형법상 뇌물, 알선수재, 배임수재 등의 범죄에서 몰수나 추징을 하는 것은 범죄행위로 인한 이득을 박탈하여 부정한 이익을 보유하지 못하게 하는 데 그 목적이 있으므로, 이러한 위법소득에 대하여 몰수나 추징이 이루어졌다면 이는 그 위법소득에 내재되어 있던 경제적 이익의 상실가능성이 현실화된 경우에 해당한다고 보아야 한다. 따라서 이러한 경우에는 그 소득이 종국적으로 실현되지 아니한 것이므로 납세의무 성립 후 후발적 사유가 발생하여 과세표준 및 세액의 산정기초에 변동이 생긴 것으로 보아 납세자로 하여금 그 사실을 증명하여 감액을 청구할 수 있도록 함이 타당하다. 즉, 위법소득의 지배·관리라는 과세요건이 충족됨으로써 일단 납세의무가 성립하였다고 하더라도 그 후 몰수나 추징과 같은 위법소득에 내재되어 있던 경제적 이익의 상실가능성이 현실화되는 후발적 사유가 발생하여 소득이 실현되지 아

3 〉 납세의무자

1) 거주자와 비거주자

소득세의 납세의무자는 원칙적으로 자연인인 개인을 말하며, 이는 다시 '거주자'와 '비거주자'로 구분할 수 있다(소득세법 제2조 제1항). 여기서 말하는 '거주자'와 '비거주자'는 세법상의 개념으로서 개인이 우리나라에서 전면적인 납세의무를 부담하는지, 아니면 외국에서 전면적인 납세의무를 부담하는지에 대한 구분이지, 그 개인의 국적이나 영주권에 따른 구분이 아니다. 그리고 법인에 대해서는 법인세가 과세되는 것이므로(법인세법 제3조 제1항), 법인은 당연히 소득세 납세의무자가 아니다.

거주자는 국내외를 막론하고 그가 벌어들인 모든 소득(이를 '전세계 소득'이라고 한다)에 대하여 납세의무를 부담하며, 이를 '속인주의' 과세라고도 한다. 반면 비거주자는 국내에서 벌어들인 소득(이를 '국내원천소득'이라고 한다)에 대한 납세의무를 부담하며, 이를 '속지주의' 과세라고도 한다.

거주자와 비거주자는 부담하는 납세의무의 범위가 다르므로, 거주자와 비거주자를 구분하는 기준이 매우 중요하다고 할 수 있다. 소득세법은 거주자와 비거주자의 판정 방법에 대해서 여러 가지 기준을 마련하고 있다.

2) 거주자 판정 기준

소득세법상 '거주자'는 "국내에 주소를 두거나 183일 이상의 거소를 둔 개인"을 말한다(소득세법 제1조의2 제1항 제1호). 즉, 거주자인지 여부를 판정할 때 가장 중요한 기준은 국내에 주소나 거소가 있는지 여부이다.

소득세법상 '주소'는 국내에서 생계를 같이하는 가족 및 국내에 소재하는 자산의 유무 등 생활관계의 객관적 사실에 따라 판정하며(소득세법 시행령 제2조 제1항). '거소'는 주소지 외의 장소 중 상당기간에 걸쳐 거주하는 장소로서 주소와 같이 밀접한 일반적 생활관계가 형성되지 아니한 장소를 말한다(제2항).

국내에 거주하는 개인이 ① 계속하여 183일 이상 국내에 거주할 것을 통상 필요로 하는 직업을 가지거나, ② 국내에 생계를 같이하는 가족이 있고, 직업 및 자산상태에 비추어 계속하여 183일 이상 국내에 거주할 것으로 인정되는 경우에는 국내에 주소를 가진 것으로 간주한다(소득세법 시행령 제2조 제3항). 이러한 사정이 있는 경우에는 주소로 볼 수 있는 '생활관계의 객관적 사실'이 있다고 보는 것이다.

한편, 외국을 항행하는 선박 또는 항공기의 승무원의 경우 그 승무원과 생계를 같이하는 가족이 거주하는 장소 또는 그 승무원이 근무기간 외의 기간 중 통상 체재하는 장소가 국내에 있는 때에는 당해 승무원의 주소는 국내에 있는 것으로 보고, 그 장소가 국외에 있는 때에는 당해 승무원의 주소가 국외에 있는 것으로 본다(소득세법 시행령 제2조 제5항). 이는 승무원이라는 직업의 특수성을 고려한 규정이다.

거주자나 내국법인의 국외사업장 또는 해외현지법인(내국법인이 직·간접적으로 그 지분의 100%를 출자한 경우에 한정함) 등에 파견된 임원 또는 직원이나 국외에서 근무하는 공무원은 거주자로 본다(소득세법 시행령 제3조). 파견 임직원은 업무상의 이유로 일시적으로 외국에 나가 있을 뿐, 여전히 우리나라에서 주된 생활관계를 맺고 있으므로 파견이 끝나면 다시 귀국할 것이라고 생각하기 때문이다.

3) 거주자가 되는 시기

그렇다면, 비거주자였던 사람이 거주자가 되는 시기는 언제일까? 이는 외국에서 전세계 소득에 대한 납세의무를 부담하던 자(우리나라의 비거주자)가 우리나라에서 전세계 소득에 대한 납세의무를 부담하는 자(우리나라의 거주자)로 바뀌는 것이므로, 그 개인에게 매우 중요한 문제이다.

소득세법 시행령은 비거주자가 거주자로 되는 시기를 ① 국내에 주소를 둔 날, ② 국내에 주소를 가지거나 국내에 주소가 있는 것으로 보는 사유가 발생한 날, ③ 국내에 거소를 둔 기간이 183일이 되는 날로 정하고 있다(소득세법 시행령 제2조의2 제1항).

4) 비거주자 판정 기준

비거주자는 "거주자가 아닌 개인"을 말한다(소득세법 제1조의2 제1항 제2호). 즉, 우리나라에 주소를 두지 않고, 183일 이상 거소 역시 두지 않는 경우에는 비거주자가 된다.

소득세법 시행령은 거주자가 비거주자로 되는 시기를 ① 거주사

가 주소 또는 거소의 국외 이전을 위하여 출국하는 날의 다음 날,
② 국내에 주소가 없거나 국외에 주소가 있는 것으로 보는 사유
가 발생한 날의 다음 날로 정하고 있다(소득세법 시행령 제2조의2 제
2항).

그리고 국외에 거주 또는 근무하는 자가 외국국적을 가졌거나 외
국법령에 의하여 그 외국의 영주권을 얻은 자로서 국내에 생계를
같이하는 가족이 없고 그 직업 및 자산상태에 비추어 다시 입국하
여 주로 국내에 거주하리라고 인정되지 아니하는 때에는 국내에 주
소가 없는 것으로 본다(소득세법 시행령 제2조 제1항). 이렇듯 비거주
자는 국적이나 영주권만으로 판정하는 것이 아니라, 생활관계를 모
두 고려하여 판정하는 것이다.

거주자 여부가 쟁점이 되었던 대표적인 사례로 대법원 2016. 2.
18. 선고 2015두1243 판결이 있다. 해당 판결은 국내에 가족이 있
는지, 국내에서 사업활동을 수행하였는지, 국내에 자산을 보유하였
는지를 종합적으로 고려하여 거주자성을 판단하였다.

◆ 대법원 2016. 2. 18. 선고 2015두1243 판결

가. 원고가 국내 거주자에 해당하는지 여부

1) 구 소득세법(2009. 12. 31. 법률 제9897호로 개정되기 전의 것) 제1조 제1
항 제1호와 구 소득세법(2014. 12. 23. 법률 제12852호로 개정되기 전의 것,
이하 위 두 구 소득세법을 합하여 '소득세법'이라고 한다) 제1조의2 제1항 제1
호는 "거주자란 국내에 주소를 두거나 1년 이상의 거소를 둔 개인을 말한
다"고 규정하고 있다. 그리고 구 소득세법 시행령(2010. 2. 18. 대통령령 제
22034호로 개정되기 전의 것과, 2015. 2. 3. 대통령령 제26067호로 개정되기 전
의 것, 이하 위 구 소득세법 시행령을 합하여 '소득세법 시행령'이라고 한다) 제2조
는 제1항에서 "주소는 국내에서 생계를 같이하는 가족 및 국내에 소재하는
자산의 유무 등 생활관계의 객관적 사실에 따라 판정"한다고 규정하고, 제

2항에서 "거소는 주소지 외의 장소 중 상당기간에 걸쳐 거주하는 장소로서 주소와 같이 밀접한 일반적 생활관계가 형성되지 아니한 장소로 한다"고 규정하고 있다.

2) 원심은, 그 판시와 같은 사실을 인정한 다음, 원고가 국내에 생계를 같이 하는 가족이 있었던 점, 국내에서 시도그룹의 전체 업무를 통제하고 사업상 중요한 결정을 내린 점, 주된 거주지인 국내에서 경영활동을 수행할 필요가 있었던 점, 국내 경영활동 및 사회활동에 필요한 국내 자산을 보유한 점 등에 비추어 보면, 원고는 이 사건 과세기간인 2006년 내지 2010년에 소득세법상 국내 거주자에 해당한다고 판단하면서 이 사건 과세기간 동안 일본 소득세법상 일본의 거주자라는 원고의 주장을 배척하였다.

3) 앞서 본 규정과 관련 법리 및 기록에 비추어 살펴보면, 원심의 이러한 판단에 상고이유 주장과 같이 소득세법상 거주자에 관한 법리 등을 오해한 위법이 없다.

5) 법인 아닌 단체의 납세의무

제3강에서 보았듯이 국세기본법은 법인이 아닌 단체라고 하더라도 일정한 요건을 갖추면 법인으로 의제(의제법인)하고 있다. 따라서 의제법인은 법인세 납세의무자가 되는 것이지, 소득세 납세의무자가 아니다. 그런데 의제법인이 아닌 경우는 어떨까?

소득세법은 의제법인에 해당하지 않는 법인 아닌 단체는 국내에 주사무소 또는 사업의 실질적 관리장소가 있으면 해당 '단체'를 1거주자로 보아 과세하고, 그 밖의 경우에는 해당 '단체'를 1비거주자로 보아 소득세법을 적용한다고 규정하고 있다(소득세법 제2조 제3항 본문). 즉, 의제법인이 아닌 법인 아닌 단체는 원칙적으로 단체 자체를 개인과 같이 취급하며, 단체가 소득세 납세의무자가 되는 것이다.

그런데, 법인 아닌 단체로서 ① 구성원 간 이익의 분배비율이 정해져 있고 해당 구성원별로 이익 분배비율이 확인되는 경우이거나, ② 구성원 간 이익의 분배비율이 정해져 있지 않지만, 사실상 구성원별로 이익이 분배되는 것으로 확인되는 경우에는 해당 단체의 각 구성원별로 소득세법 또는 법인세법에 따라 소득에 대한 소득세 또는 법인세를 납부할 의무를 부담한다(소득세법 제2조 제3항). 즉, 구성원 간 이익분배비율이 정해져 있는 경우(예를 들어 민법상 조합의 경우)에는 단체를 없는 것처럼 취급해서 그 구성원이 직접 납세의무를 부담하게 된다. 이처럼 단체를 무시하고 구성원에게 직접 납세의무를 부담시키는 것을 '투과(pass-through) 과세'라고 한다.

1) 분류과세란 소득을 전형적인 원천으로 분류하고, 소득원천별로 따로 과세하는 것을 말한다. 반면, 종합과세는 납세의무자가 1년간 벌어들인 소득을 모두 합산하여, 1년 동안의 전체 소득에 대하여 과세하는 것을 말한다.

2) 소득원천설은 일정한 소득의 원천에서 계속적·반복적으로 발생하는 소득만 제한적으로 과세하자는 견해(제한적 소득개념)이며, 순자산증가설은 과세기간 동안 자산의 순증가액과 총소비의 합계를 소득으로 보아 과세하자는 견해(포괄적 소득개념)이다.

3) 실현주의란 소득이 실현되는 경우에만 과세할 수 있다는 견해로서, 미실현소득은 원칙적으로 과세할 수 없다는 견해를 말한다. 한편, 위법소득이란 위법한 행위에서 발생한 소득으로서, 법률적으로 환수되어야 할 성격의 소득이기는 하나 판례에 따르면 사실상으로 이러한 소득을 향유하고 있다면 과세할 수 있다.

4) 거주자와 비거주자는 원칙적으로 주소나 거소의 소재지를 기준으로 판정한다. 주소 여부는 생활관계의 객관적 사실에 따라 판정하며, 소득세법은 주소가 있다고 간주하는 경우를 규정하고 있다.

5) 법인 아닌 단체가 의제법인에 해당하지 않는 이상, 해당 단체를 개인과 같이 취급하여 거주자 또는 비거주자로서 소득세 납세의무를 부담하게 된다. 법인 아닌 단체가 투과과세 단체에 해당하는 경우라면 단체는 납세의무를 부담하지 않고 구성원이 납세의무를 부담하게 된다.

제8강
소득세(2)

학습개요

　종합소득(이자소득, 배당소득, 사업소득, 근로소득, 연금소득, 기타소득)의 기본 내용을 학습한다.

학습목표

1) 이자소득의 개념을 이해할 수 있다.
2) 배당소득의 개념을 이해할 수 있다.
3) 사업소득의 개념을 이해할 수 있다.
4) 근로소득의 개념을 이해할 수 있다.
5) 연금소득의 개념을 이해할 수 있다.
6) 기타소득의 개념을 이해할 수 있다.

1) 종합소득의 의미

제7강에서 잠깐 살펴본 것처럼, 종합소득이란 이자소득, 배당소득, 사업소득, 근로소득, 연금소득, 기타소득의 소득금액을 모두 합산한 것을 말한다. 종합소득세는 상기의 소득을 모두 합산하여 누진세율을 적용한다. 종합소득은 소득원천설에 기초하여 소득을 분류하고 있기는 하나, 개별 소득원천에서 '유형별 포괄주의'를 채택하고 있어 결과적으로 순자산증가설에 가까운 형태이다.

이번 강의에서는 종합소득의 각 소득원천의 개념을 간략하게 살펴본다.

2) 이자소득의 개념

소득세법은 이자소득에 대하여 아래와 같이 정의하고 있다.

소득세법

제16조(이자소득) ① 이자소득은 해당 과세기간에 발생한 다음 각호의 소득으로 한다.

1. 국가나 지방자치단체가 발행한 채권 또는 증권의 이자와 할인액

2. 내국법인이 발행한 채권 또는 증권의 이자와 할인액

2의2. 삭제 〈2024. 12. 31.〉

3. 국내에서 받는 예금(적금·부금·예탁금 및 우편대체를 포함한다. 이하 같다)의 이자

4. 「상호저축은행법」에 따른 신용계(信用契) 또는 신용부금으로 인한 이익

5. 외국법인의 국내지점 또는 국내영업소에서 발행한 채권 또는 증권의 이자와 할인액

---

6. 외국법인이 발행한 채권 또는 증권의 이자와 할인액

7. 국외에서 받는 예금의 이자

8. 대통령령으로 정하는 채권 또는 증권의 환매조건부 매매차익

9. 대통령령으로 정하는 저축성보험의 보험차익. 다만, 다음 각 목의 어느 하나에 해당하는 보험의 보험차익은 제외한다.

가. 최초로 보험료를 납입한 날부터 만기일 또는 중도해지일까지의 기간이 10년 이상으로서 대통령령으로 정하는 요건을 갖춘 보험

나. 대통령령으로 정하는 요건을 갖춘 종신형 연금보험

10. 대통령령으로 정하는 직장공제회 초과반환금

11. 비영업대금(非營業貸金)의 이익

12. 제1호부터 제11호까지의 소득과 유사한 소득으로서 금전 사용에 따른 대가로서의 성격이 있는 것

13. 제1호부터 제12호까지의 규정 중 어느 하나에 해당하는 소득을 발생시키는 거래 또는 행위와 「자본시장과 금융투자업에 관한 법률」 제5조에 따른 파생상품(이하 "파생상품"이라 한다)이 대통령령으로 정하는 바에 따라 결합된 경우 해당 파생상품의 거래 또는 행위로부터의 이익

이자소득으로 열거된 것들을 살펴보면 이자소득이 어떤 소득을 말하는 것인지 알 수 있다. 이자소득은 "금전 사용에 따른 대가로서의 성격이 있는 것"을 말하는 것으로서(소득세법 제16조 제1항 제12호), 금전소비대차에서 발생하는 전형적인 의미의 이자뿐만 아니라, 채권을 사고 팔면서 할인해 주는 금액(할인액) 역시 포함된다. 이러한 할인액은 일종의 '선(先)이자'에 해당하기 때문이다.

비영업대금의 이익(소득세법 제16조 제1항 제11호)이란, 금전의 대여를 사업으로 하지 않는 자(즉, 금융업자가 아닌 자)가 일회적으로 금전을 대여하고 받는 이자 또는 수수료를 의미한다. 그렇다면 금융업자가 금전을 대여하고 이자나 수수료를 받는 경우는 이자소득에 해당하지 않는다는 말인가? 그렇다. 금융업사는 금선의 대여를

사업으로 하는 자이므로, 그로 인해 받는 이자나 수수료는 이자소득이 아니라 사업소득이 된다. 같은 성격의 소득이라도 누가 받느냐에 따라 다른 소득으로 취급되는 것이다.

한편, 이자소득은 원본(대여금)을 빌려주고 그 대가로 받는 것이므로, 그 과정에서 별도로 필요경비가 인정되지 않는다. 금융업자의 경우에는 사업소득이므로 원본(대여금)을 마련하는 데에 들어간 비용이 있다면, 이는 필요경비로 인정될 것이다.

이자소득과 관련하여, 흥미로운 판결을 하나 소개한다. 과거 은행들이 개발한 예금상품 중에 엔화로 예금을 들면 해당 예금으로 선물환거래를 하는 상품이 있었다. 고객들은 엔화예금을 들지만, 나중에 예금을 해지하면 선물환거래에서 발생하는 이익을 함께 받아가게 된다. 이에 대해 과세관청은 예금에서 발생한 이자라고 보아 이자소득으로 과세하려고 했다. 대법원은 환율의 차이에서 발생하는 차익(환차익)은 이자소득에 해당하지 않는다고 판단하였다(대법원 2011. 4. 28. 선고 2010두3961 판결). 현재는 소득세법 제16조 제1항 제13호에 따라 입법적으로 해결된 문제이다.

◆ **대법원 2011. 4. 28. 선고 2010두3961 판결**

갑 은행과 고객들이 엔화정기예금과 선물환거래를 함께 가입하는 '엔화스왑예금계약'을 체결한 사안에서, 위 선물환계약은 엔화정기예금계약과는 구별되는 별개의 계약으로 인정되고, 법률행위의 효력이 없는 가장행위에 해당한다거나 엔화정기예금계약에 포함되어 일체가 되었다고 보기 어려우며, 위 선물환거래로 인한 선물환차익은 예금의 이자 또는 이에 유사한 것으로 보기 어려울 뿐만 아니라 채권 또는 증권의 환매조건부 매매차익 또는 이에 유사한 것으로 보기도 어려우므로, 구 소득세법(2006. 12. 30. 법률 제8144호로 개정되기 전의 것) 제16조 제1항 제3호, 제9호, 제13호에서 정한 이자소득세의 과세대상에 해당하지 않는다고 본 원심판결을 수긍한 사례.

1) 배당소득의 개념

소득세법은 배당소득에 대하여 아래와 같이 규정하고 있다.

소득세법

제17조(배당소득) ① 배당소득은 해당 과세기간에 발생한 다음 각호의 소득으로 한다.

1. 내국법인으로부터 받는 이익이나 잉여금의 배당 또는 분배금

2. 법인으로 보는 단체로부터 받는 배당금 또는 분배금

2의2.「법인세법」제5조 제2항에 따라 내국법인으로 보는 신탁재산(이하 '법인과세 신탁재산'이라 한다)으로부터 받는 배당금 또는 분배금

3. 의제배당(擬制配當)

4.「법인세법」에 따라 배당으로 처분된 금액

5. 국내 또는 국외에서 받는 대통령령으로 정하는 집합투자기구로부터의 이익

5의2. 국내 또는 국외에서 받는 대통령령으로 정하는 파생결합증권 또는 파생결합사채로부터의 이익

6. 외국법인으로부터 받는 이익이나 잉여금의 배당 또는 분배금

7.「국제조세조정에 관한 법률」제27조에 따라 배당받은 것으로 간주된 금액

8. 제43조에 따른 공동사업에서 발생한 소득금액 중 같은 조 제1항에 따른 출자공동사업자의 손익분배비율에 해당하는 금액

9. 제1호, 제2호, 제2호의2, 제3호부터 제5호까지, 제5호의2부터 제5호의4까지, 제6호 및 제7호에 따른 소득과 유사한 소득으로서 수익분배의 성격이 있는 것

10. 제1호, 제2호, 제2호의2, 제3호부터 제5호까지, 제5호의2부터 제5호

의4까지 및 제6호부터 제9호까지 중 어느 하나에 해당하는 소득을 발생시키는 거래 또는 행위와 파생상품이 대통령령으로 정하는 바에 따라 결합된 경우 해당 파생상품의 거래 또는 행위로부터의 이익

배당소득 역시 열거된 것들을 살펴보면 배당소득의 성격을 알 수 있다. 배당소득이란 이익이나 잉여금의 배당 또는 분배금과 같이 '수익분배의 성격'을 갖는 소득을 말하는 것으로서(소득세법 제17조 제1항 제9호), 원칙적으로 상법 제462조 등에 따라 법인이 주주에게 주는 이익잉여금의 분배액을 말한다. 즉, 배당소득은 원칙적으로 주주총회의 결의와 같은 절차를 필요로 하는 것이다.

그런데 '의제배당'이란 무엇일까? '의제배당'이란 형식상으로는 배당이 아니지만, 법인의 잉여금이 그의 주주나 출자자에게 이전되는 경우를 말한다. 소득세법은 주식의 소각이나 자본의 감소로 인하여 주주가 취득하는 금전, 그 밖의 재산의 가액(價額) 또는 퇴사·탈퇴나 출자의 감소로 인하여 사원이나 출자자가 취득하는 금전, 그 밖의 재산의 가액이 주주·사원이나 출자자가 그 주식 또는 출자지분을 취득하기 위하여 사용한 금액을 초과하는 금액 등과 같은 경우를 배당으로 의제하고 있다(소득세법 제17조 제2항).

배당소득 역시 이자소득과 마찬가지로 배당소득을 수취하는 데에는 주식을 보유하는 것 외에 별다른 비용이 들지 않는다고 보기 때문에, 필요경비를 인정하지 않는다.

◆ **대법원 2004. 7. 9. 선고 2003두1059, 2003두1066 판결**

법인의 출자자가 사외유출된 법인의 소득을 확정적으로 자신에게 귀속시켰다면 특별한 사정이 없는 한 이러한 소득은 주주총회의 결의 여부, 배당가능이익의 존부, 출자비율에 따라 지급된 것인지 여부 등과 관계없이 출자

2) 이중과세의 조정

배당소득은 법인의 잉여금을 주주 또는 출자자가 분배받는 것이다. 즉, 배당소득의 재원이 되는 소득은 법인의 소득으로서, 법인세가 과세된 소득이다. 그런데 이를 주주의 소득으로서 재차 과세하게 되면 하나의 소득에 대해서 법인세와 소득세가 두 번 과세(이중과세)되는 결과가 된다. 이러한 문제를 해결하기 위해서 배당소득세를 과세할 경우에 이중과세를 조정하는 장치가 필요하다.

소득세법은 일정한 배당소득금액(법인세가 이미 과세된 배당소득금액)에 대해서 그 배당소득의 10%에 해당하는 금액을 가산하도록 하고 있다(소득세법 제17조 제3항). 이를 '배당소득가산(Gross-up)'이라고 한다. 그런데 이중과세를 조정한다면서 왜 소득을 가산하는 것일까? 이는 배당소득의 금액을 법인세가 과세되기 이전으로 회복시킨 다음, 소득세를 부과하면서 이미 낸 배당세액(법인세액 상당액)을 공제하는 방식(이를 '배당세액공제'라고 한다)으로 조정하기 위함이다.

예를 들어 설명해 보면 다음과 같다. 법인세율을 10%라고 가정하고, 소득세율을 20%라고 가정하자. 甲이 100원의 배당을 받았다면 甲은 얼마의 소득세를 내야 하는가? 배당소득을 지급받은 甲에 대해 우선 배당소득가산으로 110원의 배당소득을 받은 것처럼 만들어서 소득세를 계산하면(20%) 22원이 되는데, 이때 세액 22원에서 미리 낸 10원(법인세)을 차감하면(배당세액공제) 최종적으로 12원의 세금을 내게 된다. 법인세가 없다고 치면, 甲은 110원을 배당받고 22원의 세금을 내는 것이므로 결과적으로 세 부담이 같아지게 된다. 현실적으로는 누진세율의 차이가 있기 때문에 예시로 설명한 것처럼 이중과세가 조정되지는 않는다.

3 사업소득

소득세법은 사업소득에 대하여 아래와 같이 규정하고 있다.

소득세법

제19조(사업소득) ① 사업소득은 해당 과세기간에 발생한 다음 각호의 소득으로 한다. 다만, 제21조 제1항 제8호의2에 따른 기타소득으로 원천징수하거나 과세표준확정신고를 한 경우에는 그러하지 아니하다.

1. 농업(작물재배업 중 곡물 및 기타 식량작물 재배업은 제외한다. 이하 같다)·임업 및 어업에서 발생하는 소득

2. 광업에서 발생하는 소득

3. 제조업에서 발생하는 소득

4. 전기, 가스, 증기 및 공기조절공급업에서 발생하는 소득

5. 수도, 하수 및 폐기물 처리, 원료 재생업에서 발생하는 소득

6. 건설업에서 발생하는 소득

7. 도매 및 소매업에서 발생하는 소득

8. 운수 및 창고업에서 발생하는 소득

9. 숙박 및 음식점업에서 발생하는 소득

---

10. 정보통신업에서 발생하는 소득

11. 금융 및 보험업에서 발생하는 소득

12. 부동산업에서 발생하는 소득. 다만, 「공익사업을 위한 토지 등의 취득
및 보상에 관한 법률」 제4조에 따른 공익사업과 관련하여 지역권·지상권
(지하 또는 공중에 설정된 권리를 포함한다)을 설정하거나 대여함으로써 발생
하는 소득은 제외한다.

13. 전문, 과학 및 기술서비스업(대통령령으로 정하는 연구개발업은 제외한다)
에서 발생하는 소득

14. 사업시설관리, 사업 지원 및 임대 서비스업에서 발생하는 소득

15. 교육서비스업(대통령령으로 정하는 교육기관은 제외한다)에서 발생하는
소득

16. 보건업 및 사회복지서비스업(대통령령으로 정하는 사회복지사업은 제외한
다)에서 발생하는 소득

17. 예술, 스포츠 및 여가 관련 서비스업에서 발생하는 소득

18. 협회 및 단체(대통령령으로 정하는 협회 및 단체는 제외한다), 수리 및 기타
개인서비스업에서 발생하는 소득

19. 가구 내 고용활동에서 발생하는 소득

20. 제160조 제3항에 따른 복식부기의무자가 차량 및 운반구 등 대통령령
으로 정하는 사업용 유형자산을 양도함으로써 발생하는 소득. 다만, 제94
조 제1항 제1호에 따른 양도소득에 해당하는 경우는 제외한다.

21. 제1호부터 제20호까지의 규정에 따른 소득과 유사한 소득으로서 영
리를 목적으로 자기의 계산과 책임하에 계속적·반복적으로 행하는 활동
을 통하여 얻는 소득

사업소득은 "영리를 목적으로 자기의 계산과 책임하에 계속적·반
복적으로 행하는 활동을 통하여 얻는 소득"을 말한다(소득세법 제19
조 제1항 제21호).

대법원은 소득세법상의 사업소득에 속하는 것인가의 여부는 그
사업이 수익을 목적으로 하고 있는지와 그 규모, 회수, 태양 등에

비추어 사업활동으로 볼 수 있을 정도의 계속성과 반복성이 있는지 등을 고려하여 사회통념에 따라 가려야 한다고 판시하고 있다(대법원 1989. 3. 28. 선고 88누8753 판결).

구체적으로 어떠한 소득이 사업소득에 해당하는지 여부가 문제가 되었던 사례들 중 몇 가지를 소개하면 아래와 같다. 대법원은 탤런트의 전속계약금이 사업소득인지 기타소득인지 여부가 문제된 사례에서, 탤런트의 활동은 계속적·반복적인 사업활동으로 볼 수 있으므로 전속계약금 역시 사업소득이라고 판단하였으며(대법원 2001. 4. 24. 선고 2000두5203 판결), 설령 법령에 따른 인가를 받지 않고 무허가로 대금업을 영위하였다고 하더라도 이는 사업소득이라고 판단하였고(대법원 1986. 11. 11. 선고 85누904 판결), 물건을 판매하고 대금 지급 시기를 늦추어 주는 대가로 이자 상당액을 가산하여 지급받는다고 하더라도, 이는 이자소득이 아니라 물건판매의 대가로서 사업소득에 해당한다고 판단하였다(대법원 1991. 7. 26. 선고 91누117 판결).

◈ 대법원 2001. 4. 24. 선고 2000두5203 판결

직업 활동의 내용, 그 활동 기간 및 활동의 범위, 태양, 거래의 상대방, 주수입원, 수익을 얻어온 횟수 및 규모 등에 비추어 볼 때 연기자 겸 광고모델로서의 해당 탤런트의 활동 그 자체가 수익을 올릴 목적으로 이루어져 온 것인 데다가 사회통념상 하나의 독립적인 사업활동으로 볼 수 있을 정도의 계속성과 반복성도 갖추고 있으므로 광고모델활동을 따로 분리할 것이 아니라 그 탤런트의 각종 연예계 관련활동 전체를 하나로 보아 그 직업 또는 경제활동을 평가하여야 할 것이어서 그 탤런트의 전속계약금 소득은 사업소득에 해당한다고 본 사례.

사업자등록을 하지 않은 채 1년 반 동안의 장기간에 걸쳐 자기계산과 책임하에 업무용 차량 5대와 상시 7명의 직원을 고용하여 900여억 원의 자금을 동원하여 70여 명의 고객을 상대로 수십 회에 걸쳐 금전을 대여하고 그에 대한 이자수익을 취득해 왔다면 비록 단기금융업법에 의한 재무부장관의 단기금융업 인가를 받지 아니하였고 사업자등록을 필하지 아니하였다 하더라도 위의 금전거래행위는 이자수익의 취득을 목적으로 하는 대금업을 영위한 것이라고 보아야 할 것이므로 위 금전거래로 인하여 취득한 이자 상당의 수입은 거래 당시의 소득세법(1982.12.21 법률 제3576호로 개정되기 전) 제20조 제1항 제8호, 동법 시행령 제36조 제1호 소정의 대금업으로 인하여 발생한 사업소득에 해당한다.

구 소득세법(1990.12.31. 법률 제281호로 개정되기 전의 것) 제17조 제1항 제10호 소정의 비영업대금의 이익이라 함은 금전의 대여를 영업으로 하지 않는 자가 일시적 우발적으로 금전을 대여함에 따라 지급받는 이자 또는 수수료 등을 말하는 것으로서, 물품을 연불조건으로 매도함에 있어 연불조건에 대한 반대급부로서 현금거래 또는 통상의 대금 결제방법에 의한 거래의 경우보다 추가로 지급받는 금액이나 당초 계약내용에 의하여 이자상당액을 가산하여 매도가액을 확정하고 연불방법에 따라 이자를 포함한 가액을 매도대금으로 지급받는 경우에 있어서의 그 이자상당액 등은 비영업대금의 이익에 해당한다고 할 수 없다.

이자소득, 배당소득과는 달리 사업소득에는 필요경비가 인정된다. 소득세법은 사업소득금액은 해당 과세기간의 총수입금액에서 이에 사용된 필요경비를 공제한 금액으로 하며, 필요경비가 총수입금액을 초과하는 경우 그 초과하는 금액을 '결손금'이라 한다고 규정하고 있다(소득세법 제19조 제2항).

그런데 위법하게 지출된 비용이 과연 필요경비에 해당하는지 여부가 문제될 수 있다. 대법원은 원칙적으로 위법소득을 얻기 위하여 지출한 비용도 필요경비로 인정하지만, 다만 비용의 지출이 사회질서에 심히 반하는 경우에는 필요경비로 인정할 수 없다는 입장이다(대법원 2015. 2. 26. 선고 2014도16164 판결).

◆ 대법원 2015. 2. 26. 선고 2014도16164 판결

소득세는 원칙적으로 소득이 다른 법률에 의하여 금지되는지 여부와 관계없이 담세력에 따라 과세하여야 하고 순소득을 과세대상으로 하여야 하므로 범죄행위로 인한 위법소득을 얻기 위하여 지출한 비용이더라도 필요경비로 인정함이 원칙이라 할 것이나, 그 비용의 지출이 사회질서에 심히 반하는 등 특별한 사정이 있는 경우라면 필요경비로 인정할 수 없다고 할 것이다.

4 ▷ 근로소득

소득세법은 근로소득에 대하여 아래와 같이 규정하고 있다.

소득세법

제20조(근로소득) ① 근로소득은 해당 과세기간에 발생한 다음 각호의 소득으로 한다.
1. 근로를 제공함으로써 받는 봉급·급료·보수·세비·임금·상여·수당과 이와 유사한 성질의 급여
2. 법인의 주주총회·사원총회 또는 이에 준하는 의결기관의 결의에 따라 상여로 받는 소득

3. 「법인세법」에 따라 상여로 처분된 금액

4. 퇴직함으로써 받는 소득으로서 퇴직소득에 속하지 아니하는 소득

5. 종업원 등 또는 대학의 교직원이 지급받는 직무발명보상금(제21조 제1항 제22호의2에 따른 직무발명보상금은 제외한다)

6. 사업자나 법인이 생산·공급하는 재화 또는 용역을 그 사업자나 법인의 사업장에 종사하는 임원 등에게 대통령령으로 정하는 바에 따라 시가보다 낮은 가격으로 제공하거나 구입할 수 있도록 지원함으로써 해당 임원 등이 얻는 이익

근로소득이란 '종속적 지위에서 근로를 제공함으로써 받는 급여'를 말한다. 대법원은 근로소득은 지급형태나 명칭을 불문하고 성질상 근로의 제공과 대가관계에 있는 일체의 경제적 이익을 포함할 뿐만 아니라, 직접적인 근로의 대가 외에도 근로를 전제로 그와 밀접히 관련되어 근로조건의 내용을 이루고 있는 급여도 포함된다고 판시하고 있다(대법원 2007. 10. 25. 선고 2007두1941 판결).

근로소득은 실제 지출한 필요경비를 공제해 주지 않지만, 소득세법은 "근로소득금액은 총급여액(비과세소득 금액은 제외함)에서 근로소득공제를 적용한 금액으로 한다"고 규정하고 있다(소득세법 제20조 제2항). 근로소득공제는 근로소득에만 인정되는 것으로서, 모든 근로자에 대해서 일괄적으로 법률에 정해진 금액을 공제하는 필요경비 성격의 공제액이다.

한편, 근로소득을 지급하는 자는 원천징수를 할 의무가 있는데, 근로소득의 원천징수의무자는 해당 과세기간의 다음 연도 2월분의 근로소득 또는 퇴직자의 퇴직하는 달의 근로소득을 지급할 때에 '연말정산'에 따른 소득세를 원천징수한다(소득세법 제137조). 만약 근로자에게 근로소득만 있는 경우에는 연말정산만 하고 종합소득세 신고를 하지 않을 수 있다(제73조).

소득세법은 연금소득에 대하여 아래와 같이 규정하고 있다.

소득세법

제20조의3(연금소득) ① 연금소득은 해당 과세기간에 발생한 다음 각호의 소득으로 한다.

1. 공적연금 관련법에 따라 받는 각종 연금(이하 '공적연금소득'이라 한다)
2. 다음 각 목에 해당하는 금액을 그 소득의 성격에도 불구하고 연금계좌['연금저축'의 명칭으로 설정하는 대통령령으로 정하는 계좌(이하 '연금저축계좌'라 한다) 또는 퇴직연금을 지급받기 위하여 설정하는 대통령령으로 정하는 계좌(이하 '퇴직연금계좌'라 한다)를 말한다. 이하 같다]에서 대통령령으로 정하는 연금형태 등으로 인출(이하 '연금수령'이라 하며, 연금수령 외의 인출은 '연금외수령'이라 한다)하는 경우의 그 연금

　가. 제146조 제2항에 따라 원천징수되지 아니한 퇴직소득

　나. 제59조의3에 따라 세액공제를 받은 연금계좌 납입액

　다. 연금계좌의 운용실적에 따라 증가된 금액

　라. 그 밖에 연금계좌에 이체 또는 입금되어 해당 금액에 대한 소득세가 이연(移延)된 소득으로서 대통령령으로 정하는 소득

3. 제2호에 따른 소득과 유사하고 연금 형태로 받는 것으로서 대통령령으로 정하는 소득

　연금소득은 공적연금 또는 사적연금에서 발생하는 소득을 말한다. 다른 원천에서 발생한 소득(근로소득, 사업소득 등)을 연금에 납입하는 경우 납입 단계에서는 해당 금액을 과세하지 않고 추후에 연금을 수령할 때 종합소득으로서 과세하지만, 연금소득의 성격을 고려하여 여러 가지 세제상 혜택을 부여하고 있다. 연금소득 역시

필요경비는 인정되지 않지만, 연금소득금액을 산정할 때에는 총연금액에서 연금소득공제(필요경비와 유사한 성격)를 적용한 금액으로 하고 있다(소득세법 제20조의3 제3항).

6 기타소득

소득세법은 기타소득에 대하여 아래와 같이 규정하고 있다.

소득세법

제21조(기타소득) ① 기타소득은 이자소득·배당소득·사업소득·근로소득·연금소득·퇴직소득 및 양도소득 외의 소득으로서 다음 각호에서 규정하는 것으로 한다.

1. 상금, 현상금, 포상금, 보로금 또는 이에 준하는 금품

2. 복권, 경품권, 그 밖의 추첨권에 당첨되어 받는 금품

3. 「사행행위 등 규제 및 처벌특례법」에서 규정하는 행위(적법 또는 불법 여부는 고려하지 아니한다)에 참가하여 얻은 재산상의 이익

4. 「한국마사회법」에 따른 승마투표권, 「경륜·경정법」에 따른 승자투표권, 「전통소싸움경기에 관한 법률」에 따른 소싸움경기투표권 및 「국민체육진흥법」에 따른 체육진흥투표권의 구매자가 받는 환급금(발생 원인이 되는 행위의 적법 또는 불법 여부는 고려하지 아니한다)

5. 저작자 또는 실연자(實演者)·음반제작자·방송사업자 외의 자가 저작권 또는 저작인접권의 양도 또는 사용의 대가로 받는 금품

6. 다음 각 목의 자산 또는 권리의 양도·대여 또는 사용의 대가로 받는 금품

가. 영화필름

나. 라디오·텔레비전방송용 테이프 또는 필름

다. 그 밖에 가목 및 나목과 유사한 것으로서 대통령령으로 정하는 것

---

7. 광업권·어업권·양식업권·산업재산권·산업정보, 산업상 비밀, 상표권·영업권(대통령령으로 정하는 점포 임차권을 포함한다), 토사석(土砂石)의 채취허가에 따른 권리, 지하수의 개발·이용권, 그 밖에 이와 유사한 자산이나 권리를 양도하거나 대여하고 그 대가로 받는 금품

8. 물품(유가증권을 포함한다) 또는 장소를 일시적으로 대여하고 사용료로서 받는 금품

8의2. 「전자상거래 등에서의 소비자보호에 관한 법률」에 따라 통신판매중개를 하는 자를 통하여 물품 또는 장소를 대여하고 대통령령으로 정하는 규모 이하의 사용료로서 받은 금품

9. 「공익사업을 위한 토지 등의 취득 및 보상에 관한 법률」 제4조에 따른 공익사업과 관련하여 지역권·지상권(지하 또는 공중에 설정된 권리를 포함한다)을 설정하거나 대여함으로써 발생하는 소득

10. 계약의 위약 또는 해약으로 인하여 받는 소득으로서 다음 각 목의 어느 하나에 해당하는 것

가. 위약금

나. 배상금

다. 부당이득 반환 시 지급받는 이자

11. 유실물의 습득 또는 매장물의 발견으로 인하여 보상금을 받거나 새로 소유권을 취득하는 경우 그 보상금 또는 자산

12. 소유자가 없는 물건의 점유로 소유권을 취득하는 자산

13. 거주자·비거주자 또는 법인의 대통령령으로 정하는 특수관계인이 그 특수관계로 인하여 그 거주자·비거주자 또는 법인으로부터 받는 경제적 이익으로서 급여·배당 또는 증여로 보지 아니하는 금품

14. 슬롯머신(비디오게임을 포함한다) 및 투전기(投錢機), 그 밖에 이와 유사한 기구(이하 '슬롯머신 등'이라 한다)를 이용하는 행위에 참가하여 받는 당첨금품·배당금품 또는 이에 준하는 금품(이하 '당첨금품 등'이라 한다)

15. 문예·학술·미술·음악 또는 사진에 속하는 창작품(「신문 등의 진흥에 관한 법률」에 따른 신문 및 「잡지 등 정기간행물의 진흥에 관한 법률」에 따른 정기간행물에 게재하는 삽화 및 만화와 우리나라의 창작품 또는 고전을 외국어로 번역하

거나 국역하는 것을 포함한다)에 대한 원작자로서 받는 소득으로서 다음 각 목의 어느 하나에 해당하는 것

가. 원고료

나. 저작권사용료인 인세(印稅)

다. 미술·음악 또는 사진에 속하는 창작품에 대하여 받는 대가

16. 재산권에 관한 알선 수수료

17. 사례금

18. 대통령령으로 정하는 소기업·소상공인 공제부금의 해지일시금

19. 다음 각 목의 어느 하나에 해당하는 인적용역(제15호부터 제17호까지의 규정을 적용받는 용역은 제외한다)을 일시적으로 제공하고 받는 대가

가. 고용관계 없이 다수인에게 강연을 하고 강연료 등 대가를 받는 용역

나. 라디오·텔레비전방송 등을 통하여 해설·계몽 또는 연기의 심사 등을 하고 보수 또는 이와 유사한 성질의 대가를 받는 용역

다. 변호사, 공인회계사, 세무사, 건축사, 측량사, 변리사, 그 밖에 전문적 지식 또는 특별한 기능을 가진 자가 그 지식 또는 기능을 활용하여 보수 또는 그 밖의 대가를 받고 제공하는 용역

라. 그 밖에 고용관계 없이 수당 또는 이와 유사한 성질의 대가를 받고 제공하는 용역

20. 「법인세법」 제67조에 따라 기타소득으로 처분된 소득

21. 제20조의3 제1항 제2호 나목 및 다목의 금액을 그 소득의 성격에도 불구하고 연금외수령한 소득

22. 퇴직 전에 부여받은 주식매수선택권을 퇴직 후에 행사하거나 고용관계 없이 주식매수선택권을 부여받아 이를 행사함으로써 얻는 이익

22의2. 종업원 등 또는 대학의 교직원이 퇴직한 후에 지급받는 직무발명보상금

23. 뇌물

24. 알선수재 및 배임수재에 의하여 받는 금품

25. 삭제 〈2020. 12. 29.〉

26. 종교관련종사자가 종교의식을 집행하는 등 종교관련종사자로서의 활

앞서 보았던 다른 소득원천과 달리, 기타소득은 그 소득의 성격
을 일률적으로 말하기 어렵다. 그래서 소득세법 역시 "기타소득은
이자소득·배당소득·사업소득·근로소득·연금소득·퇴직소득 및 양
도소득 외의 소득"이라고 규정하고 있는 것이다(소득세법 제21조 제
1항 각호). 그러나 기타소득이 이자소득·배당소득·사업소득·근로
소득·연금소득·퇴직소득·양도소득을 제외한 모든 소득을 포괄하
는 개념이라는 뜻은 아니고, 법령에 기타소득으로 열거된 경우에
한하여 과세가 가능하다.

기타소득금액은 해당 과세기간의 총수입금액에서 필요경비를 공
제한 금액이며(소득세법 제21조 제3항), 소득세법 시행령은 기타소득
의 종류별로 필요경비를 산정하는 방법을 달리 규정하고 있다(소득
세법 시행령 제87조).

기타소득에 해당하는지 여부가 문제가 되었던 대법원 판결들을
소개한다. 대법원은 손해배상금과 관련하여, 금전채무의 이행지체
로 인한 약정 지연손해금은 본래의 계약의 내용이 되는 지급자체에
대한 손해를 넘는 손해에 대하여 배상하는 금전의 성격이 있으므
로 소득세법상 기타소득에 해당한다고 판단하였고(대법원 1994. 5.
24. 선고 94다3070 판결), 매매계약의 합의해제에 따른 손해배상금
은 매도인이 입은 현실적인 손해를 전보하기 위하여 지급된 금전이
므로 소득세법상 기타소득에 해당하지 않는다고 판단하였다(대법원
2004. 4. 9. 선고 2002두3942 판결). 한편, 기타소득 중에서 인적용역
의 제공에 대한 대가(소득세법 제21조 제1항 제19호)인지 아니면 사례
금(제17호)인지 여부가 문제된 사례에서, 전체적으로 인적용역의 제

공에 대한 대가를 넘어서는 정도에는 사례금으로 보아야 한다고 판단하였다(대법원 2017. 4. 26. 선고 2017두30214 판결).

◈ 대법원 1994. 5. 24. 선고 94다3070 판결

구 소득세법 제25조 제1항 제9호에 의하면 계약의 위약 또는 해약으로 인하여 받는 위약금과 배상금을 기타소득의 하나로 들고 있고, 구 소득세법 시행령 제49조 제3항은 법 제25조 제1항 제9호에 규정하는 위약 또는 해약으로 인하여 받은 위약금 또는 배상금은 재산권에 관한 계약의 위약 또는 해약으로 인하여 받는 손해배상으로서 그 명목 여하에 불구하고 본래의 계약의 내용이 되는 지급 자체에 대한 손해를 넘는 손해에 대하여 배상하는 금전 또는 기타의 물품의 가액으로 한다고 규정하고 있는바, 채무의 이행지체로 인한 지연배상금이 본래의 계약의 내용이 되는 지급 자체에 대한 손해라고 할 수는 없는 것이고, 나아가 그 채무가 금전채무라고 하여 달리 해석할 것은 아니므로, 금전채무의 이행지체로 인한 약정지연손해금의 경우도 위 법령에 의한 기타소득이 되는 위약금 또는 배상금에 포함되는 것이라고 할 것이다(대법원 1993. 7. 27. 선고 92누19613 판결 참조).

◈ 대법원 2004. 4. 9. 선고 2002두3942 판결

매수인측의 채무불이행으로 매매계약을 합의해제하면서 매도인이 매수인으로부터 손해배상금 명목으로 금원을 지급받은 경우, 그 금원이 '본래 계약의 내용이 되는 지급 자체에 대한 손해를 넘는 손해에 대하여 배상하는 금전'으로 '기타소득'에 해당한다기보다는 매도인이 입은 현실적인 손해를 전보하기 위하여 지급된 손해배상금으로 보는 것이 상당하다고 한 사례.

◈ 대법원 2017. 4. 26. 선고 2017두30214 판결

소득세법 제21조 제1항 제17호, 제19호, 제2항, 제37조 제2항, 구 소득세법 시행령 제87조 제1호 나목의 내용과 문언 및 규정 체계 등을 종합해 보면, 제19호 각 목의 기타소득은 어느 것이나 '인적용역의 제공에 대한 대가'에 해당하여야 하므로, 용역의 제공과 관련하여 얻은 소득이라도 용역에 대한 대가의 성격을 벗어난 경우에는 제19호의 소득으로 볼 수 없다. 제19호에서 제17호의 규정을 적용받는 용역 제공의 대가는 제외한다고 규정한 것도 같은 의미로 이해될 수 있고, 필요경비의 계산에서 제19호의 소득은 최소한 100분의 80을 정률로 산입할 수 있도록 한 반면 제17호의 사례금에 대해서는 일반원칙에 따르도록 한 것도 마찬가지 취지라고 할 것이다. 그러므로 일시적 인적용역을 제공하고 지급받은 금품이, 제공한 역무나 사무처리의 내용, 당해 금품 수수의 동기와 실질적인 목적, 금액의 규모 및 상대방과의 관계 등을 종합적으로 고려해 보았을 때, 용역제공에 대한 보수 등 대가의 성격분 아니라 사례금의 성격까지 함께 가지고 있어 전체적으로 용역에 대한 대가의 범주를 벗어난 것으로 인정될 경우에는 제19호가 아니라 제17호의 소득(사례금)으로 분류하는 것이 타당하다.

1) 이자소득이란 금전의 사용대가로서의 성격을 띠는 소득을 말하며, 금전 소비대차에서 발생하는 이자뿐만 아니라 할인액도 포함한다. 이자소득 에는 필요경비가 인정되지 않는다.

2) 배당소득이란 수익 분배의 성격을 띠는 소득을 말하며, 형식적인 배당에 해당하지 않으나 법인의 잉여금이 주주나 출자자에게 이전되는 의제배 당을 포함한다. 배당소득 역시 필요경비가 인정되지 않는다. 배당소득 은 법인세가 과세된 소득에 해당하므로 배당소득가산과 배당세액공제 를 통해 이중과세를 조정한다.

3) 사업소득이란 영리를 목적으로 자기의 계산과 책임하에 계속적·반복적 으로 행하는 사업활동을 통하여 얻는 소득을 말하며, 사업소득금액을 계산할 때는 필요경비를 공제한다.

4) 근로소득이란 종속적 지위에서 근로를 제공함으로써 받는 급여를 말한 다. 근로소득금액은 총급여액에 근로소득공제를 적용한 금액으로 하 고, 근로소득만 있는 경우에는 연말정산을 함으로써 종합소득세 신고를 하지 않을 수 있다.

5) 연금소득이란 공적연금 또는 사적연금에서 발생하는 소득을 말하며, 연 급을 납입할 때에는 과세하지 않고, 연금을 수령할 때에 종합과세한다.

6) 기타소득은 이자소득·배당소득·사업소득·근로소득·연금소득·퇴직소 득·양도소득 외의 소득이지만, 포괄적 성격의 소득이 아니라 법령에 열 거된 소득에 한정하여 과세한다.

제9강
소득세(3)

종합소득세의 과세표준과 세액을 산출하는 과정을 이해하고, 퇴직소득과 양도소득의 개념을 학습한다.

학습목표

1) 종합소득금액과 종합소득과세표준을 이해할 수 있다.

2) 인적 공제(기본공제와 추가공제)를 이해할 수 있다.

3) 종합소득세의 산출세액과 결정세액을 이해할 수 있다.

4) 퇴직소득의 개념을 이해할 수 있다.

5) 양도소득의 개념을 이해할 수 있다.

1) 총수입금액과 소득금액

거주자의 각 소득에 대한 '총수입금액'(총급여액과 총연금액을 포함함)은 해당 과세기간에 수입하였거나 수입할 금액의 합계액으로 한다(소득세법 제24조 제1항). 즉, 총수입금액은 각 소득원천별로 1과세기간 동안 벌어들인 금액 자체를 말한다. 총수입금액은 소득금액을 산정하는 기초가 된다.

'소득금액'이란 1과세기간 동안 벌어들인 총수입금액에서 필요경비(근로소득공제 및 연금소득공제 포함) 등을 공제한 금액을 말한다. 즉, 각 소득원천별로 소득금액이 산정되며, 종합소득금액을 산정하는 기초가 된다.

〈표 9-1〉 소득원천별 소득금액 산정 방법

소득구분	소득금액의 계산
이자소득	이자수입금액(필요경비 ✕)
배당소득	배당수입금액(필요경비 ✕), 배당소득가산(10%)
사업소득	사업수입금액 – 필요경비
근로소득	근로수입금액 – 근로소득공제
연금소득	연금수입금액 – 연금소득공제
기타소득	기타수입금액 – 필요경비

'종합소득금액'이란 이자소득금액, 배당소득금액, 사업소득금액, 근로소득금액, 연금소득금액 및 기타소득금액의 합계액(단, 분리과세되는 소득은 제외함)을 말한다(소득세법 제14조 제2항).

❹ 세액의 계산

구　　　　　분		종합소득세	농어촌특별세	
종　합　소　득　금　액	⑲			
소　　　득　　　공　　　제	⑳			
과　세　표　준(⑲-⑳)	㉑		①	
세　　　　　　　　율	㉒		②	
산　　　출　　　세　　　액	㉓		③	
세　　액　　감　　면	㉔			
세　　액　　공　　제	㉕			
결정세액	종　합　과　세(㉓-㉔-㉕) ㉖		⑭	
	분　리　과　세 ㉗		⑮	
	합　계(㉖+㉗) ㉘		⑯	

〈그림 9-1〉 종합소득세 신고서

2) 종합소득과세표준

　'종합소득과세표준'이란 종합소득금액에서 기본공제(소득세법 제50조), 추가공제(제51조), 연금보험료공제(제51조의3), 주택담보노후연금 이자비용공제(제51조의4), 특별소득공제(제52조 등)의 소득공제(이를 '종합소득공제'라고 한다)를 적용한 금액으로 한다(제14조 제2항).

가. 기본공제

　소득세법은 종합소득이 있는 거주자(자연인만 해당한다)에 대해서는 ① 해당 거주자, ② 거주자의 배우자로서 해당 과세기간의 소득금액이 없거나 해당 과세기간의 소득금액 합계액이 100만 원 이하인 사람(총급여액 500만 원 이하 근로소득만 있는 경우 포함), ③ 거주자(배우자 포함)와 생계를 같이하는 부양가족으로서 해당 과세기간의 소득금액 합계액이 100만 원 이하인 사람(총급여액 500만 원 이하 근로소득만 있는 경우 포함)에 대하여, 해당하는 사람의 수에 1명당 연 150만 원을 곱하여 계산한 금액을 그 거주자의 해당 과세기간의 종합소득금액에서 공제하도록 규정하고 있다(소득세법 제50조 제1항). 이를 '기본공제'라고 한다.

여기서 '부양가족'이란 ① 거주자의 직계존속(직계존속이 재혼한 경우에는 그 배우자로서 대통령령으로 정하는 사람을 포함)으로서 60세 이상인 사람, ② 거주자의 직계비속으로서 대통령령으로 정하는 사람, ③ 대통령령으로 정하는 동거 입양자로서 20세 이하인 사람, ④ 거주자의 형제자매로서 20세 이하 또는 60세 이상인 사람, ⑤ 「국민기초생활 보장법」에 따른 수급권자 중 대통령령으로 정하는 사람, ⑥ 「아동복지법」에 따른 가정위탁을 받아 양육하는 아동으로서 대통령령으로 정하는 사람을 말한다.

만약 거주자의 배우자나 부양가족이 다른 거주자의 부양가족에도 해당되는 경우, 거주자 중 한 사람만 소득공제를 적용받을 수 있다(소득세법 제50조 제3항).

한편, '생계를 같이하는 부양가족'이란 주민등록표의 동거가족으로서 해당 거주자의 주소 또는 거소에서 현실적으로 생계를 같이하는 사람을 말하며(소득세법 제53조 제1항), 거주자나 동거가족이 취학·질병의 요양, 근무상 또는 사업상의 형편 등으로 본래의 주소·거소에서 일시 퇴거한 경우에도 대통령령으로 정하는 사유에 해당하면 생계를 같이하는 사람으로 본다(제2항). 그리고 거주자의 부양가족 중 거주자(배우자 포함)의 직계존속이 주거 형편에 따라 별거하고 있는 경우에는 생계를 같이하는 사람으로 본다(제3항).

나. 추가공제

기본공제 대상자가 70세 이상인 사람(경로우대자)의 경우에는 1명당 연 100만 원, 대통령령으로 정하는 장애인인 경우에는 1명당 연 200만 원, 해당 거주자(종합소득금액이 3,000만 원 이하인 거주자로 한정함)가 배우자가 없는 여성으로서 부양가족 있는 세대주이거나 배우자 있는 여성인 경우에는 연 50만 원, 해당 거주자가 배우자가 없는 사람으로서 기본공제 대상자인 직계비속 또는 입양자가 있는 경우에는 연 100만 원을 종합소득금액에서 추가로 공제한다(소득세법 제51조 제1항). 즉, 기본공제 외에 추가적인 금액을 더 공제해 주는 것이다. 이를 '추가공제'라고 한다. '기본공제'와 '추가공제'를 합쳐서 '인적 공제'라 하고(제3항), 인적 공제 합계액이 종합소득금액을 초과하는 경우 그 초과액은 없는 것으로 한다(제4항).

다. 연금보험료공제

종합소득이 있는 거주자가 공적연금 관련법에 따른 기여금 또는 개인부담금(이를 '연금보험료'라고 한다)을 납입한 경우, 해당 과세기간의 종합소득금액에서 그 과세기간에 납입한 연금보험료를 공제한다(소득세법 제51조의3). 이를 '연금보험료공제'라고 한다. 연금은 납입할 때에 과세하지 않고, 추후에 연금소득을 받을 때 과세하기 때문에 납입 시에는 종합소득에서 공제해 주는 것이다.

라. 주택담보노후연금 이자비용공제

연금소득이 있는 거주자가 대통령령으로 정하는 요건에 해당하는 주택담보노후연금을 받은 경우에는 그 받은 연금에 대해서 해당 과세기간에 발생한 이자비용 상당액을 해당 과세기간 연금소득금액에서 공제하고, 이 경우 공제할 이자 상당액이 200만 원을 초과하는 경우에는 200만 원을 공제하고, 연금소득금액을 초과하는 경우 그 초과금액은 없는 것으로 한다(소득세법 제51조의4 제1항). 이를 '주택담보노후연금 이자비용공제'라고 한다.

마. 특별소득공제

특별소득공제는 근로소득이 있는 거주자(일용근로자 제외)에게 적용되는 것으로서, 소득세법과 조세특례제한법에 각각 관련 규정이 있다. 소득세법상 특별소득공제로는 공적 보험료(국민건강보험, 고용보험, 노인장기요양보험)공제, 주택임차자금상환액공제, 장기주택저당차입금공제가 있으며(소득세법 제52조), 조세특례제한법상 특별소득공제로는 주택청약종합저축납입금공제(조세특례제한법 제87조), 신용카드공제(제126조의2) 등이 있다.

3) 종합소득세율

종합소득세의 세율은 아래의 표와 같다(소득세법 제55조 제1항).

종합소득 과세표준	세율
1,400만 원 이하	과세표준의 6퍼센트
1,400만 원 초과 5,000만 원 이하	84만 원 + (1,400만 원을 초과하는 금액의 15퍼센트)
5,000만 원 초과 8,800만 원 이하	624만 원 + (5,000만 원을 초과하는 금액의 24퍼센트)
8,800만 원 초과 1억5천만 원 이하	1,536만 원 + (8,800만 원을 초과하는 금액의 35퍼센트)
1억5천만 원 초과 3억 원 이하	3,706만 원 + (1억 5,000만 원을 초과하는 금액의 38퍼센트)
3억 원 초과 5억 원 이하	9,406만 원 + (3억 원을 초과하는 금액의 40퍼센트)
5억 원 초과 10억 원 이하	1억 7,406만 원 + (5억 원을 초과하는 금액의 42퍼센트)
10억 원 초과	3억 8,406만 원 + (10억 원을 초과하는 금액의 45퍼센트)

4) 산출세액과 결정세액

'종합소득산출세액'은 종합소득과세표준에 세율을 곱한 것이다 (소득세법 제55조 제1항).

종합소득산출세액이 산정되면 '세액감면'과 '세액공제'를 차례로 적용하여 '종합소득결정세액'을 산정한다.

'세액감면'이란 산출세액에서 직접 일부를 감면하는 것을 말한다. 소득세법은 ① 정부 간의 협약에 따라 우리나라에 파견된 외국인이 그 양쪽 또는 한쪽 당사국의 정부로부터 받는 급여 또는 ② 거주자 중 대한민국의 국적을 가지지 아니한 자가 대통령령으로 정하는 선박과 항공기의 외국항행사업으로부터 얻는 소득을 세액감면 대상으로 정하고 있다(소득세법 제59조의5).

한편, '세액공제'에는 기납부세액공제, 배당세액공제, 외국납부세액공제, 재해손실세액공제, 근로소득세액공제, 자녀세액공제, 연금계좌세액공제, 특별세액공제 등이 있다.

5) 중간예납

관할 세무서장은 종합소득이 있는 거주자에 대하여 1월 1일부터 6월 30일까지의 기간(이를 '중간예납기간'이라고 한다) 동안 직전 과세기간의 종합소득세액(이를 '중간예납기준액'이라고 한다)의 50%를 납부세액(이를 '중간예납세액'이라고 한다)으로 결정하고 11월 30일까지 징수하여야 한다(소득세법 제65조). 이를 '중간예납'이라고 한다.

중간예납은 확정신고시에 1과세기간 동안의 소득세액을 일시에 납부하게 되면 납세자의 부담이 무거울 수 있으므로 이러한 부담을 분산시키고, 국가의 입장에서도 재정 충당의 효율성을 확보하는 데에 이점이 있는 제도이다.

6) 확정신고

해당 과세기간의 종합소득금액이 있는 거주자(종합소득과세표준이 없거나 결손금이 있는 거주자를 포함)는 그 종합소득과세표준을 그 과세기간의 다음 연도 5월 1일부터 5월 31일까지 대통령령으로 정하는 바에 따라 납세지 관할 세무서장에게 신고하여야 한다(소득세법 제70조 제1항). 이를 '종합소득과세표준 확정신고'라고 한다.

다만, 근로소득만 있는 자, 퇴직소득만 있는 자, 공적연금소득만 있는 자, 분리과세이자소득, 분리과세배당소득, 분리과세연금소득 및 분리과세기타소득만 있는 자 등은 과세표준 확정신고를 하지 않을 수 있도록 예외를 두고 있다(소득세법 제73조).

2 > 퇴직소득

소득세법은 퇴직소득에 대하여 아래와 같이 규정하고 있다.

> **소득세법**
>
> 제22조(퇴직소득) ① 퇴직소득은 해당 과세기간에 발생한 다음 각호의 소득으로 한다.
> 1. 「공적연금 관련법」에 따라 받는 일시금
> 2. 사용자 부담금을 기초로 하여 현실적인 퇴직을 원인으로 지급받는 소득
> 3. 그 밖에 제1호 및 제2호와 유사한 소득으로서 대통령령으로 정하는 소득

퇴직소득은 앞서 보았던 종합소득(이자소득, 배당소득, 사업소득, 근로소득 등)과 달리 매우 한정적인 성격의 소득이다. 퇴직소득은

그 본질이 근로제공에 대한 보상이므로 근로소득과 유사한 측면이 있지만, 장기간에 걸친 대가를 일시금으로 지급한다는 측면에서 퇴직소득을 종합소득에 합산하여 과세하면 누진세율 적용에 따라 세부담이 지나치게 커지기 때문에 종합소득과 분리하여 과세하는 것이다.

퇴직소득이 발생하려면 원칙적으로 '현실적인 퇴직'에 해당하여야 한다(소득세법 제22조 제1항 제2호). 그런데 ① 종업원이 임원이 된 경우, ② 합병·분할 등 조직변경, 사업양도, 직·간접으로 출자관계에 있는 법인으로의 전출 또는 동일한 사업자가 경영하는 다른 사업장으로의 전출이 이루어진 경우, ③ 법인의 상근임원이 비상근임원이 된 경우, ④ 비정규직 근로자가 정규직 근로자로 전환된 경우 등에는 퇴직급여를 실제로 받지 않으면 현실적인 퇴직으로 보지 않을 수 있다(소득세법 시행령 제43조 제1항).

3 양도소득

양도소득은 부동산(토지 또는 건물), 부동산에 관한 권리(지상권·전세권 및 등기된 부동산 임차권, 부동산을 취득할 수 있는 권리), 주식(주식, 출자지분, 신주인수권, 증권예탁증권 등), 부동산 과다보유 법인의 주식 등과 같은 일정한 자산의 양도로 인한 차익(이를 '양도차익'이라고 한다)에서 발생하는 소득을 말한다(소득세법 제94조).

1) 양도의 개념

양도소득의 과세대상이 되는 '양도'란 "자산에 대한 등기 또는 등록과 관계없이 매도, 교환, 법인에 대한 현물출자 등을 통하여 그

자산을 유상으로 사실상 이전하는 것"을 말한다고 규정하고 있으
므로(소득세법 제88조 제1호), 민법상의 양도와는 그 범위에 다소 차
이가 있다.

　한편, 채무자가 채무의 변제를 담보하기 위하여 자산을 양도하는
계약을 체결하는 양도담보의 경우에는 ① 당사자 간에 채무의 변
제를 담보하기 위하여 양도한다는 의사표시가 있고, ② 당해 자산
을 채무자가 원래대로 사용·수익한다는 의사표시가 있으며, ③ 원
금·이율·변제기한·변제방법 등에 관한 약정이 있다는 요건을 모
두 갖춘 경우에 한하여 과세대상인 양도로 보지 아니한다(소득세법
시행령 제151조 제1항). 단, 채무불이행으로 인하여 해당 자산을 변
제충당한 때에는 양도한 것으로 본다(제2항).

2) 양도소득과세표준의 산정

　'양도소득과세표준'은 거주자의 종합소득 및 퇴직소득에 대한 과
세표준과 구분하여 계산하며(소득세법 제92조 제1항), 양도차익, 양
도소득금액, 양도소득과세표준의 순서대로 계산한다(제2항).

　우선, '양도차익'은 양도소득의 총수입금액(이를 '양도가액'이라 한
다)에서 필요경비를 공제하여 계산한다(소득세법 제92조 제2항 제1호).
따라서 양도차익을 산정하기 위해서는 그 전제로 '양도가액'을 먼
저 산정해야 한다. 자산의 양도가액은 자산 양도 당시의 양도자와
양수자 간에 실지거래가액에 따르는 것이 원칙이다(제96조 제1항).
여기서 '실지거래가액'이란 "자산의 양도 또는 취득 당시에 양도자
와 양수자가 실제로 거래한 가액으로서 해당 자산의 양도 또는 취
득과 대가관계에 있는 금전과 그 밖의 재산가액"을 말한다(제88조
제5호). 실지거래가액을 확인할 수 없는 경우에는 매매사례가액, 감
정가액, 환산가액 또는 기준시가에 의할 수 있다(제100조 제1항). 양

도소득의 필요경비는 취득가액, 자본적지출액 등으로서 대통령령으로 정하는 것, 양도비 등으로서 대통령령으로 정하는 것을 말한다(제97조 제1항).

'양도소득금액'은 양도차익에서 장기보유 특별공제액을 차감한 금액으로 한다(소득세법 제92조 제2항 제2호). '장기보유 특별공제액'이란 부동산 등으로서 보유기간이 3년 이상인 자산에 대하여, 그 자산의 양도차익에 보유기간별 공제율(6%에서 30%까지)을 곱하여 계산한 금액을 말한다(제95조 제2항). 한편, 1세대 1주택(이에 딸린 토지를 포함함)의 경우에는 양도차익에 보유기간별 공제율을 곱하여 계산한 금액과 거주기간별 공제율을 곱하여 계산한 금액을 합산한 것을 장기보유 특별공제액으로 한다(제5항).

'양도소득과세표준'은 양도소득금액에서 '양도소득 기본공제액'을 차감한 금액으로 한다(소득세법 제92조 제2항 제3호). 양도소득이 있는 거주자에 대해서는 양도소득별로 해당 과세기간의 양도소득금액에서 각각 연 250만 원을 공제한다(제103조 제1항).

1) 소득금액이란 1과세기간 동안 벌어들인 총수입금액에서 필요경비 등을 공제한 금액을 말하며, 종합소득금액은 이자소득금액, 배당소득금액, 사업소득금액, 근로소득금액, 연금소득금액 및 기타소득금액을 합산한 것을 의미한다. 한편, 종합소득과세표준은 종합소득금액에서 기본공제, 추가공제, 연금보험료공제 등을 적용한 금액을 말한다.

2 인적 공제는 기본공제와 추가공제를 총괄하는 개념으로서 종합소득세 납세의무를 부담하는 거주자와 그 배우자, 부양가족으로서 소득금액이 일정 금액 이하인 경우 공제대상자가 된다.

3) 종합소득세 산출세액은 종합소득과세표준에 세율을 곱한 금액을 말한다. 종합소득세의 세율은 소득구간별로 누진세율을 적용한다. 산출세액에서 세액감면과 세액공제를 적용한 금액이 결정세액이 된다.

4) 퇴직소득은 근로제공에 대한 보상이지만, 일시금으로 지급받는 경우 종합소득으로 과세하면 세부담이 지나치게 과중하므로 종합소득과 분리하여 과세하는 것을 말한다. 퇴직소득은 포괄적인 소득이 아니라 한정적인 소득이다.

5) 양도소득이란 일정한 자산의 양도에서 발생하는 양도차익을 말한다. 양도차익은 양도가액에서 필요경비를 차감한 것을 말하며, 양도가액은 실지거래가액에 따르는 것이 원칙이다. 양도소득금액은 양도차익에서 장기보유 특별공제액을 차감한 것이며, 양도소득과세표준은 양도소득금액에서 양도소득 기본공제액을 차감한 것을 말한다.

법인세

제10강
법인세(1)

법인세의 기본구조와 법인소득의 개념을 학습하고, 세무조정의 의미를 이해한다.

1) 법인세를 과세하는 근거를 이해할 수 있다.

2) 법인세의 납세의무자를 이해할 수 있다.

3) 내국법인과 외국법인의 과세소득을 이해할 수 있다.

4) 기업회계와 세무회계의 개념을 이해할 수 있다.

5) 세무조정의 개념을 이해할 수 있다.

6) 소득처분의 개념을 이해할 수 있다.

1) 법인의 본질에 대한 이론

앞선 강의에서 우리는 소득세에 대해 알아보았다. 소득세는 경제활동을 하는 자연인인 개인을 납세의무자로 삼아 세금을 부과하는 것이므로, 이상하다는 생각이 잘 들지 않는다. 그렇다면 법인은?

과거에는 법인세를 과세하는 근거를 법인의 본질에서 찾으려고 했다. 민법을 공부한 사람들은 익히 알고 있겠지만, 법인의 본질에 대한 이론에는 법인실재설과 법인의제설이 있다. '법인실재설'은 "법인은 권리의 주체로서 실질을 가지는 사회적 실체"라고 보는 견해인 데 반해, '법인의제설'은 "법인은 사회적 실체가 아니지만 법률로서 인격을 의제한 것"이라고 보는 견해이다. 하지만 법인실재설과 법인의제설은 그저 법인의 본질에 대한 이론적 논의일 뿐이지, 어느 한쪽의 견해를 취한다고 해서 법인에 세금을 물리는 것이 정당화되는 논리필연적인 근거는 아니다.

2) 법인세 과세의 근거

법인을 만드는 이유를 생각해 보자. 법인을 세우는 이유는 주주들이 법인을 도구로 삼아 사업활동을 하기 위함이다. 법인의 재산은 주주가 출자한 재산을 기초로 하고, 법인이 벌어들인 소득은 주주에게 배당의 형식으로 다시 돌려주게 된다. 그와 동시에 법인은 별개의 법인격이자, 경제적인 실체(entity)로서의 성격이 있다. 주주들이 법인을 설립하는 가장 큰 이유이자, '회사'라는 것이 지금처럼 널리 이용되게 된 이유는 주주의 유한책임이라는 점에 있다. 개인이 직접 사업을 하면 모든 책임을 져야 하지만, 법인을 설립하면 출자한 재산을 한도로 책임을 지면 되는 것이다.

우리 세법은 이러한 측면을 모두 고려하고 있다. 법인세를 부과하는 시점에서는 일단 법인을 주주와는 별도의 경제적 실체로 취급해서, 법인이 벌어들인 소득에 대해 과세한다. 즉, 법인세 과세의 근거는 법인 자체가 주주와는 구분되는 경제적 활동의 주체라는 것이다.

그러나, 세법은 법인이 주주의 도구이자, 법인이 벌어들인 소득은 결국 주주에게 돌아갈 것이라는 점 역시 고려하고 있다. 그래서 법인의 소득(이익잉여금)을 주주에게 배당하면 주주에게서 소득세를 과세하되, 이 때 법인의 소득과 주주의 소득을 경제적으로 하나의 소득으로 취급하여 이중과세를 조정하고 있는 것이다. 앞서 제8강에서 살펴본 것과 같이 우리 세법은 하나의 소득에 대해 법인세와 소득세가 이중과세되는 경우를 조정하기 위해 배당소득가산과 배당세액공제 제도를 두고 있다.

법인을 주주와 별개의 실체로만 본다면 이중과세를 조정할 필요가 없다. 법인과 개인이 벌어들인 소득 역시 별개이고, 이렇게 별개로 벌어들인 소득에 각각 법인세와 소득세를 물리면 그만이다. 그렇지만 우리 세법은 법인의 소득이 결국 주주에게 돌아갈 것이라는 점을 인정하여 이중과세를 조정하고 있는 것이다.

3) 법인세의 납세의무자

법인세법은, '내국법인'과 '국내원천소득(國內源泉所得)이 있는 외국법인'은 그 법인의 소득에 대한 법인세를 납부할 의무가 있다고 규정하고 있다(법인세법 제3조 제1항). '법인'은 당연히 사법(私法)상의 개념이지만, 법인세법은 내국법인의 개념을 별도로 규정하고 있다.

　법인세법은 '내국법인'을 본점, 주사무소 또는 사업의 실질적 관리장소가 국내에 있는 법인이라고 규정하고 있다(법인세법 제2조 제1호). 여기서 '본점'은 상법상의 개념이므로 영리법인의 주된 사무소를 말하는 것이고, '주사무소'는 민법상 개념이므로 비영리법인의 주된 사무소를 말하는 것이다. 그렇다면 '사업의 실질적 관리장소'란 무엇일까?

　'사업의 실질적 관리장소' 개념은 민사법상 법인의 설립지가 어디인지를 불문하고, 세법상으로 법인의 사업 수행에 필요한 중요한 의사결정이 실제로 이루어지는 장소를 실질적인 의미에서 그 법인의 본점으로 보아 그런 장소가 국내에 있다면 우리나라가 법인세를 과세하겠다는 뜻이다(대법원 2021. 2. 25. 선고 2017두237 판결). 이처럼 사업의 실질적 관리장소를 근거로 법인의 거주지국(법인세 납세의무자가 되는 나라)을 판정하는 것은 전세계적으로 많은 국가들이 취하고 있는 입장이다.

◆ 대법원 2021. 2. 25. 선고 2017두237 판결

(1) 내국법인과 외국법인을 구분하는 기준의 하나인 '실질적 관리장소'란 법인의 사업수행에 필요한 중요한 관리 및 상업적 결정이 실제로 이루어지는 장소를 뜻하고, 법인의 사업수행에 필요한 중요한 관리 및 상업적 결정이란 법인의 장기적인 경영전략, 기본 정책, 기업재무와 투자, 주요 재산의 관리·처분, 핵심적인 소득창출 활동 등을 결정하고 관리하는 것을 말한다. 법인의 실질적 관리장소가 어디인지는 이사회 또는 그에 상당하는 의사결정기관의 회의가 통상 개최되는 장소, 최고경영자 및 다른 중요 임원들이 통상 업무를 수행하는 장소, 고위 관리자의 일상적 관리가 수행되는 장소, 회계서류가 일상적으로 기록·보관되는 장소 등의 제반 사정을 종합적으로 고려하여 구체적 사안에 따라 개별적으로 판단하여야 한다(대법원 2016. 1. 14. 선고 2014두8896 판결 참조).

한편, 법인세법은 '외국법인'의 개념을 본점 또는 주사무소가 외국에 있는 단체(사업의 실질적 관리장소가 국내에 있지 아니하는 경우만 해당)로서 ① 설립된 국가의 법에 따라 법인격이 부여된 단체이거나, ② 구성원이 유한책임사원으로만 구성된 단체이거나, ③ 그 밖에 해당 외국단체와 동종 또는 유사한 국내의 단체가 상법 등 국내의 법률에 따른 법인인 경우의 그 외국단체인 경우로 규정하고 있다(법인세법 제2조 제3호 및 동법 시행령 제2조 제2항).

법인세법은 납세의무자로 '내국법인'과 '국내원천소득(國內源泉所得)이 있는 외국법인'을 열거하고 있으므로, 비영리법인 역시 납세의무자가 된다. '비영리법인'은 주주에게 이익을 분배하지 않기 때문에 법인세 역시 과세할 필요가 없다고 생각할 수도 있지만, 정책

적인 이유에서 일부의 소득에 한정해서 법인세 납세의무를 부담시
키고 있다.

'비영리내국법인'이란, 내국법인 중에서 ① 민법 제32조에 따라
설립된 법인, ② 사립학교법이나 그 밖의 특별법에 따라 설립된 법
인으로서 민법 제32조에 규정된 목적과 유사한 목적을 가진 법인
(주주 등에게 이익을 배당할 수 있는 법인은 제외), ③ 국세기본법 제
13조 제4항에 따른 법인으로 보는 단체(의제법인) 중 하나에 해당하
는 법인을 말하며(법인세법 제2조 제2호), '비영리외국법인'이란 외국
법인 중 외국의 정부·지방자치단체 및 영리를 목적으로 하지 않는
법인(법인으로 보는 단체 포함)을 말한다(제4호).

한편, 내국법인 중 국가와 지방자치단체는 그 소득에 대한 법인
세를 납부할 의무가 없다(법인세법 제3조 제2항). 국가와 지방자치단
체가 자기 소득에 대해 법인세를 납부하는 것은 다른 납세의무자들
이 낸 세금에 대해 다시 과세하는 것이므로, 아무런 실익이 없다.

2 ▶ 소득의 개념

1) 순자산증가설

제7강에서 보았듯이, 소득세 부과와 관련하여 개인이 벌어들인
모든 소득에 대한 정보, 즉 국민의 사생활을 국가가 파악한다는 것
에 대한 저항감이 매우 강하였다. 그래서 소득세는 소득의 원천별
로 구분하여 열거된 소득에 한정해서 과세하는 제도가 되었다.

그런데 개인의 경우와는 달리, 법인이 벌어들인 소득에 대한 정
보는 사생활의 영역에 해당한다고 보기 어렵다. 왜냐하면 법인은
필수적으로 회계장부를 작성하고(상법 제29조), 이를 비치하여 그

주주나 채권자 같은 이해관계인에게 공개할 의무가 있기 때문이다 (상법 제448조). 더군다나 일정한 규모 이상의 법인은 회계장부에 대해서 외부로부터 회계감사를 받을 의무까지 있다(「주식회사 등의 외부감사에 관한 법률」 참조).

개인의 소득은 소득원천을 구분하여 과세표준 및 세율을 달리 적용하지만(소득세법), 법인의 소득은 소득원천을 구분하지 않고 포괄하여 과세한다(법인세법). 따라서 법인의 소득은 개인의 소득과 달리 순자산증가설에 따르는 것을 원칙으로 하고 있다.

2) 내국법인의 과세소득

내국법인에 법인세가 과세되는 소득은 ① 각 사업연도의 소득, ② 청산소득, ③ 토지 등 양도소득으로 한다(법인세법 제4조 제1항 본문).

내국법인의 '각 사업연도의 소득'은 그 사업연도에 속하는 익금(益金)의 총액에서 그 사업연도에 속하는 손금(損金)의 총액을 뺀 금액으로 한다(법인세법 제14조 제1항). 반대로 각 사업연도에 속하는 손금의 총액이 그 사업연도에 속하는 익금의 총액을 초과하는 경우, 그 초과금액은 '결손금'이라고 한다(제2항). 즉, 소득세법상 '사업소득'과 같은 구조이다. '익금'은 해당 법인의 순자산(純資産)을 증가시키는 거래로 인하여 발생하는 이익 또는 수입의 금액을 말하는 것인데(제15조), 보다 자세한 내용은 다음 강의에서 다루기로 한다.

한편, 비영리내국법인은 ① 각 사업연도의 소득과 ③ 토지 등 양도소득만 과세하며(법인세법 제4조 제1항 단서), 각 사업연도 소득의 범위는 수익사업에서 발생하는 소득에 한정된다. 비영리법인의 경우 수익사업에서 발생하는 소득에 대해서만 과세하는 이유는, 수익사업에 대한 경쟁의 공정성과 조세부담의 형평성을 확보하기 위함이다(서울행정법원 2002. 8. 2. 선고 2001구16605 판결).

제4조(과세소득의 범위) ③ 제1항 제1호를 적용할 때 비영리내국법인의 각 사업연도의 소득은 다음 각호의 사업 또는 수입(이하 '수익사업'이라 한다)에서 생기는 소득으로 한정한다.

1. 제조업, 건설업, 도매 및 소매업 등 「통계법」 제22조에 따라 통계청장이 작성·고시하는 한국표준산업분류에 따른 사업으로서 대통령령으로 정하는 것

2. 「소득세법」 제16조 제1항에 따른 이자소득

3. 「소득세법」 제17조 제1항에 따른 배당소득

4. 주식·신주인수권 또는 출자지분의 양도로 인한 수입

5. 유형자산 및 무형자산의 처분으로 인한 수입. 다만, 고유목적사업에 직접 사용하는 자산의 처분으로 인한 대통령령으로 정하는 수입은 제외한다.

6. 「소득세법」 제94조 제1항 제2호 및 제4호에 따른 자산의 양도로 인한 수입

7. 그 밖에 대가(對價)를 얻는 계속적 행위로 인한 수입으로서 대통령령으로 정하는 것

◆ 서울행정법원 2002. 8. 2. 선고 2001구16605 판결

비영리법인의 수익사업에서 생기는 소득에 대하여 법인세를 부과하는 것은, 비영리법인이 영리법인과 동일한 사업을 영위하는 경우에 영리법인에만 법인세를 부과한다면 조세부담의 형평성을 잃게 될 뿐만 아니라 양자 간의 공정한 경쟁을 저해함으로써 경제·사회질서를 문란하게 할 것이라는 점과 비영리법인이라는 이유만으로 사업내용 여하와 관계없이 법인세를 부과하지 않는다면 영리법인이 비영리법인의 형태를 차용하여 조세를 회피하는 것을 방지하기 어렵게 될 것이라는 점을 감안하여, 비영리법인이라 할지라도 수익사업을 영위하는 경우에는 법인세를 부과함으로써 조세부담의 형평성 및 경쟁의 공정성을 제고함과 아울러 조세의 회피를 방지하려는 데 그 취지가 있다고 할 것이니, 어느 사업이 수익사업에 해당하는지

3) 외국법인의 과세소득

외국법인에 법인세가 과세되는 소득은 ① 각 사업연도의 국내원천소득과 ② 토지 등 양도소득으로 한다(법인세법 제4조 제4항). 비영리외국법인의 각 사업연도 국내원천소득 역시 수익사업에서 발생하는 소득에 한정한다(제5항).

외국법인의 국내원천소득은 국내원천 이자소득, 국내원천 배당소득, 국내원천 부동산소득, 국내원천 선박등임대소득, 국내원천 사업소득, 국내원천 인적용역소득, 국내원천 부동산등양도소득, 국내원천 사용료소득, 국내원천 유가증권양도소득, 국내원천 기타소득으로 구분한다(법인세법 제93조). 즉, 외국법인의 국내원천소득은 내국법인의 과세소득(포괄적 소득개념)과는 달리 소득원천별로 구분하여 과세한다(제한적 소득개념).

3 ⟩ 세무조정

1) 기업회계

앞서 살펴본 바와 같이, 법인은 회계장부를 작성할 의무가 있으며, 법인세의 과세표준은 이리한 기업회계에서 출발한다. 법인세법은 납세의무 있는 법인은 장부를 갖추고 복식부기 방식으로 장부를 기장하여야 하며, 장부와 관련 증명서류를 비치·보존하여야 한다고 규정하는 한편(법인세법 제112조), 납세의무 있는 내국법인이 법인세 과세표준과 세액을 신고하는 경우에 재무상태표 등의 회계장부를 첨부하여야 한다고 규정하고 있다(제60조).

법인세법

제60조(과세표준 등의 신고) ① 납세의무가 있는 내국법인은 각 사업연도의 종료일이 속하는 달의 말일부터 3개월(제60조의2 제1항 본문에 따라 내국법인이 성실신고확인서를 제출하는 경우에는 4개월로 한다) 이내에 대통령령으로 정하는 바에 따라 그 사업연도의 소득에 대한 법인세의 과세표준과 세액을 납세지 관할 세무서장에게 신고하여야 한다.

② 제1항에 따른 신고를 할 때에는 그 신고서에 다음 각호의 서류를 첨부하여야 한다.

1. 기업회계기준을 준용하여 작성한 개별 내국법인의 재무상태표·포괄손익계산서 및 이익잉여금처분계산서(또는 결손금처리계산서)

2. 대통령령으로 정하는 바에 따라 작성한 세무조정계산서(이하 '세무조정계산서'라 한다)

3. 그 밖에 대통령령으로 정하는 서류

제112조(장부의 비치·기장) 납세의무가 있는 법인은 장부를 갖추어 두고 복식부기 방식으로 장부를 기장하여야 하며, 장부와 관계있는 중요한 증명서류를 비치·보존하여야 한다. 다만, 비영리법인은 제4조 제3항 제1호 및 제7호의 수익사업(비영리외국법인의 경우 해당 수익사업 중 국내원천소득이 발생하는 경우만 해당한다)을 하는 경우로 한정한다.

---

2) 기업회계기준과 관행의 적용

법인세법은 "내국법인의 각 사업연도의 소득금액을 계산할 때 그 법인이 익금과 손금의 귀속사업연도와 자산·부채의 취득 및 평가에 관하여 일반적으로 공정·타당하다고 인정되는 기업회계기준을 적용하거나 관행(慣行)을 계속 적용하여 온 경우에는 법인세법 및 조세특례제한법에서 달리 규정하고 있는 경우를 제외하고는 그 기업회계기준 또는 관행에 따른다"고 규정하고 있다(법인세법 제43조).

즉, 법인세법과 조세특례제한법에서 명시적인 규정을 두고 있지 않으면, 원칙적으로 기업의 회계처리를 존중하여야 한다는 것이며, 이는 기업회계에 따라 작성된 회계장부가 법인세 과세의 기초라는 점을 잘 보여 주는 것이다.

3) 세무조정

'기업회계'란 기업정보의 이용자가 합리적인 의사결정을 할 수 있도록 재무자료를 일반적으로 인정된 회계원칙에 따라 처리하여, 유용하고 적정한 정보의 제공을 목적으로 재무제표를 작성하는 것을 말한다. 반면, '세무회계'는 국가의 재정 조달과 적정한 과세를 목적으로 세법에 의한 과세소득을 산정하는 것을 말한다.

기업회계와 세무회계는 그 목적이 서로 다르기 때문에 필연적으로 조정이 이루어지게 된다. 이와 같이 기업회계의 목적에서 작성된 회계장부를 세무회계의 목적에 맞추어 조정하는 것을 '세무조정'이라고 한다.

가. 결산조정

'결산조정'이란 회계장부의 결산서에 수익이나 비용으로 계상함으로써 세무조정이 이루어지는 것을 말한다. 대외적인 거래가 없는 항목 중 일정한 경우에 대해, 해당 법인이 이를 회계상 수익 또는 비용으로 계상한 경우에만 세무상 익금·손금으로 인정하게 된다. 결산조정사항은 객관적으로 확인할 수 있는 대외적 거래가 없이 순전히 법인의 의사결정에 따라서만 세무조정이 이루어지므로, 임의적인 세무조정사항에 해당한다. 결산조정은 결산서에 계상되어야 하므로, 당기에 비용처리를 못한 경우(결산서에 계상하지 못한 경우) 당기에는 세무조정이 불가능하며, 차기 이후에 결산서에 계상하면 된다. 따라서 결산조정항목은 경정청구가 불가능하다(대전고등법원 2012. 10. 25. 선고 2012누1424 판결).

◆ 대전고등법원 2012. 10. 25. 선고 2012누1424 판결

법인세법 시행령 제62조 제1항 제8호 내지 제14호에서 정하고 있는 대손금은 그에 대응한 청구권이 법적으로는 소멸되지 않았으나 채무자의 자산상황, 지급능력 등에 비추어 자산성의 유무에 대하여 회수불능이라는 회계적 인식을 한 경우로, 채권 자체는 그대로 존재하고 있으므로 법인이 회수불능이 명백하게 되어 대손이 발생했다고 회계상으로 인식하여 손금으로 계상할 것을 손금 인정의 요건으로 하는 일종의 '결산조정사항'이다. 위와 같이 결산조정사항인 대손금의 귀속시기에 관하여 법인세법 시행령 제62조 제3항 제2호는 '당해 사유가 발생하여 손금으로 계상한 날'이라고 정하고 있는바 대손으로 회계처리를 한 과세연도에 대손금이 귀속되어야 한다는 점은 명백하다. 또한 결산조정사항인 대손금의 경우에는 결산 당시에 대손이 발생하였다고 회계상 처리를 하지 아니한 이상, 그 후에 회계상의 잘못을 정정하였다는 등의 이유로 국세기본법 제45조의2 제1항 소정의 경정청구를 할 수도 없다. 이는 당해 대손금이 회계상 처리가 되지 않은 재무제표는 적법한 절차를 거쳐 확정된 이상 위 국세기본법 규정에 의한 경정청구 대상이 되지 않을 뿐 아니라, 그와 같이 재무제표가 확정되어 신고한 세액은 세법에 따라 신고하여야 할 세액이 되어 위 국세기본법 규정이 정하고 있는 경정사유에 해당하지 않기 때문이다.

나. 신고조정

'신고조정'이란, 결산서상에는 수익이나 비용으로 계상되지 않았더라도, 세무조정 계산서에서 익금·손금에 산입하는 방식으로 하는 세무조정을 말한다. 신고조정은 객관적으로 확인가능한 대외적 거래에서 발생하는 수익·비용이므로 법인이 임의로 선택할 수 없고, 세무조정이 강제된다. 만약 당기에 회계상 비용처리를 못한 경우라고 하더라도 세무조정은 당기에 이루어져야 하며, 만약 차기 이후에는 이를 수정하기 위해서는 경정청구를 하여야 한다.

4) 소득처분

'소득처분'이란, 기업회계에 따른 이익과 법인세법상 과세소득금액이 다른 경우, 그 차액이 누구에게 귀속되는 것인지에 대한 세무회계상의 결정을 의미한다.

법인세법은 납세의무자의 납세신고나 수정신고, 과세관청의 결정 또는 경정처분과 같이 법인세 과세표준의 신고·결정 또는 경정이 있는 때 익금에 산입하거나 손금에 산입하지 아니한 금액은 그 귀속자 등에게 상여(賞與)·배당·기타사외유출(其他社外流出)·사내유보(社內留保) 등 대통령령으로 정하는 바에 따라 처분한다고 규정하고 있다(법인세법 제67조). 법인세법 시행령은 이를 구체화하여, 아래와 같이 규정하고 있다(동법 시행령 제106조).

법인세법 시행령

제106조(소득처분) ① 법 제67조에 따라 익금에 산입한 금액은 다음 각 호의 구분에 따라 처분한다. 비영리내국법인과 비영리외국법인에 대해서도 또한 같다.

1. 익금에 산입한 금액이 사외에 유출된 것이 분명한 경우에는 그 귀속자

에 따라 다음 각 목에 따라 배당, 이익처분에 의한 상여, 기타소득, 기타 사외유출로 할 것. 다만, 귀속이 불분명한 경우에는 대표자에게 귀속된 것으로 본다.

가. 귀속자가 <u>주주 등</u>(임원 또는 직원인 주주 등을 제외한다)인 경우에는 그 귀속자에 대한 <u>배당</u>

나. 귀속자가 <u>임원 또는 직원</u>인 경우에는 그 귀속자에 대한 <u>상여</u>

다. 귀속자가 <u>법인이거나 사업을 영위하는 개인</u>인 경우에는 <u>기타 사외유출</u>. 다만, 그 분여된 이익이 내국법인 또는 외국법인의 국내사업장의 각 사업연도의 소득이나 거주자 또는 「소득세법」 제120조에 따른 비거주자의 국내사업장의 사업소득을 구성하는 경우에 한한다.

라. 귀속자가 가목 내지 다목 외의 자인 경우에는 그 귀속자에 대한 기타소득

2. 익금에 산입한 금액이 <u>사외에 유출되지 아니한 경우</u>에는 <u>사내유보</u>로 할 것

3. 제1호에도 불구하고 다음 각 목의 금액은 기타 사외유출로 할 것

(생략)

즉, 소득이 사외로 유출된 경우로서 귀속자가 분명한 경우에는, ① 귀속자가 주주 등인 경우는 그에 대한 '배당', ② 귀속자가 임원 또는 사용인인 경우 '상여'(이를 '인정상여'라고 한다), ③ 귀속자가 법인 또는 사업소득자인 개인인 경우 '기타 사외유출', ④ 그 외의 경우 '기타소득'으로 처분하는 것이다. 만약 귀속자가 불분명한 경우에는 대표자에게 귀속한 것으로 간주하여 '상여'로 처분한다(이를 '대표자 인정상여'라고 한다). 반면, 소득이 사외에 유출되지 않은 경우에는 '사내유보'로 처분한다.

아래에서는 소득처분과 관련한 대법원 판결을 몇 가지 소개한다. 소득처분이 있으면 법인의 소득에만 변동이 생기는 것이 아니라, 그 귀속자의 소득 역시 변동이 생기게 되므로 소득세 납세의무 등

을 부담하게 된다(대법원 1990. 10. 10. 선고 89누2233 판결).

◆ 대법원 1999. 12. 24. 선고 98두16347 판결

법인이 매출사실이 있음에도 불구하고 매출액을 장부에 기재하지 아니하거나 가공의 비용을 장부에 계상한 경우 특별한 사정이 없는 한 그 매출누락액 또는 가공비용 상당의 법인의 수익은 사외로 유출된 것으로 보아야하며, 이 경우 그 매출누락액 등의 전액이 사외로 유출된 것이 아니라고 볼 특별한 사정은 이를 주장하는 법인측에서 입증할 필요가 있다(대법원 1986. 9. 9. 선고 85누556 판결, 1997. 10. 24. 선고 97누447 판결 등 참조).

◆ 대법원 1990. 10. 10. 선고 89누2233 판결

법인세법 제32조 제5항, 구 법인세법 시행령(1985.12.31. 대통령령 제11813호로 개정되기 전의 것, 이하 같다) 제94조의2 제1항 제1호 (나)목, 소득세법 제21조 제1항 제1호 (다)목의 각 규정에 의하면 법인세의 과세표준을 결정 또는 경정함에 있어 익금에 산입한 금액이 사외에 유출된 것이 분명한 때에는 그 귀속자가 사용인(임원을 포함한다)인 경우 그 귀속자에 대한 상여로 보도록 하였고 그 귀속자는 인정상여처분된 소득금액에 대하여 근로소득세의 납세의무를 부담하게 되는 것이며, 이와 같은 인정상여처분에 따른 근로소득세납세의무가 일단 발생한 이후에는 가사 그 귀속자가 그 소득금액을 법인에 환원시켰다 하더라도 이미 발생한 납세의무에 어떤 영향을 미치는 것은 아니라 할 것이다(대법원 1988. 11. 8. 선고 85다카1548 판결 참조).

◆ 대법원 2008. 11. 13. 선고 2007두23323 판결

법인의 실질적 경영자인 대표이사 등이 법인의 자금을 유용하는 행위는 특별한 사정이 없는 한 애당초 회수를 전제로 하여 이루어진 것이 아니어서 그 금액에 대한 지출 자체로서 이미 사외유출에 해당한다. 여기서 그 유용 당시부터 회수를 전제하지 않은 것으로 볼 수 없는 특별한 사정에 관하여는 횡령이 주체인 대표이사 등의 법인 내에서의 실질적인 지위 및 법인에 대한

지배 정도, 횡령행위에 이르게 된 경위 및 횡령 이후의 법인의 조치 등을 통하여 그 대표이사 등의 의사를 법인의 의사와 동일시하거나 대표이사 등과 법인의 경제적 이해관계가 사실상 일치하는 것으로 보기 어려운 경우인지 여부 등 제반 사정을 종합하여 개별적·구체적으로 판단하여야 하며, 이러한 특별한 사정은 이를 주장하는 법인이 입증하여야 한다.

◆ 대법원 2004. 4. 9. 선고 2002두9254 판결 

법인의 대표이사 또는 실질적 경영자 등이 그의 지위를 이용하여 법인의 수익을 사외에 유출시켜 자신에게 귀속시킨 금원 가운데 법인의 사업을 위하여 사용된 것이 분명하지 아니한 것은 특별한 사정이 없는 한 상여 내지 임시적 급여로서 근로소득에 해당한다 할 것이나(대법원 1999. 12. 24. 선고 98두7350 판결, 2001. 9. 14. 선고 99두3324 판결 등 참조), 한편 법인의 피용자의 지위에 있는 자가 법인의 업무와는 무관하게 개인적 이익을 위해 법인의 자금을 횡령하는 등 불법행위를 함으로써 법인이 그 자에 대하여 그로 인한 손해배상채권 등을 취득하는 경우에는 그 금원 상당액이 곧바로 사외유출된 것으로 볼 수는 없고(대법원 1989. 3. 28. 선고 87누880 판결 참조), 해당 법인이나 그 실질적 경영자 등의 사전 또는 사후의 묵인, 채권회수포기 등 법인이 그에 대한 손해배상채권을 회수하지 않겠다는 의사를 객관적으로 나타낸 것으로 볼 수 있는 등의 사정이 있는 경우에만 사외유출로 보아 이를 그 자에 대한 상여로서 소득처분할 수 있다 할 것이며, 대표이사의 직위에 있는 자라 하더라도 그 실질상 피용자의 지위에 있는 경우에는 이와 마찬가지로 보아야 할 것이다.

요약

1) 우리 세법은 법인의 실체성을 인정하면서도 법인 소득이 결국 주주의 소득이라는 점을 모두 고려하여, 법인의 소득에 일단 법인세를 과세한 후 배당이 이루어져 주주에게 소득세를 과세하는 경우에는 이중과세를 조정하고 있다.

2) 법인세 납세의무자는 사법상 법인을 원칙으로 하며, 내국법인과 외국법인으로 구분한다. 비영리법인의 경우 주주에게 이익을 분배하지 않지만 일정한 경우에 법인세 납세의무를 부담한다.

3) 내국법인의 과세소득은 원칙적으로 순자산증가설에 따른 포괄적 소득을 말한다. 비영리법인은 수익사업에서 발생하는 소득에 한하여 과세한다. 한편, 외국법인의 과세소득은 국내원천소득에 한정하며, 소득세와 유사하게 소득원천에 따라 과세한다.

4) 법인세 과세표준은 기업회계에서 출발한다. 기업회계는 기업정보 이용자에게 적정한 정보를 제공하기 위한 것인 반면, 세무회계는 과세 목적으로 이루어지는 것이므로 이러한 차이를 조정할 필요가 있다.

5) 세무조정은 기업회계를 기초로 하여 세무회계에 부합하도록 조정하는 것을 말한다. 세무조정에는 결산조정과 신고조정이 있다. 결산조정은 회계상 결산서에 계상하여 조정하는 것을 말하고, 신고조정은 결산서에 계상하지 않은 사항을 세무회계에 반영하는 것을 말한다.

6) 소득처분은 세무조정의 결과 발생한 소득금액의 차이를 그 귀속자를 기준으로 반영하는 것을 말한다. 크게 보아 사외유출과 사내유보로 구분할 수 있으며, 사외로 유출된 경우 귀속자의 소득금액을 조정하여 소득세 등을 과세하도록 한다.

제11강
법인세(2)

법인세법상 익금과 손금에 대하여 학습한다.

1) 익금의 개념을 이해할 수 있다.

2) 자본거래와 손익거래를 이해할 수 있다.

3) 평가이익과 평가손실을 익금과 손금에 산입하지 않음을 이해할 수 있다.

4) 수입배당금액의 익금불산입을 이해할 수 있다.

5) 손금의 요건을 이해할 수 있다.

6) 대손금, 감가상각비, 기업업무추진비의 개념을 이해할 수 있다.

1) 익금의 범위: 순자산증가설

제10강에서 보았듯이 내국법인의 과세소득의 범위에는 각 사업연도의 소득이 포함되고(법인세법 제4조 제1항 제1호), 내국법인의 각 사업연도의 소득은 그 사업연도에 속하는 익금의 총액에서 그 사업연도에 속하는 손금의 총액을 뺀 금액으로 하므로(제14조 제1항), 내국법인의 과세소득은 '익금'에 기초하고 있다.

법인세법은 "익금은 자본 또는 출자의 납입 및 법인세법에서 규정하는 것은 제외하고 해당 법인의 순자산(純資産)을 증가시키는 거래로 인하여 발생하는 이익 또는 수입(이를 '수익'이라 한다)의 금액으로 한다"고 규정하고 있다(법인세법 제15조 제1항). 즉, 법인세법은 '법인의 순자산을 증가시키는 거래'에서 발생하는 모든 수익을 익금이라고 하여, 익금을 포괄적으로 규정하고 있는 것이다. 법인세법의 이러한 태도는 소득세법이 과세소득을 원천별로 구분하는 것과 매우 다르다고 볼 수 있다.

2) 자본거래와 손익거래

그런데 법인세법은 "자본 또는 출자의 납입"을 익금의 범위에서 제외하고 있다. 왜 그럴까? 아마 "자산은 자본과 부채의 합계"라는 말을 한번쯤은 들어 본 적이 있을 것이다. 그러면 '자본'과 '부채'란 과연 무엇일까?

회계적인 의미에서 자본은 기업의 자산에서 모든 부채를 차감한 후의 잔여지분을 의미한다(K-IFRS 재무보고를 위한 개념체계 4.63 문단). 이건 또 무슨 말일까?

쉽게 풀어서 쓰자면, 기업의 자산은 주주로부터 가져온 자본과 채권자로부터 가져온 부채로 구성된다. 그런데 자본은 직접적으로 측정하기가 쉽지 않다. 주주가 법인에 자본을 납입할 때는 그 금액을 알 수 있지만, 법인이 사업활동을 계속 하다 보면 도대체 얼마만큼이 자본인지 알 수 없게끔 모두 뒤섞이게 마련이다. 반면, 부채는 상대적으로 측정하기가 쉽다. 일단 채무의 원본은 일정한 금액으로 정해져 있고, 이자 역시 정해져 있다. 법인의 자산 역시 회계장부에 계상되어 있다. 그러니까 법인의 자산에서 부채를 차감하고 남는 부분이 자본이 된다는 뜻이다. 이를 달리 표현하면, 법인의 자산 중 부채는 채권자의 몫이고, 자본은 주주의 몫(잔여지분)인 것이다.

그런데 자본은 주주가 법인의 사업 자금으로 납입한 것이다. 그리고 법인이 해산하는 경우, 채권자들이 그 몫을 가져가고 난 뒤 법인의 잔여재산(자본)은 주주에게 돌려주게 되어 있다. 이와 같이 주주로부터 자본을 납입받거나 주주에게 자본을 환급하는 것은 법인의 입장에서는 이익이 생기거나, 비용을 지출하는 것이 아니다. 이처럼 법인과 주주 간의 거래로서 법인 자본에 변동이 생기는 거래를 '자본거래'라고 한다.

반면, 법인이 사업을 해서 돈을 벌고, 관련 비용을 지출하는 것은 법인에 수익이나 비용이 발생하는 거래이다. 이러한 거래를 '손익거래'라고 한다.

3) 자본거래로 인한 수익의 익금불산입

법인세법은 아래와 같이 자본거래에서 발생하는 수익은 익금에 산입하지 않는다고 규정하고 있다(법인세법 제17조).

제17조(자본거래로 인한 수익의 익금불산입) ① 다음 각호의 금액은 내국법인의 각 사업연도의 소득금액을 계산할 때 익금에 산입(算入)하지 아니한다.

1. 주식발행액면초과액: 액면금액 이상으로 주식을 발행한 경우 그 액면금액을 초과한 금액(무액면주식의 경우에는 발행가액 중 자본금으로 계상한 금액을 초과하는 금액을 말한다). 다만, 채무의 출자전환으로 주식 등을 발행하는 경우에는 그 주식 등의 제52조 제2항에 따른 시가를 초과하여 발행된 금액은 제외한다.

2. 주식의 포괄적 교환차익: 「상법」 제360조의2에 따른 주식의 포괄적 교환을 한 경우로서 같은 법 제360조의7에 따른 자본금 증가의 한도액이 완전모회사의 증가한 자본금을 초과한 경우의 그 초과액

3. 주식의 포괄적 이전차익(移轉差益): 「상법」 제360조의15에 따른 주식의 포괄적 이전을 한 경우로서 같은 법 제360조의18에 따른 자본금의 한도액이 설립된 완전모회사의 자본금을 초과한 경우의 그 초과액

4. 감자차익(減資差益): 자본감소의 경우로서 그 감소액이 주식의 소각, 주금(株金)의 반환에 든 금액과 결손의 보전(補塡)에 충당한 금액을 초과한 경우의 그 초과금액

5. 합병차익: 「상법」 제174조에 따른 합병의 경우로서 소멸된 회사로부터 승계한 재산의 가액이 그 회사로부터 승계한 채무액, 그 회사의 주주에게 지급한 금액과 합병 후 존속하는 회사의 자본금증가액 또는 합병에 따라 설립된 회사의 자본금을 초과한 경우의 그 초과금액. 다만, 소멸된 회사로부터 승계한 재산가액이 그 회사로부터 승계한 채무액, 그 회사의 주주에게 지급한 금액과 주식가액을 초과하는 경우로서 이 법에서 익금으로 규정한 금액은 제외한다.

6. 분할차익: 「상법」 제530조의2에 따른 분할 또는 분할합병으로 설립된 회사 또는 존속하는 회사에 출자된 재산의 가액이 출자한 회사로부터 승계한 채무액, 출자한 회사의 주주에게 지급한 금액과 설립된 회사의 자본금 또는 존속하는 회사의 자본금증가액을 초과한 경우의 그 초과금액. 다

만, 분할 또는 분할합병으로 설립된 회사 또는 존속하는 회사에 출자된 재산의 가액이 출자한 회사로부터 승계한 채무액, 출자한 회사의 주주에게 지급한 금액과 주식가액을 초과하는 경우로서 이 법에서 익금으로 규정한 금액은 제외한다.

자본거래 중 가장 대표적인 것이 '주식발행액면초과액'이다. 상법은 "회사의 자본금은 발행주식의 액면총액으로 한다"고 규정하고 있다(상법 제451조 제1항). 즉, 주식의 1주당 액면가액에 주식의 숫자를 곱한 금액이 '자본금'이 된다. 주식의 발행가액이 액면가액과 동일하다면(이를 '액면발행'이라고 한다), 납입된 자본과 상법상 자본금은 같은 금액이 될 것이다. 그런데 법인이 주식을 발행할 때 꼭 액면가액대로 발행할 필요는 없다.

주식을 액면금액보다 높은 가격으로 발행하는 것을 '할증발행'이라고 한다. 예를 들어 액면가 5,000원짜리 주식 100주를 주당 20,000원에 발행하는 것이다. 이 경우 상법상 자본금은 50만 원이지만, 실제로 주주가 납입하는 돈은 200만 원이다. 그러면 이러한 차액은 법인에게 생긴 꽁돈, 즉 수익인가?

그렇지는 않다. 이와 같이 할증발행을 하게 되면 '자본잉여금'이 발생하며, 상법은 이를 자본준비금으로 적립하도록 하고 있다(상법 제459조). 자본잉여금은 주식을 발행하면서 주주가 납입한 돈이라는 점에서 자본금과 동일한 성격이라고 봐야 한다. 회계상으로는 이를 '주식발행초과금'이라고 하고, 세법에서는 이를 '주식발행액면초과액'이라고 하여 익금에 산입하지 않도록 하고 있다(대법원 2012. 11. 22. 선고 2010두17564 전원합의체 판결).

구 법인세법 제15조 제1항은 "익금은 자본 또는 출자의 납입 및 이 법에서 규정하는 것은 제외하고 해당 법인의 순자산을 증가시키는 거래로 인하여 발생하는 수익의 금액으로 한다"고 규정하고 있다. 이처럼 자본 또는 출자의 납입으로 인한 순자산의 증가를 익금에서 제외하는 것은 자본 또는 출자의 납입으로 인한 순자산의 증가는 법인의 소득 또는 담세력과는 무관하여 본질상 법인세의 과세 대상으로 삼기에 적합하지 않기 때문이다. 나아가 구 법인세법 제17조 제1호는 주식발행액면초과액도 주식에 대한 납입금이라는 점에서 그 실질이 자본의 납입금과 다르지 않다고 보아 이를 익금에 산입하지 않도록 규정하고 있다.

4) 수익의 범위

법인세법 시행령은 법인의 익금에 포함되는 수익의 범위를 아래와 같이 규정하고 있다(법인세법 시행령 제11조).

법인세법 시행령

제11조(수익의 범위) 법 제15조 제1항에 따른 이익 또는 수입[이하 "수익"(收益)이라 한다]은 법 및 이 영에서 달리 정하는 것을 제외하고는 다음 각호의 것을 포함한다.

1. 「통계법」 제22조에 따라 통계청장이 작성·고시하는 한국표준산업분류(이하 '한국표준산업분류'라 한다)에 따른 각 사업에서 생기는 사업수입금액[기업회계기준(제79조 각호의 어느 하나에 해당하는 회계기준을 말한다. 이하 같다)에 따른 매출에누리금액 및 매출할인금액은 제외하고, 내국법인이 생산·공급하는 재화 또는 용역을 해당 내국법인의 임원 또는 직원에게 시가보다 낮은 가액으로 판매 또는 제공하는 경우에는 그 판매 또는 제공가액과 시가와의 차액은 사업수입금액에 포함한다. 이하 같다]. 다만, 법 제66조 제3항 단서에 따라 추계하

는 경우 부동산임대에 의한 전세금 또는 임대보증금에 대한 사업수입금액
은 금융회사 등의 정기예금이자율을 고려하여 기획재정부령으로 정하는
이자율(이하 '정기예금이자율'이라 한다)을 적용하여 계산한 금액으로 한다.

2. 자산의 양도금액

2의2. 자기주식(합병법인이 합병에 따라 피합병법인이 보유하던 합병법인의 주
식을 취득하게 된 경우를 포함한다)의 양도금액. 이 경우 제19조 제19호의2
각 목 외의 부분 본문에 따른 주식매수선택권의 행사에 따라 주식을 양도
하는 경우에는 주식매수선택권 행사 당시의 시가로 계산한 금액으로 한다.

3. 자산의 임대료

4. 자산의 평가차익

5. 무상으로 받은 자산의 가액

6. 채무의 면제 또는 소멸로 인하여 생기는 부채의 감소액(법 제17조 제1항
제1호 단서의 규정에 따른 금액을 포함한다)

7. 손금에 산입한 금액중 환입된 금액

8. 제88조 제1항 제8호 각 목의 어느 하나 및 같은 항 제8호의2에 따른 자
본거래로 인하여 특수관계인으로부터 분여받은 이익

9. 법 제28조 제1항 제4호 나목에 따른 가지급금 및 그 이자(이하 이 조에
서 '가지급금 등'이라 한다)로서 다음 각 목의 어느 하나에 해당하는 금액. 다
만, 채권·채무에 대한 쟁송으로 회수가 불가능한 경우 등 기획재정부령으
로 정하는 정당한 사유가 있는 경우는 제외한다.

가. 제2조 제8항의 특수관계가 소멸되는 날까지 회수하지 아니한 가지급금
등(나목에 따라 익금에 산입한 이자는 제외한다)

나. 제2조 제8항의 특수관계가 소멸되지 아니한 경우로서 법 제28조 제1
항 제4호 나목에 따른 가지급금의 이자를 이자발생일이 속하는 사업연도
종료일부터 1년이 되는 날까지 회수하지 아니한 경우 그 이자

10. 「보험업법」에 따른 보험회사(이하 '보험회사'라 한다)가 같은 법 제120조
에 따라 적립한 책임준비금의 감소액(할인율의 변동에 따른 책임준비금 평가액
의 감소분은 제외한다)으로서 같은 조 제3항의 회계처리기준(이하 '보험감독회
계기준'이라 한다)에 따라 수익으로 계상된 금액

10의2. 「주택도시기금법」에 따른 주택도시보증공사가 같은 법 시행령 제
24조에 따라 적립한 책임준비금의 감소액(할인율의 변동에 따른 책임준비금
평가액의 감소분은 제외한다)으로서 보험감독회계기준에 따라 수익으로 계
상된 금액
11. 그 밖의 수익으로서 그 법인에 귀속되었거나 귀속될 금액

상기 시행령 제11호의 "그 밖의 수익으로서 그 법인에 귀속되었
거나 귀속될 금액"만 보더라도 알 수 있지만, 법인세법의 수익은 매
우 포괄적인 개념이다.

법인세법은 '무상수증이익'(제5호)이나 '채무면제이익'(제6호) 역
시 법인의 수익으로 삼고 있다. '무상수증이익'이란 "무상으로 받
은 자산의 가액"을 말하는데, 법인이 타인으로부터 무상으로 자산
을 받는 것은 법인의 순자산이 증가하는 거래로서 법인세법상 익금
이 된다. 또한 '채무면제이익'이란 "채무의 면제 또는 소멸로 인하
여 생기는 부채의 감소액"을 말하는데, 이와 같이 법인이 채무를 면
제받거나 채무가 소멸하는 경우에는 소극재산(부채)가 감소하며, 이
러한 소극재산의 감소는 무상으로 이익을 받는 것과 같으므로 법인
세법상 익금이 된다.

5) 평가이익 등의 익금불산입

법인세법은 평가이익 등을 익금에 불산입하도록 하고 있다(법인
세법 제18조).

법인세법

제18조(평가이익 등의 익금불산입) 다음 각호의 금액은 내국법인의 각 사업
연도의 소득금액을 계산할 때 익금에 산입하지 아니한다.

1. 자산의 평가이익. 다만, 제42조 제1항 각호에 따른 평가로 인하여 발생하는 평가이익은 제외한다.

2. 각 사업연도의 소득으로 이미 과세된 소득(이 법과 다른 법률에 따라 비과세되거나 면제되는 소득을 포함한다)

3. 제21조 제1호에 따라 손금에 산입하지 아니한 법인세 또는 법인지방소득세를 환급받았거나 환급받을 금액을 다른 세액에 충당한 금액

4. 국세 또는 지방세의 과오납금(過誤納金)의 환급금에 대한 이자

5. 부가가치세의 매출세액

6. 무상(無償)으로 받은 자산의 가액(제36조에 따른 국고보조금 등은 제외한다)과 채무의 면제 또는 소멸로 인한 부채(負債)의 감소액 중 대통령령으로 정하는 이월결손금을 보전하는 데에 충당한 금액

7. 연결자법인 또는 연결모법인으로부터 제76조의19 제2항 또는 제3항에 따라 지급받았거나 지급받을 금액

8. 「상법」 제461조의2에 따라 자본준비금을 감액하여 받는 배당금액(내국법인이 보유한 주식의 장부가액을 한도로 한다). 다만, 다음 각 목의 어느 하나에 해당하는 자본준비금을 감액하여 받는 배당금액은 제외한다.

가. 제16조 제1항 제2호 가목에 해당하지 아니하는 자본준비금

나. 제44조 제2항 또는 제3항의 적격합병에 따른 제17조 제1항 제5호의 합병차익 중 피합병법인의 제16조 제1항 제2호 나목에 따른 재평가적립금에 상당하는 금액(대통령령으로 정하는 금액을 한도로 한다)

다. 제46조 제2항의 적격분할에 따른 제17조 제1항 제6호의 분할차익 중 분할법인의 제16조 제1항 제2호 나목에 따른 재평가적립금에 상당하는 금액(대통령령으로 정하는 금액을 한도로 한다)

본 강의에서 익금불산입되는 항목들을 하나하나 설명하기는 어렵고, 주목할 만한 것을 꼽자면 자산의 평가이익, 각 사업연도의 소득으로 이미 과세된 소득, 부가가치세의 매출세액 등을 들 수 있겠다. 평가이익은 뒤에서 더 설명하고, '각 사업연도의 소득으로 이미

과세된 소득'이란 하나의 소득에 대해 과거 사업연도에 이미 법인세가 과세되었기 때문에, 이후의 사업연도에 또다시 과세하지 않는 것을 의미하며, 과거에는 이를 '이월익금'이라고 불렀다. 그리고 '부가가치세의 매출세액'은 제13강에서 다시 보겠지만, 고객으로부터 부가가치세를 '거래징수'하여 국가에 납부하여야 하는 금액을 말하는 것이며, 이는 잠시 맡아 두고 있는 돈일 뿐, 법인에 귀속되는 매출이 아니다.

법인세법은 '평가차익'을 익금의 범위에는 포함시키고 있으나(법인세법 시행령 제11조 제4호), 보험업법 등에 따른 평가차익과 재고자산 등 특정자산에 대한 평가차익과 같은 예외적인 경우를 제외하고는 원칙적으로 익금에 불산입하도록 하고 있다(법인세법 제18조 제1호). 이는 실제로 실현된 수익이 아니라 '평가'에 의한 수익이라는 특성상, 법인이 임의적으로 평가차익을 인식한 후에 이를 감가상각비 등으로 활용함으로써 법인의 소득금액을 조작하는 것을 방지하기 위한 것이다.

6) 내국법인 수입배당금액의 익금불산입

법인세법은 내국법인이 출자한 다른 내국법인으로부터 받은 이익의 배당금 또는 잉여금의 분배금(이를 '수입배당금액'이라고 한다) 중 일정한 금액은 익금에 산입하지 않도록 규정하고 있다(법인세법 제18조의2 제1항).

법인세법

제18조의2(내국법인 수입배당금액의 익금불산입) ① 내국법인(제29조에 따라 고유목적사업준비금을 손금에 산입하는 비영리내국법인은 제외한다. 이하 이 조에서 같다)이 해당 법인이 출자한 다른 내국법인(이하 이 조에서 '피출자법인'이라

한다)으로부터 받은 이익의 배당금 또는 잉여금의 분배금과 제16조에 따라 배당금 또는 분배금으로 보는 금액(이하 이 조 및 제76조의14에서 '수입배당금액'이라 한다) 중 제1호의 금액에서 제2호의 금액을 뺀 금액은 각 사업연도의 소득금액을 계산할 때 익금에 산입하지 아니한다. 이 경우 그 금액이 0보다 작은 경우에는 없는 것으로 본다.

1. 피출자법인별로 수입배당금액에 다음 표의 구분에 따른 익금불산입률을 곱한 금액의 합계액

피출자법인에 대한 출자비율	익금불산입률
50퍼센트 이상	100퍼센트
20퍼센트 이상 50퍼센트 미만	80퍼센트
20퍼센트 미만	30퍼센트

2. 내국법인이 각 사업연도에 지급한 차입금의 이자가 있는 경우에는 차입금의 이자 중 제1호에 따른 익금불산입률 및 피출자법인에 출자한 금액이 내국법인의 자산총액에서 차지하는 비율 등을 고려하여 대통령령으로 정하는 바에 따라 계산한 금액

② 제1항은 다음 각호의 어느 하나에 해당하는 수입배당금액에 대해서는 적용하지 아니한다.

1. 배당기준일 전 3개월 이내에 취득한 주식 등을 보유함으로써 발생하는 수입배당금액

2. 삭제 〈2022. 12. 31.〉

3. 제51조의2 또는 「조세특례제한법」 제104조의31에 따라 지급한 배당에 대하여 소득공제를 적용받는 법인으로부터 받은 수입배당금액

4. 이 법과 「조세특례제한법」에 따라 법인세를 비과세·면제·감면받는 법인(대통령령으로 정하는 법인으로 한정한다)으로부터 받은 수입배당금액

5. 제75조의14에 따라 지급한 배당에 대하여 소득공제를 적용받는 법인과세 신탁재산으로부터 받은 수입배당금액

6. 「자산재평가법」 제28조 제2항을 위반하여 이 법 제16조 제1항 제2호

나목에 따른 재평가적립금을 감액하여 지급받은 수입배당금액

7. 제18조 제8호 나목 및 다목에 해당하는 자본준비금을 감액하여 지급받은 수입배당금액

8. 자본의 감소로 주주 등인 내국법인이 취득한 재산가액이 당초 주식 등의 취득가액을 초과하는 금액 등 피출자법인의 소득에 법인세가 과세되지 아니한 수입배당금액으로서 대통령령으로 정하는 수입배당금액

법인세법이 수입배당금액을 익금에 산입하지 않도록 규정하고 있는 것은, 내국법인이 자회사로부터 지급받은 배당은 통상적으로 법인세가 과세된 소득이며, 이러한 배당에 다시 법인세를 과세하게 되면 하나의 소득에 대하여 이중과세의 결과가 발생하기 때문이다. 따라서 자회사로부터 받은 배당이라고 하더라도, 기존에 법인세가 과세되지 않은 경우에는 익금에 산입한다(법인세법 제18조의2 제2항).

2 ▶ 손금

1) 손금의 범위

법인세법은 "손금은 자본 또는 출자의 환급, 잉여금의 처분 및 법인세법에서 규정하는 것은 제외하고 해당 법인의 순자산을 감소시키는 거래로 인하여 발생하는 손실 또는 비용(이를 '손비'라고 한다)의 금액으로 한다"고 규정하고 있으며(법인세법 제19조 제1항), 법인세법 시행령은 손비의 범위를 매출원가, 판매비, 양도자산 취득가액, 인건비, 감가상각비, 임차료, 차입금이자 등 영업비용과 영업외비용 등 매우 포괄적으로 규정하고 있다(법인세법 시행령 제19조).

제19조(손비의 범위) 법 제19조 제1항에 따른 손실 또는 비용[이하 '손비'(損費)라 한다]은 법 및 이 영에서 달리 정하는 것을 제외하고는 다음 각호의 것을 포함한다.

1. 판매한 상품 또는 제품에 대한 원료의 매입가액(기업회계기준에 따른 매입에누리금액 및 매입할인금액을 제외한다)과 그 부대비용

1의2. 판매한 상품 또는 제품의 보관료, 포장비, 운반비, 판매장려금 및 판매수당 등 판매와 관련된 부대비용(판매장려금 및 판매수당의 경우 사전약정 없이 지급하는 경우를 포함한다)

2. 양도한 자산의 양도당시의 장부가액

3. 인건비[내국법인이 발행주식총수 또는 출자지분의 100분의 100을 직접 또는 간접 출자한 해외현지법인에 파견된 임원 또는 직원의 인건비로서 「소득세법」 제127조 제1항에 따라 근로소득세가 원천징수된 인건비(해당 내국법인이 지급한 인건비가 해당 내국법인 및 해외출자법인이 지급한 인건비 합계의 100분의 50 미만인 경우로 한정한다)를 포함한다]

3의2. 임원 또는 직원의 출산 또는 양육 지원을 위해 해당 임원 또는 직원에게 공통적으로 적용되는 지급기준에 따라 지급하는 금액

3의3. 「소득세법」 제20조 제1항 제6호 및 같은 법 시행령 제38조 제3항 각호에 따른 지원을 함으로써 해당 임원 또는 직원이 얻는 이익에 상당하는 금액

4. 유형자산의 수선비

5. 유형자산 및 무형자산에 대한 감가상각비

5의2. 특수관계인으로부터 자산 양수를 하면서 기업회계기준에 따라 장부에 계상한 자산의 가액이 시가에 미달하는 경우 다음 각 목의 금액에 대하여 제24조부터 제26조까지, 제26조의2, 제26조의3, 제27조부터 제29조까지, 제29조의2 및 제30조부터 제34조까지의 규정을 준용하여 계산한 감가상각비 상당액

가. 실제 취득가액이 시가를 초과하는 경우에는 시가와 장부에 계상한 가

액과의 차이

나. 실제 취득가액이 시가에 미달하는 경우에는 실제 취득가액과 장부에 계상한 가액과의 차이

6. 자산의 임차료

7. 차입금이자

8. 회수할 수 없는 부가가치세 매출세액미수금(「부가가치세법」 제45조에 따라 대손세액공제를 받지 아니한 것에 한정한다)

9. 자산의 평가차손

10. 제세공과금(법 제18조의4에 따른 익금불산입과 법 제57조 제1항에 따른 세액공제를 모두 적용하지 않는 경우의 외국법인세액을 포함한다)

11. 영업자가 조직한 단체로서 법인이거나 주무관청에 등록된 조합 또는 협회에 지급한 회비

12. 광업의 탐광비(탐광을 위한 개발비를 포함한다)

13. 보건복지부장관이 정하는 무료진료권 또는 새마을진료권에 의하여 행한 무료진료의 가액

13의2. 「식품 등 기부 활성화에 관한 법률」 제2조 제1호 및 제1호의2에 따른 식품 및 생활용품(이하 이 호에서 '식품 등'이라 한다)의 제조업·도매업 또는 소매업을 영위하는 내국법인이 해당 사업에서 발생한 잉여 식품 등을 같은 법 제2조 제4호에 따른 제공자 또는 제공자가 지정하는 자에게 무상으로 기증하는 경우 기증한 잉여 식품 등의 장부가액(이 경우 그 금액은 법 제24조 제1항에 따른 기부금에 포함하지 아니한다)

14. 업무와 관련있는 해외시찰·훈련비

15. 다음 각 목의 어느 하나에 해당하는 운영비 또는 수당

가. 「초·중등교육법」에 설치된 근로청소년을 위한 특별학급 또는 산업체부설중·고등학교의 운영비

나. 「산업교육진흥 및 산학연협력촉진에 관한 법률」 제8조의 규정에 따라 교육기관이 당해 법인과의 계약에 의하여 채용을 조건으로 설치·운영하는 직업교육훈련과정·학과 등의 운영비

다. 「직업교육훈련 촉진법」 제7조의 규정에 따른 현장실습에 참여하는 학

생들에게 지급하는 수당

라. 「고등교육법」 제22조의 규정에 따른 현장실습수업에 참여하는 학생들에게 지급하는 수당

16. 우리사주조합에 출연하는 자사주의 장부가액 또는 금품

17. 장식·환경미화 등의 목적으로 사무실·복도 등 여러 사람이 볼 수 있는 공간에 항상 전시하는 미술품의 취득가액을 그 취득한 날이 속하는 사업연도의 손비로 계상한 경우에는 그 취득가액(취득가액이 거래단위별로 1천만 원 이하인 것으로 한정한다)

18. 광고선전 목적으로 기증한 물품의 구입비용[특정인에게 기증한 물품(개당 3만 원 이하의 물품은 제외한다)의 경우에는 연간 5만 원 이내의 금액으로 한정한다]

19. 임직원이 다음 각 목의 어느 하나에 해당하는 주식매수선택권 또는 주식이나 주식가치에 상당하는 금전으로 지급받는 상여금으로서 기획재정부령으로 정하는 것(이하 '주식기준보상'이라 한다)을 행사하거나 지급받는 경우 해당 주식매수선택권 또는 주식기준보상(이하 '주식매수선택권 등'이라 한다)을 부여하거나 지급한 법인에 그 행사 또는 지급비용으로서 보전하는 금액

가. 「금융지주회사법」에 따른 금융지주회사로부터 부여받거나 지급받은 주식매수선택권 등(주식매수선택권은 「상법」 제542조의3에 따라 부여받은 경우만 해당한다)

나. 기획재정부령으로 정하는 해외모법인으로부터 부여받거나 지급받은 주식매수선택권 등으로서 기획재정부령으로 정하는 것

19의2. 「상법」 제340조의2·제542조의3, 「벤처기업육성에 관한 특별법」 제16조의3 또는 「소재·부품·장비산업 경쟁력 강화 및 공급망 안정화를 위한 특별조치법」 제56조에 따른 주식매수선택권(「상법」 제542조의3에 따른 주식매수선택권은 해당 법인의 임직원에게 부여하는 것으로 한정하며, 이하 이 호에서 '주식매수선택권'이라 한다), 「근로복지기본법」 제39조에 따른 우리사주매수선택권(이하 이 호에서 '우리사주매수선택권'이라 한다)이나 금전을 부여받거나 지급받은 자에 대한 다음 각 목의 금액. 다만, 해당 법인의 발행주식총수의 100분의 10 범위에서 부여하거나 지급한 경우로 한정한다.

가. 주식매수선택권 또는 우리사주매수선택권을 부여받은 경우로서 다음
의 어느 하나에 해당하는 경우 해당 금액
1) 약정된 주식매수시기에 약정된 주식의 매수가액과 시가의 차액을 금전
또는 해당 법인의 주식으로 지급하는 경우의 해당 금액
2) 약정된 주식매수시기에 주식매수선택권 또는 우리사주매수선택권 행
사에 따라 주식을 시가보다 낮게 발행하는 경우 그 주식의 실제 매수가액
과 시가의 차액
나. 주식기준보상으로 금전을 지급하는 경우 해당 금액
20. 「중소기업기본법」 제2조 제1항에 따른 중소기업 및 「조세특례제한법
시행령」 제6조의4 제1항에 따른 중견기업이 「중소기업 인력지원 특별법」
제35조의3 제1항 제1호에 따라 부담하는 기여금
21. 임원 또는 직원(제43조 제7항에 따른 지배주주 등인 자는 제외한다)의 사망
이후 유족에게 학자금 등으로 일시적으로 지급하는 금액으로서 기획재정
부령으로 정하는 요건을 충족하는 것
22. 다음 각 목의 기금에 출연하는 금품
가. 해당 내국법인이 설립한 「근로복지기본법」 제50조에 따른 사내근로복
지기금
나. 해당 내국법인과 다른 내국법인 간에 공동으로 설립한 「근로복지기본
법」 제86조의2에 따른 공동근로복지기금
다. 해당 내국법인의 「조세특례제한법」 제8조의3 제1항 제1호에 따른 협
력중소기업이 설립한 「근로복지기본법」 제50조에 따른 사내근로복지기금
라. 해당 내국법인의 「조세특례제한법」 제8조의3 제1항 제1호에 따른 협력
중소기업 간에 공동으로 설립한 「근로복지기본법」 제86조의2에 따른 공
동근로복지기금
23. 보험회사가 「보험업법」 제120조에 따라 적립한 책임준비금의 증가액
(할인율의 변동에 따른 책임준비금 평가액의 증가분은 제외한다)으로서 보험감독
회계기준에 따라 비용으로 계상된 금액
23의2. 「주택도시기금법」에 따른 주택도시보증공사가 같은 법 시행령 제
24조에 따라 적립한 책임준비금의 증가액(할인율의 변동에 따른 책임준비금

평가액의 증가분은 제외한다)으로서 보험감독회계기준에 따라 비용으로 계
상된 금액

24. 그 밖의 손비로서 그 법인에 귀속되었거나 귀속될 금액

2) 손금의 요건

법인세법은 "손비는 이 법 및 다른 법률에서 달리 정하고 있는
것을 제외하고는 그 법인의 사업과 관련하여 발생하거나 지출된 손
실 또는 비용으로서 일반적으로 인정되는 통상적인 것이거나 수익
과 직접 관련된 것으로 한다"고 규정하고 있다(법인세법 제19조 제
2항). 즉, 법인세법상 손금에 해당하려면 ① 사업관련성, ② 통상성,
③ 수익관련성의 요건을 갖추어야 한다.

관련하여, 대법원은 사회질서를 위반하여 지출된 비용(이를 '위법
비용'이라고 한다)은 통상성의 요건을 갖추지 못하였기 때문에 손금
에 산입할 수 없다고 판단하고 있다(대법원 2009. 11. 12. 선고 2007
두12422 판결, 대법원 2017. 10. 26. 선고 2017두51310 판결).

◆ **대법원 2009. 11. 12. 선고 2007두12422 판결**

법인세법 제19조 제2항은 원칙적으로 "손비는 그 법인의 사업과 관련하여
발생하거나 지출된 손실 또는 비용으로서 일반적으로 용인되는 통상적인
것이거나 수익과 직접 관련된 것으로 한다"고 규정하고 있다. 여기에서 말
하는 '일반적으로 용인되는 통상적'인 비용이라 함은 납세의무자와 같은 종
류의 사업을 영위하는 다른 법인도 동일한 상황 아래에서는 지출하였을 것
으로 인정되는 비용을 의미하고, 그러한 비용에 해당하는지 여부는 지출의
경위와 목적, 형태, 액수, 효과 등을 종합적으로 고려하여 객관적으로 판단
하여야 하는데, 특별한 사정이 없는 한 사회질서를 위반하여 지출된 비용
은 여기에서 제외된다.

파이프(연도)를 설치하는 시공업체인 갑 주식회사가 15개의 동종 업체들과 입찰 포기의 대가 즉 담합사례금을 가장 높게 제시한 업체가 보일러 연도 공사를 낙찰받기로 결정한 다음 낙찰예정 업체가 나머지 업체들에게 공사대금의 일부를 담합사례금으로 분배하는 대신 나머지 업체들은 위 낙찰예정 업체가 실제로 공사를 낙찰받을 수 있도록 낙찰예정 업체의 투찰 금액 이상으로 입찰에 참여하기로 합의하고 이에 따른 담합사례금을 수수하였는데, 위 담합행위가 적발되자 과세관청이 보일러 연도 공사의 입찰·수주와 관련하여 동종 업체들로부터 수령한 담합사례금을 익금산입하는 한편, 동종 업체들에게 지급한 담합사례금을 손금불산입하여 갑 회사에 법인세를 경정·고지하는 부과처분을 한 사안에서, 갑 회사가 동종 업체들에게 지출한 담합사례금은 독점규제 및 공정거래에 관한 법률 제19조 제1항 제8호를 위반하여 다른 사업자와 공동으로 부당하게 입찰에서의 자유로운 경쟁을 제한하기 위하여 지출된 담합금에 해당하므로 그 지출 자체가 사회질서에 반하는 것으로서 법인세법 제19조 제2항에서 말하는 '일반적으로 용인되는 통상적인 비용'이나 '수익과 직접 관련된 비용'에 해당한다고 볼 수 없어 이를 손금에 산입할 수 없다고 한 사례.

3) 자본거래 등으로 인한 손비의 손금불산입

익금과 마찬가지로, 자본거래로 인한 손비는 손금에 산입하지 않는다(법인세법 제20조). 자본거래에서 발생하는 수익이 법인의 익금이 아닌 것과 마찬가지로 자본거래에서 발생하는 비용은 법인의 손금이 아니기 때문이다.

법인세법

제20조(자본거래 등으로 인한 손비의 손금불산입) 다음 각호의 금액은 내국

법인의 각 사업연도의 소득금액을 계산할 때 손금에 산입하지 아니한다.

1. 결산을 확정할 때 잉여금의 처분을 손비로 계상한 금액
2. 주식할인발행차금: 「상법」 제417조에 따라 액면미달의 가액으로 신주를 발행하는 경우 그 미달하는 금액과 신주발행비의 합계액

4) 대손금의 손금불산입

법인세법은 "내국법인이 보유하고 있는 채권 중 채무자의 파산 등 대통령령으로 정하는 사유로 회수할 수 없는 채권의 금액(이를 '대손금'이라 한다)은 대통령령으로 정하는 사업연도의 소득금액을 계산할 때 손금에 산입한다"고 규정하고 있다(법인세법 제19조의2 제1항). 만약 대손금을 손금에 산입한 이후 회수한 금액이 있는 경우에는 이를 익금에 산입하여야 한다(제4항).

회수할 수 없는 채권은 결과적으로 법인의 자산이 감소된 것이므로 손금에 산입해 주어야 하지만, 법인의 사업 목적과 관련이 없는 경우(채무보증으로 인한 구상채권, 업무와 관련 없는 가지급금 등)는 손금에 산입하지 않는 것이다. 대손금은 대표적인 결산조정 사항이다.

대법원은 채무보증으로 인한 구상채권의 대손금은 원칙적으로 손금에 불산입하며, 손금산입이 허용되는 경우는 시행령에 열거된 유형의 채무보증에 한정된다고 하여, 채무보증으로 인한 구상채권을 손금에 산입할 수 있는 경우를 매우 엄격하게 판단하고 있다(대법원 2016. 1. 14. 선고 2013두17534 판결).

◆ 대법원 2016. 1. 14. 선고 2013두17534 판결

이 사건 법률 조항은 기업의 채무보증에 의한 과다한 차입을 억제함으로써 재무구조의 건실화를 유도하고 기업의 구조조정을 촉진하여 경쟁력을 강화하기 위한 것으로서, 위와 같이 원칙적으로 채무보증으로 인하여 발

5) 세금과 공과금의 손금불산입

법인세법은 일정한 세금과 공과금은 손금에 산입하지 않도록 하고 있다(법인세법 제21조).

법인세법

제21조(세금과 공과금의 손금불산입) 다음 각호의 세금과 공과금은 내국법인의 각 사업연도의 소득금액을 계산할 때 손금에 산입하지 아니한다.

1. 각 사업연도에 납부하였거나 납부할 법인세(제18조의4에 따른 익금불산입의 적용 대상이 되는 수입배당금액에 대하여 외국에 납부한 세액과 제57조에 따라 세액공제를 적용하는 경우의 외국법인세액을 포함한다) 또는 법인지방소득세와 각 세법에 규정된 의무 불이행으로 인하여 납부하였거나 납부할 세액(가산세를 포함한다) 및 부가가치세의 매입세액(부가가치세가 면제되거나 그 밖에 대통령령으로 정하는 경우의 세액은 제외한다)

2. 판매하지 아니한 제품에 대한 반출필의 개별소비세, 주세 또는 교통·에너지·환경세의 미납액. 다만, 제품가격에 그 세액상당액을 가산한 경우에는 예외로 한다.

3. 벌금, 과료(통고처분에 따른 벌금 또는 과료에 상당하는 금액을 포함한다), 과태료(과료와 과태금을 포함한다), 가산금 및 강제징수비

4. 법령에 따라 의무적으로 납부하는 것이 아닌 공과금

---

5. 법령에 따른 의무의 불이행 또는 금지·제한 등의 위반을 이유로 부과되
는 공과금
6. 연결모법인 또는 연결자법인에 제76조의19 제2항 또는 제3항에 따라
지급하였거나 지급할 금액

법인세와 법인지방소득세를 손금불산입하는 것은 이를 손금에
산입하는 경우 다시 법인세액이 변동되기 때문이며, 부가가치세의
매입세액을 손금불산입하는 것은 매출세액을 익금불산입하는 것과
마찬가지로, 법인의 순자산이 감소하는 거래가 아니기 때문이다.

그리고 벌금, 과료, 과태료, 의무불이행 등을 이유로 부과되는 공
과금을 손금에 산입하지 않는 것은, 법인의 잘못으로 인해 부담한
비용까지 법인의 소득에서 차감하여 세금 부담을 줄여 주는 것은
정책적으로 허용하기 어렵다고 생각하기 때문이다.

6) 징벌적 손해배상금 등의 손금불산입

법인세법은 "내국법인이 지급한 손해배상금 중 실제 발생한 손
해를 초과하여 지급하는 금액으로서 대통령령으로 정하는 금액은
내국법인의 각 사업연도의 소득금액을 계산할 때 손금에 산입하지
아니한다"고 규정하고 있다(법인세법 제21조의2).

우리나라의 민법상 손해배상제도는 발생한 손해를 전보하는 것,
즉 실제 손해액을 금전으로 배상하는 제도이다. 그런데 최근 몇몇
법률에서 '징벌적 손해배상'이라는 제도를 도입하고 있다. 예를 들
어 「독점규제 및 공정거래에 관한 법률」(공정거래법)은 중대한 위법
행위로 인하여 손해를 입은 자가 있는 경우에는 발생한 손해의 3배
를 넘지 않는 범위에서 손해배상을 하도록 규정하고 있는데(공정거
래법 제109조 제2항), 이러한 제도를 일컬어 '징벌적 손해배상'이라

고 한다. 징벌적 손해배상은 원칙적으로 민사법상의 손해배상제도
이지만, 그 실질은 형사적 제재와 같이 불법행위자의 중대한 불법
행위에 대한 징벌이므로, 이를 손금에 산입하지 않는 것이다.

앞서 살펴본 바와 같이, 종래 대법원은 위법비용은 손금의 요건
중 통상성을 결여한 것으로 보아 손금에 불산입한다는 입장이었다.
그런데 불법행위를 원인으로 지급하는 손해배상금의 경우, 그 전액
이 위법비용으로서 손금불산입되는 것이 아닌가 하는 의문을 가질
수 있다. 최근 대법원은 설령 불법행위를 원인으로 한 것이라고 하
더라도 실제 발생한 손해에 대한 손해배상금은 손금에 산입된다는
점을 명확히 하였다(대법원 2024. 9. 12. 선고 2021두35308 판결). 이
는 징벌적 손해배상금의 손금불산입 범위와도 일치한다.

◆ 대법원 2024. 9. 12. 선고 2021두35308 판결

[1] 구 법인세법(2017. 12. 19. 법률 제15222호로 개정되기 전의 것) 제19조 제
1항은 "손금은 자본 또는 출자의 환급, 잉여금의 처분 및 이 법에서 규정하
는 것은 제외하고 해당 법인의 순자산을 감소시키는 거래로 인하여 발생
하는 손비의 금액으로 한다"라고 규정한다. 제2항은 "제1항에 따른 손비는
이 법 및 다른 법률에서 달리 정하고 있는 것을 제외하고는 그 법인의 사업
과 관련하여 발생하거나 지출된 손실 또는 비용으로서 일반적으로 인정되
는 통상적인 것이거나 수익과 직접 관련된 것으로 한다"라고 규정한다. 여
기에서 말하는 '일반적으로 인정되는 통상적인 비용'이란 납세의무자와 같
은 종류의 사업을 영위하는 다른 법인도 동일한 상황 아래에서는 지출하였
을 것으로 인정되는 비용을 뜻하고, 그러한 비용에 해당하는지는 지출의
경위와 목적, 형태, 액수, 효과 등을 종합적으로 고려하여 객관적으로 판단
하여야 할 것인데, 특별한 사정이 없는 한 사회질서에 위반하여 지출된 비
용은 여기에서 제외된다.
[2] 금융지주회사인 갑 주식회사의 자회사 은행이 관련 민사사건 판결의 취

지에 따라 을에게 손해배상금 및 지연손해금을 지급하였고, 갑 회사는 관련 민사사건 판결이 확정된 사업연도의 법인세 신고 시 위 손해배상금 등을 손금에 산입하였는데, 관할 세무서장이 위 손해배상금 등을 손금에 산입할 수 없다는 등의 사유로 법인세를 경정·고지한 사안에서, 위 손해배상금 등은 관련 민사사건의 확정판결에 따라 을에게 실제 발생한 손해를 배상하기 위하여 지급된 것으로서, 그 지출 자체가 사회질서에 위반한다고 볼 수 없고, 액수 또한 실손해의 범위를 벗어나는 과도한 금액이라고 단정하기 어려우며, 자회사 은행과 같은 종류의 사업을 영위하는 다른 법인도 동일한 상황 아래에서는 마찬가지로 위 손해배상금 등을 지출하였을 것으로 보이는 점, 어떠한 비용을 손금불산입 대상으로 규정할 것인지는 입법정책의 문제로, 구 법인세법(2017. 12. 19. 법률 제15222호로 개정되기 전의 것)은 제19조에서 손금의 범위에 대하여 규정하는 한편, 이와 별도로 제19조의2 내지 제38조 등의 특례규정에서 손금불산입 항목과 손금산입 항목을 열거하고 있는데, 손해배상금은 손금불산입 항목으로 규정하고 있지 않은 점 등을 종합하면, 위 손해배상금 등은 자회사 은행의 사업과 관련하여 지출된 비용으로서 일반적으로 인정되는 통상적인 것이므로 손금에 해당한다는 이유로 이와 달리 본 원심판단에 손금의 요건 등에 관한 법리오해의 잘못이 있다고 한 사례.

7) 자산의 평가손실의 손금불산입

법인세법은 "내국법인이 보유하는 자산의 평가손실은 각 사업연도의 소득금액을 계산할 때 손금에 산입하지 아니한다"고 규정하고 있다(법인세법 제22조). 내국법인이 보유하는 자산의 평가이익을 익금에 산입하지 않는 것과 마찬가지이다.

8) 감가상각비의 손금불산입

법인세법은 "내국법인이 각 사업연도의 결산을 확정할 때 토지를 제외한 건물, 기계 및 장치, 특허권 등 대통령령으로 정하는 유형자산 및 무형자산(이를 '감가상각자산'이라 한다)에 대한 감가상각비를 손비로 계상한 경우에는 대통령령으로 정하는 바에 따라 계산한 금액(이를 '상각범위액'이라 한다)의 범위에서 그 계상한 감가상각비를 해당 사업연도의 소득금액을 계산할 때 손금에 산입하고, 그 계상한 금액 중 상각범위액을 초과하는 금액은 손금에 산입하지 아니한다"고 규정하고 있다(법인세법 제23조).

감가상각비는 연한의 경과로 인해 자산이 노후화되어 그 가치가 하락하였다고 보는 것, 즉 평가손실이 아니다. 감가상각비는 감가상각자산을 취득할 때 들어간 비용을 일시에 손금으로 인식하지 않고, 일정한 기간(감가상각기간) 동안 나누어서 손금으로 인식하기 위한 것이기 때문에 평가손실과 달리 손금에 산입하는 것이다.

9) 기부금의 손금불산입

법인세법상 '기부금'이란 내국법인이 사업과 직접적인 관계없이 무상으로 지출하는 금액(대통령령으로 정하는 거래를 통하여 실질적으로 증여한 것으로 인정되는 금액을 포함)을 말한다(법인세법 제24조 제1항). 내국법인이 각 사업연도에 지출한 기부금 및 이월된 기부금 중 특정한 종류의 기부금은 손금산입한도액 내에서 해당 사업연도의 소득금액을 계산할 때 손금에 산입하되, 손금산입한도액을 초과하는 금액은 손금에 산입하지 아니한다(제2항).

원칙적으로 기부금은 법인 사업과 관련이 없으므로 손금에 해당하지 않으나, 기부가 사회적으로 긍정적인 효과가 있는 경우에는 이를 권장하기 위하여 정책적인 목적에서 손금으로 인정해 주는 것이다.

10) 기업업무추진비의 손금불산입

법인세법상 '기업업무추진비'란 접대, 교제, 사례 또는 그 밖에 어떠한 명목이든 상관없이 이와 유사한 목적으로 지출한 비용으로서 내국법인이 직접 또는 간접적으로 업무와 관련이 있는 자와 업무를 원활하게 진행하기 위하여 지출한 금액을 말한다(법인세법 제25조 제1항). 과거에는 이를 '접대비'라고 하였으나, 그 어감이 부정적인 측면이 있어 용어를 바꾸게 된 것이다.

기업업무추진비는 법인의 사업과 관련하여 지출된 금액으로서 법인의 순자산을 감소시키므로 당연히 손금에 해당하지만, 그 성질상 전면적으로 손금으로 인정하기 어려운 측면이 있어 정책적인 목적에서 일정한 한도 내에서만 손금으로 산입해 준다.

11) 과다경비 등의 손금불산입

법인세법은 일정한 종류의 비용 중 과다하거나 부당하다고 인정하는 금액은 손금에 산입하지 않도록 규정하고 있다(법인세법 제26조).

법인세법

제26조(과다경비 등의 손금불산입) 다음 각호의 손비 중 대통령령으로 정하는 바에 따라 과다하거나 부당하다고 인정하는 금액은 내국법인의 각 사업연도의 소득금액을 계산할 때 손금에 산입하지 아니한다.

1. 인건비
2. 복리후생비
3. 여비(旅費) 및 교육·훈련비
4. 법인이 그 법인 외의 자와 동일한 조직 또는 사업 등을 공동으로 운영하거나 경영함에 따라 발생되거나 지출된 손비

> 5. 제1호부터 제4호까지에 규정된 것 외에 법인의 업무와 직접 관련이 적
> 다고 인정되는 경비로서 대통령령으로 정하는 것

12) 업무와 관련 없는 비용의 손금불산입

법인세법은 법인의 업무와 직접 관련이 없는 자산이나 비용 등을 손금에 불산입하도록 하고 있다(법인세법 제27조).

법인세법

제27조(업무와 관련 없는 비용의 손금불산입) 내국법인이 지출한 비용 중 다음 각호의 금액은 각 사업연도의 소득금액을 계산할 때 손금에 산입하지 아니한다.

1. 해당 법인의 업무와 직접 관련이 없다고 인정되는 자산으로서 대통령령으로 정하는 자산을 취득·관리함으로써 생기는 비용 등 대통령령으로 정하는 금액
2. 제1호 외에 해당 법인의 업무와 직접 관련이 없다고 인정되는 지출금액으로서 대통령령으로 정하는 금액

---

13) 업무용승용차 관련비용의 손금불산입 등 특례

법인세법은 내국법인이 업무용승용차를 취득하거나 임차함에 따라 해당 사업연도에 발생하는 감가상각비, 임차료, 유류비 등 대통령령으로 정하는 비용(이를 '업무용승용차 관련비용'이라 한다) 중 대통령령으로 정하는 업무용 사용금액에 해당하지 아니하는 금액은 해당 사업연도의 소득금액을 계산할 때 손금에 산입하지 않는다고 규정하고 있다(법인세법 제27조의2 제2항). 업무용승용차 관련비용 등을 손금에 산입한 법인은 대통령령으로 정하는 바에 따라 업무용

승용차 관련비용 등에 관한 명세서를 납세지 관할 세무서장에게 제출하여야 한다(제6항).

14) 지급이자의 손금불산입

이자비용은 원칙적으로 법인의 손금에 해당하는 것이지만, 법인세법은 채권자가 불분명한 사채의 이자 등과 같이 정당한 이자비용으로 볼 수 없는 경우에 한하여 손금에 산입하지 않도록 하고 있다(법인세법 제28조).

법인세법

제28조(지급이자의 손금불산입) ① 다음 각호의 차입금의 이자는 내국법인의 각 사업연도의 소득금액을 계산할 때 손금에 산입하지 아니한다.

1. 대통령령으로 정하는 채권자가 불분명한 사채의 이자

2. 「소득세법」 제16조 제1항 제1호·제2호·제5호 및 제8호에 따른 채권·증권의 이자·할인액 또는 차익 중 그 지급받은 자가 불분명한 것으로서 대통령령으로 정하는 것

3. 대통령령으로 정하는 건설자금에 충당한 차입금의 이자

4. 다음 각 목의 어느 하나에 해당하는 자산을 취득하거나 보유하고 있는 내국법인이 각 사업연도에 지급한 차입금의 이자 중 대통령령으로 정하는 바에 따라 계산한 금액(차입금 중 해당 자산가액에 상당하는 금액의 이자를 한도로 한다)

가. 제27조 제1호에 해당하는 자산

나. 특수관계인에게 해당 법인의 업무와 관련 없이 지급한 가지급금 등으로서 대통령령으로 정하는 것

1) 법인세법상 익금은 자본거래를 제외하고 법인의 순자산을 증가시키는 거래로 인해 발생하는 수익의 금액을 말한다. 법인세법상 익금은 순자산증가설에 따라 포괄적으로 규정하고 있다.

2) 자본거래란 법인과 주주 간의 거래로서 법인의 자본에 직접 변동이 생기는 출자나 배당 등의 거래로서 법인의 수익이나 비용이 되지 않는 거래인 반면, 손익거래는 자본거래와 달리 법인에 수익이나 비용이 발생하는 거래를 말한다.

3) 평가이익과 평가손실은 예외적인 경우를 제외하고는 원칙적으로 익금·손금에 산입하지 않는다. 평가손익을 법인이 임의로 인식한 뒤, 법인의 소득을 조작할 위험이 있기 때문이다.

4) 수입배당금액이란 어떠한 법인이 다른 법인의 주주인 경우, 그 다른 법인으로부터 받는 배당을 말한다. 수입배당금액에 대하여 법인세를 과세하면 단계적으로 법인세가 중복해서 부과되므로 이러한 이중과세를 방지하기 위하여 수입배당금액은 익금에 산입하지 않는 것이다.

5) 법인세법상 손금에 해당하려면 사업관련성, 통상성, 수익관련성의 요건을 갖추어야 한다. 지출 자체가 사회질서에 반하는 경우, 그러한 비용은 통상성이 없어 손금에 산입할 수 없다.

6) 대손금이란 법인이 보유하고 있는 채권 중 일정한 사유로 회수할 수 없는 채권의 금액을 말한다. 감가상각비는 일정한 유형자산이나 무형자산을 취득하는 데에 소요된 비용을 일정 기간 동안 나누어서 손금으로 인식하는 것이다. 기업업무추진비란 업무와 관련 있는 자와 업무를 원활하게 진행하기 위하여 지출한 금액을 말한다.

제12강
법인세(3)

법인세법상 손익의 귀속시기와 부당행위계산 부인에 대하여 학습한다.

1) 권리의무 확정주의를 이해할 수 있다.

2) 수익비용 대응원칙을 이해할 수 있다.

3) 부당행위계산과 경제적 합리성의 관계를 이해할 수 있다.

4) 부당행위계산의 기준인 시가와 판정시기를 이해할 수 있다.

5) 부당행위계산 부인의 효과를 이해할 수 있다.

1) 현금주의와 발생주의

제11강에서는 법인의 익금과 손금에 대해 알아보았다. 그런데 익금과 손금은 언제를 기준으로 법인의 각 사업연도 소득에 포함되는 것인가?

일반적으로 수익과 비용, 즉 손익의 귀속을 가장 명확하게 파악할 수 있는 것은 수익과 비용을 현실적으로 수수한 날일 것이다. 이와 같이 현금을 기준으로 하여 수입금액에서 지출금액을 차감하여 손익을 인식하는 것을 '현금주의'라고 한다.

반면, '발생주의'는 기업회계에서 주로 사용되는 수익과 비용의 인식 방법으로서, '거래가 발생한 때'를 기준으로 수익과 비용을 인식하는 것을 말한다. 따라서 법인의 회계장부에 기록된 모든 수익과 비용은 발생주의에 기초한 것이라고 볼 수 있다.

2) 권리의무 확정주의

법인세법은 "내국법인의 각 사업연도의 익금과 손금의 귀속사업연도는 그 익금과 손금이 확정된 날이 속하는 사업연도로 한다"고 규정하고 있다(법인세법 제40조 제1항). 즉, 법인세법은 현금주의나 발생주의가 아니라, '권리의무 확정주의'에 따라 손익을 인식하는 것을 원칙으로 하고 있는 것이다(다만, 세법상 별도의 손익귀속시기 규정이 없는 경우에는 기업회계 존중의 원칙에 따라 발생주의를 적용하는 것도 가능하다는 것을 유의하자).

'익금과 손금이 확정된 날'이란 채권·채무와 같은 권리나 의무가 확정적으로 발생한 날을 의미한다. 대법원은 채권의 행사에 법률상

제한이 없다면 일단 권리가 확정된 것으로서 그 때에 익금에 산입되는 것이지만(대법원 2005. 5. 13. 선고 2004두3328 판결), 익금이 확정되었다고 하려면 소득의 원인이 되는 권리가 실현가능성에서 상당히 높은 정도로 성숙되어야 한다고 판시하였다(대법원 2011. 9. 29. 선고 2009두11157 판결).

◈ 대법원 2005. 5. 13. 선고 2004두3328 판결

법인세법상 어떠한 채권이 발생하였을 경우 이를 익금에 산입할 것인지 여부를 판단함에 있어 그 채권의 행사에 법률상 제한이 없다면 일단 권리가 확정된 것으로서 당해 사업연도의 익금으로 산입되는 것이고 그 후 채무자의 무자력 등으로 채권의 회수가능성이 없게 되더라도 이는 회수불능으로 확정된 때 대손금으로 처리할 수 있는 사유가 될 뿐이지 이로 인하여 그 채권으로 인한 소득의 귀속시기에 영향을 미치는 것은 아니다.

◈ 대법원 2011. 9. 29. 선고 2009두11157 판결

법인세법 제40조 제1항은 "내국법인의 각 사업연도의 익금과 손금의 귀속 사업연도는 그 익금과 손금이 확정된 날이 속하는 사업연도로 한다"고 규정하고 있는데, 익금이 확정되었다고 하기 위해서는 소득의 원인이 되는 권리가 실현가능성에서 상당히 높은 정도로 성숙되어야 하고, 이런 정도에 이르지 아니하고 단지 성립한 것에 불과한 단계에서는 익금이 확정되었다고 할 수 없으며, 여기서 소득의 원인이 되는 권리가 실현가능성에서 상당히 높은 정도로 성숙되었는지는 일률적으로 말할 수 없고 개개의 구체적인 권리의 성질과 내용 및 법률상·사실상의 여러 사정을 종합적으로 고려하여 결정하여야 한다.

◈ 대법원 2015. 12. 23. 선고 2012두16299 판결

구 법인세법(2003. 12. 30. 법률 제7005호로 개정되기 전의 것) 제51조의2 제1항 제1호는 자산유동화에 관한 법률에 따른 유동화전문회사가 배당가능이익의 100분의 90 이상을 배당하는 등 일정한 요건을 갖춘 경우 소득공제의 특례를 정함으로써 유동화전문회사 단계에서 법인세를 부과하지 않는 대신 주주 등의 구성원 단계에서 소득과세를 하도록 규정하고 있으므로, 유동화전문회사 단계의 소득공제 시점과 구성원 단계의 소득과세 시점을 일치시킬 필요가 있다. 만약 유동화전문회사의 구성원이 유동화자산을 직접 취득하였을 경우 그에 관한 소득이 귀속되는 시점에 과세될 것임에도 유동화전문회사를 통하였다는 이유만으로 배당금을 현실로 수령하는 시점에 과세하여야 한다고 본다면, 소득의 인식시기를 과도하게 이연시키는 결과를 초래하게 된다. 그리고 유동화전문회사가 자산유동화계획 및 정관에서 유동화증권 원리금을 전부 상환한 이후에 비로소 배당금을 지급하도록 규정하고 있더라도, 유동화전문회사에 관여한 자들 사이에서 자산유동화 거래의 특성에 따른 경제적 필요에 따라 배당금채권의 행사를 유보하기로 한 것에 불과할 뿐, 세법에 우선하는 법률상 제한으로까지 볼 것은 아니다. 한편 2006. 2. 9. 대통령령 제19328호로 개정된 법인세법 시행령 제70조 제2항 단서는 금융기관 등이 일정한 목적을 위하여 공동으로 출자하여 설립한 유동화전문회사의 경우에만 유동화전문회사로부터 수입하는 배당소득에 대하여 수입시기를 실제로 배당금을 지급받은 날이 속하는 사업연도로 하도록 규정함으로써 이러한 점을 확인하고 있다. 따라서 유동화전문회사가 잉여금의 처분에 의한 배당을 한 경우 배당소득의 수입시기는, 배당소득의 귀속자가 배당금채권이 회수불능으로 확정된 때에 이를 대손금으로 처리할 수 없는 납세자라는 등의 특별한 사정이 없는 한, '당해 법인의 잉여금처분결의일'로 보아야 한다.

3) 수익비용 대응의 원칙

'수익비용 대응의 원칙'이란 기업회계의 원칙으로서, 수익의 창출에 기여한 직접 비용은 수익에 대응시켜서 비용으로 인식한다는 원칙이다. 즉, 직접 비용은 수익을 인식할 때 비용으로 인식해야 한다는 것이다.

법인세법은 수익·비용 대응의 원칙을 직접 규정하고 있지는 않다. 그러나 구체적인 손익귀속시기 규정은 대체로 수익과 비용을 대응시켜서 인식하도록 규정하고 있다. 가장 전형적인 경우를 보면, 상품이나 제품과 같은 자산을 양도한 경우, 그에 대한 손익은 그 자산을 인도한 날이 속하는 사업연도에 귀속된다(법인세법 시행령 제68조 제1항 제1호). 따라서, 선급금을 지급하였더라도 그 상품을 판매하기 이전에는 손금으로 산입할 수 없다(대법원 2009. 8. 20. 선고 2007두1439 판결).

그런데, 법인세법 시행령은 건설공사와 같은 용역제공의 경우에는 작업진행률을 기준으로 하여 매년 일정한 금액을 익금과 손금에 산입하도록 하고 있다(법인세법 시행령 제69조 제1항). 이와 관련하여 매우 특수한 문제가 발생하게 되는데, 대규모 건설공사 중 일부 부지의 공사가 완료된 경우 용역 제공의 손익귀속시기와 자산 판매의 손익귀속시기가 일치하지 않게 된 사례에서, 대법원은 법인세법상 수익비용 대응의 원칙은 기본적으로 수익이 확정되면 그에 대응하는 원가, 비용 등을 산입하고자 하는 것이지, 반대로 비용의 확정 여부에 따라 수익의 인식시기가 달라지는 것은 아니라고 판시하였다(대법원 2003. 7. 11. 선고 2001두4511 판결).

법인세법 시행령

제68조(자산의 판매손익 등의 귀속사업연도) ① 법 제40조 제1항 및 제2항을 적용할 때 자산의 양도 등으로 인한 익금 및 손금의 귀속사업연도는 다음 각호의 날이 속하는 사업연도로 한다.

1. 상품(부동산을 제외한다)·제품 또는 기타의 생산품(이하 이 조에서 '상품 등'이라 한다)의 판매: 그 상품 등을 인도한 날

2. 상품 등의 시용판매: 상대방이 그 상품 등에 대한 구입의 의사를 표시한 날. 나만, 일성 기간 내에 반송하거나 거절의 의사를 표시하지 아니하면

특약 등에 의하여 그 판매가 확정되는 경우에는 그 기간의 만료일로 한다.

3. 상품 등외의 자산의 양도: 그 대금을 청산한 날. 다만, 대금을 청산하기 전에 소유권 등의 이전등기(등록을 포함한다)를 하거나 당해 자산을 인도하거나 상대방이 당해 자산을 사용수익하는 경우에는 그 이전등기일(등록일을 포함한다)·인도일 또는 사용수익일중 빠른 날로 한다.

4. 자산의 위탁매매: 수탁자가 그 위탁자산을 매매한 날

5. 「자본시장과 금융투자업에 관한 법률」 제8조의2 제4항 제1호에 따른 증권시장에서 같은 법 제393조 제1항에 따른 증권시장업무규정에 따라 보통거래방식으로 한 유가증권의 매매: 매매계약을 체결한 날

제69조(용역제공 등에 의한 손익의 귀속사업연도) ① 법 제40조 제1항 및 제2항을 적용함에 있어서 건설·제조 기타 용역(도급공사 및 예약매출을 포함하며, 이하 이 조에서 '건설 등'이라 한다)의 제공으로 인한 익금과 손금은 그 목적물의 건설 등의 착수일이 속하는 사업연도부터 그 목적물의 인도일(용역제공의 경우에는 그 제공을 완료한 날을 말한다. 이하 이 조에서 같다)이 속하는 사업연도까지 기획재정부령으로 정하는 바에 따라 그 목적물의 건설 등을 완료한 정도(이하 이 조에서 '작업진행률'이라 한다)를 기준으로 하여 계산한 수익과 비용을 각각 해당 사업연도의 익금과 손금에 산입한다. 다만, 다음 각 호의 어느 하나에 해당하는 경우에는 그 목적물의 인도일이 속하는 사업연도의 익금과 손금에 산입할 수 있다.

1. 중소기업인 법인이 수행하는 계약기간이 1년 미만인 건설 등의 경우

2. 기업회계기준에 따라 그 목적물의 인도일이 속하는 사업연도의 수익과 비용으로 계상한 경우

◆ **대법원 2009. 8. 20. 선고 2007두1439 판결**

법인세법 제40조 제1항은 "내국법인의 각 사업연도의 익금과 손금의 귀속사업연도는 그 익금과 손금이 확정된 날이 속하는 사업연도로 한다"고, 제2항은 "제1항의 규정에 의한 익금과 손금의 귀속사업연도의 범위 등에 관하여 필요한 사항은 대통령령으로 정한다"고 각 규정하고 있고, 법인세법

시행령 제68조 제1항 제1호는 "상품(부동산을 제외한다)·제품 또는 기타의 생산품의 판매로 인한 익금 및 손금의 귀속사업연도는 그 상품 등을 인도한 날이 속하는 사업연도로 한다"고 규정하고 있는바, 상품의 판매로 인한 수익은 상품을 판매함으로써 비로소 발생하는 것이므로, 법인이 상품 매입을 위하여 선급금을 지급하였으나 그 선급금 상당의 상품을 공급받지 못하였다면 당해 상품의 판매로 인한 수익의 발생을 상정할 수 없고, 따라서 그 수익에 대응하는 비용인 매입가액 또한 발생할 여지가 없다.

◆ **대법원 2003. 7. 11. 선고 2001두4511 판결**

원고의 주장: 이 사건 토지를 분양하고 그 분양대금을 전액 지급받았더라도 원고로서는 분양된 합동개발용지 자체만이 아니라 그 지상의 도시기반시설까지 모두 완성하여 수분양자에게 인계할 의무가 있는 것이므로, 도시기반시설이 완성되지 아니한 상태에서 지급받은 토지의 분양대금은 이를 지급받은 사업연도의 법인세법상 익금에 산입하여서는 아니되며 또한, 수익비용 대응의 원칙에서 보더라도 그 매출원가가 확정되는 시점인 도시기반시설 준공시를 수익의 귀속시기로 보아야 한다.

대법원의 판단: 원고가 분양한 것은 이 사건 토지 자체이지, 그와 관련된 도로나 상하수도 시설 등 도시기반시설까지 포함된 것은 아닐 뿐만 아니라 그 도시기반시설이 반드시 분양대상 토지만을 위하여 사용되는 것도 아니므로, 이 사건 토지의 양도대금은 도시기반시설공사의 진행 여부와 관계없이 그 수입 시에 이미 확정된 것이며, 법인세법상 수익비용대응의 원칙은 실현된 수익과 그 수익에 관련된 원가, 비용 및 손실을 기간적 또는 대상적으로 대조하여 표시하는 것을 말하는 것으로서 기본적으로 수익이 확정되면 그에 대응하는 원가, 비용 등을 산입하고자 하는 것이지 비용의 확정 여부에 따라 수익의 인식시기가 달라지는 것은 아니다.

1) 부당행위계산의 부인

법인세법은 "납세지 관할 세무서장 또는 관할지방국세청장은 내국법인의 행위 또는 소득금액의 계산이 특수관계인과의 거래로 인하여 그 법인의 소득에 대한 조세의 부담을 부당하게 감소시킨 것으로 인정되는 경우에는 그 법인의 행위 또는 소득금액의 계산(이를 '부당행위계산'이라 한다)과 관계없이 그 법인의 각 사업연도의 소득금액을 계산한다"고 규정하고 있다(법인세법 제52조 제1항).

즉, '부당행위계산'이란, 내국법인의 행위 또는 소득금액의 계산이 특수관계인과의 거래로 인해 그 법인의 소득에 대한 조세의 부담을 부당하게 감소시킨 것으로 인정되는 경우 그러한 법인의 행위 또는 소득금액의 계산을 말한다.

'특수관계인'이란, 법인과 경제적 연관관계 또는 경영지배관계 등 대통령령으로 정하는 관계에 있는 자를 말하며, 이 경우 본인도 그 특수관계인의 특수관계인으로 본다(본인을 특수관계인의 특수관계인으로 보는 것을 '쌍방관계설'이라 한다).

부당행위계산은 거래의 형식을 남용하여 경제적 합리성을 무시하였다고 인정되어 조세법적인 측면에서 부당한 것이라고 보일 때 과세권자가 객관적으로 타당하다고 인정되는 소득이 있었던 것으로 의제하여 과세함으로써 과세의 공평을 기하고 조세회피행위를 방지하고자 하는 것이므로(대법원 2003. 12. 12. 선고 2002두9995 판결), 특수관계인 간의 거래라고 하더라도 그 거래에 경제적 합리성이 있다고 인정되는 경우에는 부당행위계산으로 보지 않는 것이며, 경제적 합리성의 여부는 건전한 사회통념이나 상관행에 비추어 비정상적인 것인지 여부에 따라 판단하되, 거래 당시의 특별한 사정

등도 고려하여야 한다(대법원 2023. 6. 1. 선고 2021두30679 판결).

◈ 대법원 2003. 12. 12. 선고 2002두9995 판결

부당행위계산이라 함은 납세자가 정상적인 경제인의 합리적 거래형식에 의하지 아니하고 우회행위, 다단계행위, 그 밖의 이상한 거래형식을 취함으로써 통상의 합리적인 거래형식을 취할 때 생기는 조세의 부담을 경감 내지 배제시키는 행위계산을 말하고, 구 법인세법(1998. 12. 28. 법률 제5581호로 전문 개정되기 전의 것, 이하 '법'이라 한다) 제20조에서 부당행위계산 부인 규정을 둔 취지는 법인과 특수관계 있는 자와의 거래가 구 법인세법 시행령(1998. 12. 31. 대통령령 제15970호로 전문 개정되기 전의 것, 이하 '시행령'이라 한다) 제46조 제2항 각호에 정한 제반 거래형태를 빙자하여 남용함으로써 경제적 합리성을 무시하였다고 인정되어 조세법적인 측면에서 부당한 것이라고 보일 때 과세권자가 객관적으로 타당하다고 인정되는 소득이 있었던 것으로 의제하여 과세함으로써 과세의 공평을 기하고 조세회피행위를 방지하고자 하는 것인바(생략)

◈ 대법원 2023. 6. 1. 선고 2021두30679 판결

구 법인세법 제52조에 정한 부당행위계산 부인이란, 법인이 특수관계에 있는 자와 거래할 때 정상적인 경제인의 합리적인 방법에 의하지 아니하고 구 법인세법 시행령(2013. 2. 15. 대통령령 제24357호로 개정되기 전의 것) 제88조 제1항 각호에 열거된 여러 거래형태를 빙자하여 남용함으로써 조세부담을 부당하게 회피하거나 경감시켰다고 하는 경우에 과세권자가 이를 부인하고 법령에 정하는 방법에 의하여 객관적이고 타당하다고 보이는 소득이 있는 것으로 의제하는 제도로서, 경제인의 입장에서 볼 때 부자연스럽고 불합리한 행위계산을 함으로써 경제적 합리성을 무시하였다고 인정되는 경우에 한하여 적용되는 것이다. 경제적 합리성의 유무에 대한 판단은 거래행위의 여러 사정을 구체적으로 고려하여 과연 그 거래행위가 건전한 사회통념이나 상관행에 비추어 경제적 합리성을 결한 비정상적인 것인지

2) 법인세법상 시가

부당행위계산에 해당하는지 여부는 법인세법상 '시가'를 기준으로 한다(법인세법 제52조 제2항). 법인세법상 '시가'란 건전한 사회통념 및 상거래 관행과 특수관계인이 아닌 자 간의 정상적인 거래에서 적용되거나 적용될 것으로 판단되는 가격(요율·이자율·임대료 및 교환 비율과 그 밖에 이에 준하는 것을 포함함)을 말한다.

법인세법 시행령은 시가의 개념을 구체화하여, "해당 거래와 유사한 상황에서 해당 법인이 특수관계인 외의 불특정다수인과 계속적으로 거래한 가격 또는 특수관계인이 아닌 제3자간에 일반적으로 거래된 가격이 있는 경우에는 그 가격에 따른다"고 규정하고 있으며, 다만 주권상장법인이 발행한 주식을 거래하는 경우에는 거래소의 최종시세가액을 시가로 한다고 규정하고 있다(법인세법 시행령 제89조 제1항).

한편, 위와 같은 시가가 불분명한 경우에는 ① 감정평가 및 감정평가사에 관한 법률에 따른 감정평가법인 등이 감정한 가액이 있는 경우 그 가액(감정한 가액이 2 이상인 경우에는 그 감정한 가액의 평균액), ② 상속세 및 증여세법 제38조·제39조·제39조의2·제39조의3, 제61조부터 제66조까지의 규정을 준용하여 평가한 가액(이를 '보충적 평가방법'이라고 한다)의 순서대로 시가를 산정한다(법인세법 시행령 제89조 제2항).

법인세법 시행령 제46조 제2항 제4호 소정의 자산의 시가라 함은 통상의 거래에 의하여 정상적으로 형성되는 자산의 가액을 의미하는 것이므로 저액양도인가의 여부는 정상적인 거래가액을 알 수 없는 경우에만 공신력있는 감정기관의 시가감정가격이나 정부의 시가표준액을 기준으로 삼아야 할 것이다.

3) 부당행위계산의 유형

법인세법 시행령은 부당행위계산의 유형을 열거하고 있다(법인세법 시행령 제88조).

법인세법 시행령

제88조(부당행위계산의 유형 등) ① 법 제52조 제1항에서 "조세의 부담을 부당하게 감소시킨 것으로 인정되는 경우"란 다음 각호의 어느 하나에 해당하는 경우를 말한다.

1. 자산을 시가보다 높은 가액으로 매입 또는 현물출자받았거나 그 자산을 과대상각한 경우

2. 무수익 자산을 매입 또는 현물출자받았거나 그 자산에 대한 비용을 부담한 경우

3. 자산을 무상 또는 시가보다 낮은 가액으로 양도 또는 현물출자한 경우. 다만, 제19조 제19호의2 각 목 외의 부분에 해당하는 주식매수선택권 등의 행사 또는 지급에 따라 주식을 양도하는 경우는 제외한다.

3의2. 특수관계인인 법인 간 합병(분할합병을 포함한다)·분할에 있어서 불공정한 비율로 합병·분할하여 합병·분할에 따른 양도손익을 감소시킨 경우. 다만, 「자본시장과 금융투자업에 관한 법률」 제165조의4에 따라 합병(분할합병을 포함한다)·분할하는 경우는 제외한다.

---

4. 불량자산을 차환하거나 불량채권을 양수한 경우

5. 출연금을 대신 부담한 경우

6. 금전, 그 밖의 자산 또는 용역을 무상 또는 시가보다 낮은 이율·요율이나 임대료로 대부하거나 제공한 경우. 다만, 다음 각 목의 어느 하나에 해당하는 경우는 제외한다.

가. 제19조 제19호의2 각 목 외의 부분에 해당하는 주식매수선택권 등의 행사 또는 지급에 따라 금전을 제공하는 경우

나. 주주 등이나 출연자가 아닌 임원(소액주주 등인 임원을 포함한다) 및 직원에게 사택(기획재정부령으로 정하는 임차사택을 포함한다)을 제공하는 경우

다. 법 제76조의8에 따른 연결납세방식을 적용받는 연결법인 간에 연결법인세액의 변동이 없는 등 기획재정부령으로 정하는 요건을 갖추어 용역을 제공하는 경우

7. 금전, 그 밖의 자산 또는 용역을 시가보다 높은 이율·요율이나 임차료로 차용하거나 제공받은 경우. 다만, 법 제76조의8에 따른 연결납세방식을 적용받는 연결법인 간에 연결법인세액의 변동이 없는 등 기획재정부령으로 정하는 요건을 갖추어 용역을 제공받은 경우는 제외한다.

7의2. 기획재정부령으로 정하는 파생상품에 근거한 권리를 행사하지 아니하거나 그 행사기간을 조정하는 등의 방법으로 이익을 분여하는 경우

8. 다음 각 목의 어느 하나에 해당하는 자본거래로 인하여 주주 등(소액주주 등은 제외한다. 이하 이 조에서 같다)인 법인이 특수관계인인 다른 주주 등에게 이익을 분여한 경우

가. 특수관계인인 법인 간의 합병(분할합병을 포함한다)에 있어서 주식 등을 시가보다 높거나 낮게 평가하여 불공정한 비율로 합병한 경우. 다만, 「자본시장과 금융투자업에 관한 법률」 제165조의4에 따라 합병(분할합병을 포함한다)하는 경우는 제외한다.

나. 법인의 자본(출자액을 포함한다)을 증가시키는 거래에 있어서 신주(전환사채·신주인수권부사채 또는 교환사채 등을 포함한다. 이하 이 목에서 같다)를 배정·인수받을 수 있는 권리의 전부 또는 일부를 포기(그 포기한 신주가 「자본시장과 금융투자업에 관한 법률」 제9조 제7항에 따른 모집방법으로 배정되는 경우

를 제외한다)하거나 신주를 시가보다 높은 가액으로 인수하는 경우

다. 법인의 감자에 있어서 주주 등의 소유주식 등의 비율에 의하지 아니하고 일부 주주 등의 주식 등을 소각하는 경우

8의2. 제8호 외의 경우로서 증자·감자, 합병(분할합병을 포함한다)·분할, 「상속세 및 증여세법」 제40조 제1항에 따른 전환사채 등에 의한 주식의 전환·인수·교환 등 자본거래를 통해 법인의 이익을 분여하였다고 인정되는 경우. 다만, 제19조 제19호의2 각 목 외의 부분에 해당하는 주식매수선택권 등 중 주식매수선택권의 행사에 따라 주식을 발행하는 경우는 제외한다.

9. 그 밖에 제1호부터 제3호까지, 제3호의2, 제4호부터 제7호까지, 제7호의2, 제8호 및 제8호의2에 준하는 행위 또는 계산 및 그 외에 법인의 이익을 분여하였다고 인정되는 경우

부당행위계산부인 규정의 적용이 문제된 사례는 무수히 많다. 특수관계인 간에 거래를 하는 경우에는 항상 시가의 평가가 문제가 되는 이유이다. 아래는 주식발행법인과 그 법인의 주주 사이에는 자본거래를 통한 부당행위계산이 성립하지 않고, 다만 여러 명의 주주가 있는 경우 어느 주주가 다른 주주에게는 자본거래를 통해 이익을 분여하는 부당행위계산이 적용될 수 있다는 취지의 대법원 판결들이다.

◈ 대법원 2014. 6. 26. 선고 2012두23488 판결

부당행위계산부인 규정의 내용, 그리고 자본거래로 인한 순자산의 증가나 감소를 익금·손금에 산입하지 아니하도록 정하고 있는 법인세법 각 규정 내용과 취지 등을 종합하여 보면, 주주인 법인이 특수관계자인 다른 법인으로부터 그 발행의 신주를 시가보다 높은 가액으로 인수하였다 하여도 이를 '자산을 시가보다 높은 가액으로 매입하는 경우'나 '그에 준하는 경우'에 해당한다고 보아 구 법인세법 시행령 제88조 제1항 제1호(또는 제1호에

서 정하는 행위에 준하는 행위에 관한 제9호)를 적용하여 부당행위계산부인을 할 수는 없고, 다만 신주의 고가 인수로 인하여 이익을 분여받은 다른 주주가 특수관계자인 경우에 구 법인세법 시행령 제88조 제1항 제8호 나목을 적용하여 부당행위계산부인을 할 수 있을 뿐이라고 보아야 할 것이다.

◈ 대법원 2020. 12. 10. 선고 2018두56602 판결

원고가 C회사의 유상증자에 참여하여 신주를 고가로 인수한 행위는 구 법인세법 시행령 제88조 제1항 제8호의2(이하 '이 사건 규정'이라 한다)에 따라 부당행위계산 부인의 대상이 된다는 취지의 피고 주장에 관하여, 원심은 자본거래인 신주발행의 법적 성격상 발행법인이 발행가격을 높여서 신주를 발행하였다고 하더라도 원칙적으로 발행법인과 신주인수인과의 관계에 있어 신주인수인이 발행법인에 이익을 분여한 것으로 보기 어렵다는 등의 이유를 들어, 이 사건 규정은 신주를 고가로 인수한 주주가 주식발행법인에게 이익을 분여한 것으로 보아 적용할 수 있는 규정으로 보기 어렵다고 판단하였다. 원심판결 이유를 관련 법리와 기록에 비추어 살펴보면, 원심 판단에 이익분여 법인에 관한 법리를 오해한 위법이 없다.

4) 부당행위계산의 판정시기

부당행위계산 부인은, 그 행위당시를 기준으로 하여 당해 법인과 특수관계인 간의 거래(특수관계인 외의 자를 통하여 이루어진 거래를 포함함)에 대하여 적용된다(법인세법 시행령 제88조 제2항). 대법원도 같은 취지로 판시하고 있다(대법원 1989. 6. 13. 선고 88누5273 판결).

◈ 대법원 1989. 6. 13. 선고 88누5273 판결

소득세법 제55조의 부당행위계산은 그 행위나 계산이 동법 시행령 제111조 제1항 각호 소정의 특수관계자간의 거래이고 객관적으로 동 제2항 각호

5) 부당행위계산 부인의 효과

과세관청은 납세자인 내국법인의 계산 또는 행위가 부당행위계산에 해당하는 경우, 그 법인의 행위 또는 소득금액의 계산과 관계없이 그 법인의 각 사업연도의 소득금액을 계산할 수 있다(법인세법 제52조 제1항).

즉, 과세관청이 부당행위계산을 부인하는 경우, 납세자의 거래를 '세무상 부인'하고(참고로 해당 거래의 사법상 효력에는 영향 없음), 그 법인의 각 사업연도의 소득금액을 시가에 따라 계산할 수 있으며, 이는 법인에 대한 익금산입 또는 손금불산입 처분이 되어 과세소득이 증가하게 된다. 한편, 법인의 부당행위계산이 부인됨에 따라, 그로 인하여 이익을 분여받은 자에 대해서는 각자의 유형에 따른 소득처분이 이루어진다(제10강 참조).

하여 원고 회사에 대하여 2016 사업연도 법인세 ○○원(가산세 포함)을 경정·고지하고, 소외인에게 소득금액 ○원, 원고 2에게 소득금액 ○원을 각 상여로 소득처분하고 원고 회사에 관련 소득금액변동통지를 하였다.

1) 법인세법은 손익 인식시기와 관련하여 현금주의나 발생주의가 아니라 권리의무 확정주의에 따르는 것을 원칙으로 삼고 있다. 대법원은 채권이나 채무의 실현가능성이 상당히 높은 정도로 성숙된 경우에 확정된 것으로 보고 있다.

2) 수익비용 대응의 원칙이란 일정한 비용은 수익을 창출하기 위해 지출된 것이므로, 수익을 인식할 때에 함께 인식하여야 한다는 기업회계의 원칙이다. 법인세법은 명시적으로 수익비용 대응 원칙을 규정하고 있지는 않으나, 개별적 손익귀속시기 규정에서 수익비용 대응 원칙을 따르고 있다.

3) 부당행위계산이란 내국법인의 행위나 계산이 특수관계인과의 거래로 인해 조세의 부담을 부당하게 감소시키는 경우를 말하며, 조세의 부담이 감소되는 특수관계인과의 거래라고 하더라도 그러한 거래에 경제적 합리성이 있는 경우에는 부당행위계산으로 보지 않는다.

4) 부당행위계산의 기준은 시가이며, 법인세법상 시가란 불특정 다수인과의 거래가격 또는 제3자 간에 일반적으로 거래된 가격을 말한다. 부당행위계산에 해당하는지 여부는 거래 당시를 기준으로 판정한다.

5) 부당행위계산으로 인정되는 경우, 과세관청은 이를 부인하고 법인의 소득을 계산할 수 있다. 다시 말해 익금산입 또는 손금불산입이 이루어진다. 이와 같이 법인의 소득이 경정되는 경우, 그와 같은 이익을 분여받은 자에게는 소득처분이 이루어진다.

제13강
부가가치세(1)

부가가치세의 기본구조를 이해하고, 매출세액과 매입세액을 학습한다.

1) 부가가치세의 성격을 이해할 수 있다.

2) 매출세액의 의미와 부가가치세 과세거래를 이해할 수 있다.

3) 부가가치세법상 재화의 의미와 재화의 공급을 이해할 수 있다.

4) 부가가치세법상 용역의 의미와 용역의 공급을 이해할 수 있다.

5) 매입세액의 공제를 이해할 수 있다.

부가가치세(value added tax: VAT)란 재화의 거래나 용역의 공급 과정에서 발생하는 부가가치에 대하여 과세하는 것을 말한다. 앞에서 보았던 소득세나 법인세가 '소득'에 대한 과세 제도인 데 비해, 부가가치세는 소득이 아니라 '거래'를 기준으로 매 거래마다 발생하는 '부가가치'에 대하여 과세하는 제도이다.

부가가치세는 경제학의 원리에 기초해서 만들어진 매우 현대적인 과세 제도이다. 우리나라에서는 1977년에 최초로 도입되었는데(1976. 12. 22. 법률 제2934호로 부가가치세법이 제정됨), 이는 부가가치세를 최초로 고안한 유럽(유럽은 1960년대에 부가가치세를 처음 도입하였음)에 비해서도 얼마 차이가 나지 않는다.

부가가치세는 ① 간접세, ② 일반소비세, ③ 다단계 거래세에 해당한다.

1) 간접세

부가가치세는 가장 대표적인 간접세이다. 제1강에서 보았듯, 간접세는 납세의무자와 담세자가 다른 세금을 말한다. 부가가치세는 재화 또는 용역을 공급하는 자(이를 '공급자'라고 한다)가 재화 또는 용역을 공급받는 자(이를 '공급받는 자'라고 한다)에게 재화나 용역을 공급하면서, 그 물건(용역)의 값과 함께 부가가치세를 받아서 납부하는 구조로 되어 있다. 즉, 공급자는 공급받는 자로부터 부가가치세를 징수하는데, 이를 '거래징수'라고 한다(부가가치세법 제31조).

소득세나 법인세 같은 세금(직접세)은 돈을 벌어들인 자(담세자)가 직접 세금을 납부할 의무를 진다는 점에서 납세의무자와 담세자가 일치한다.

2) 일반소비세

　부가가치세는 원칙적으로 '모든' 재화 또는 용역의 공급에 대하여 과세한다는 점에서 '일반세'에 해당하며, 재화 또는 용역에 대한 공급대가(지출)에 대하여 과세한다는 점, 즉 재화 또는 용역의 소비에 대해 과세한다는 점에서 '소비세'에 해당한다.

　반면, 특정한 물품, 특정한 장소 입장행위, 특정한 장소에서의 유흥음식행위 및 특정한 장소에서의 영업행위에 대하여 부과하는 것을 '개별소비세'라고 한다(개별소비세법 제1조 제1항).

3) 다단계 거래세

　부가가치세는 계약상·법률상 원인에 따른 재화 또는 용역의 공급이라는 '거래'를 기준으로 과세하며, 거래가 여러 단계로 이루어지는 경우에 그 모든 거래를 통틀어서 한 번에 과세하는 것이 아니라, 매 거래 단계별로 과세한다는 측면에서 '다단계 거래세'에 해당한다. 다만, 부가가치세의 본질이 소비세라는 측면에서, 최종적인 소비에 대해 한 번만 과세하는 것과 동일한 효과를 내기 위하여 우리 부가가치세는 '전단계세액공제 방식'(매출세액에서 매입세액을 공제하는 방식)을 채택하고 있다.

　부가가치세의 구조를 간단하게 도식화하면 아래 〈그림 13-1〉과 같다. 소매상은 도매상으로부터 상품을 80원에 사 온 뒤, 소비자에게 100원에 판매한다. 따라서 소매상이 창출한 부가가치는 20원이다. 우리 부가가치세는 소매상의 부가가치 20원에 대해 과세하기 위하여, 우선 소매상이 도매상으로부터 상품을 살 때 8원의 부가가치세를 내도록 하고, 소비자에게 상품을 판매할 때 10원의 부가가치세를 받아 오도록 한다. 소매상이 부가가치세 10원을 납부할 때, 먼저 부담했던 8원을 차감해 줌으로써 2원만 납부하도록 한다.

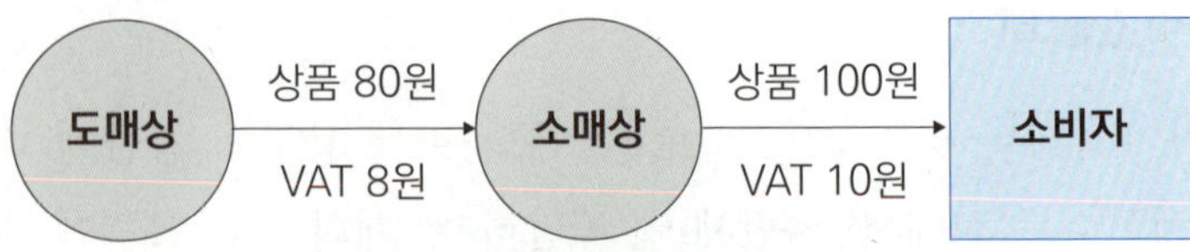

〈그림 13-1〉 부가가치세의 구조

◈ **대법원 2017. 5. 18. 선고 2012두22485 전원합의체 판결**

부가가치세는 재화나 용역이 생산·제공되거나 유통되는 모든 단계에서 창출된 부가가치를 과세표준으로 하고 소비행위에 담세력을 인정하여 과세하는 소비세로서의 성격을 가지고 있지만, 부가가치세법은 부가가치 창출을 위한 '재화 또는 용역의 공급'이라는 거래 그 자체를 과세대상으로 하고 있을 뿐 그 거래에서 얻은 소득이나 부가가치를 직접적인 과세대상으로 삼고 있지 않다. 이와 같이 우리나라의 부가가치세는 실질적인 소득이 아닌 거래의 외형에 대해 부과하는 거래세의 형태를 띠고 있으므로, 부가가치세법상 납세의무자에 해당하는지 역시 원칙적으로 그 거래에서 발생한 이익이나 비용의 귀속이 아니라 재화 또는 용역의 공급이라는 거래행위를 기준으로 판단하여야 한다.

1) 부가가치세의 과세표준

부가가치세법은 "재화 또는 용역의 공급에 대한 부가가치세의 과세표준은 해당 과세기간에 공급한 재화 또는 용역의 공급가액을 합한 금액으로 한다"고 규정하고 있다(부가가치세법 제29조 제1항). 부가가치세의 공급가액은 대금, 요금, 수수료, 그 밖에 어떤 명목이든 상관없이 재화 또는 용역을 공급받는 자로부터 받는 금전적 가치 있는 모든 것을 포함하되, 부가가치세는 포함하지 않는다(제3항).

한편, 재화나 용역을 공급할 때 그 품질이나 수량, 인도조건 또는 공급대가의 결제방법이나 그 밖의 공급조건에 따라 통상의 대가에서 일정액을 직접 깎아 주는 금액(이를 '에누리액'이라고 한다) 등은 공급가액에 포함되지 않는다(부가가치세법 제29조 제5항). 반면 사업자가 재화 또는 용역을 공급받는 자에게 지급하는 '장려금'은 부가가치세 과세표준에서 공제하지 않는다(제6항). 이처럼 부가가치세법은 에누리액과 장려금을 구분하여 부가가치세 과세표준을 산정할 때 상반된 효과를 가지도록 규정하고 있지만, 실무적으로 그 둘을 구분하는 것은 쉽지 않다.

부가가치세법

제29조(과세표준) ⑤ 다음 각호의 금액은 공급가액에 포함하지 아니한다.
1. 재화나 용역을 공급할 때 그 품질이나 수량, 인도조건 또는 공급대가의 결제방법이나 그 밖의 공급조건에 따라 통상의 대가에서 일정액을 직접 깎아 주는 금액
2. 환입된 재화의 가액

3. 공급받는 자에게 도달하기 전에 파손되거나 훼손되거나 멸실한 재화의 가액

4. 재화 또는 용역의 공급과 직접 관련되지 아니하는 국고보조금과 공공보조금

5. 공급에 대한 대가의 지급이 지체되었음을 이유로 받는 연체이자

6. 공급에 대한 대가를 약정기일 전에 받았다는 이유로 사업자가 당초의 공급가액에서 할인해 준 금액

⑥ 사업자가 재화 또는 용역을 공급받는 자에게 지급하는 장려금이나 이와 유사한 금액 및 제45조 제1항에 따른 대손금액(貸損金額)은 과세표준에서 공제하지 아니한다.

2) 부가가치세의 세율

부가가치세의 세율은 10퍼센트로 한다(부가가치세법 제30조).

3) 거래징수

부가가치세법은 "사업자가 재화 또는 용역을 공급하는 경우에는 공급가액에 세율을 적용하여 계산한 부가가치세를 재화 또는 용역을 공급받는 자로부터 징수하여야 한다"고 규정하고 있다(부가가치세법 제31조). 이를 '거래징수'라고 한다.

4) 납부세액 등의 계산

부가가치세의 '매출세액'은 "과세표준에 세율을 적용하여 계산한 금액"으로 한다(부가가치세법 제37조 제1항). 부가가치세의 '납부세액'은 "매출세액에서 매입세액을 뺀 금액"으로 한다. 이 경우 매출세액을 초과하는 부분의 매입세액은 '환급세액'으로 한다(제2항).

5) 매출세액과 매입세액

‘매출세액’이란 사업자가 공급한 재화 또는 용역에 대한 부가가치세액을 말하며, ‘매입세액’이란 ① 사업자가 자기의 사업을 위하여 사용하였거나 사용할 목적으로 공급받은 재화 또는 용역에 대한 부가가치세액 및 ② 사업자가 자기의 사업을 위하여 사용하였거나 사용할 목적으로 수입하는 재화의 수입에 대한 부가가치세액을 말한다(부가가치세법 제38조 제1항).

즉, 우리나라 부가가치세법은 매출세액에서 매입세액을 공제하는 방식(전단계세액공제 방식)을 채택하고 있다(대법원 2011. 1. 20. 선고 2009두13474 전원합의체 판결).

◈ **대법원 2011. 1. 20. 선고 2009두13474 전원합의체 판결**

구 부가가치세법(2010. 1. 1. 법률 제9915호로 개정되기 전의 것) 제15조는 사업자가 재화 또는 용역을 공급하는 때에는 그 공급가액에 관한 부가가치세를 그 공급을 받는 자로부터 징수하여야 한다고 규정하고, 제17조 제1항은 사업자가 납부하여야 할 부가가치세액은 매출세액에서 매입세액을 공제한 금액으로 하고 매출세액을 초과하는 매입세액은 환급받을 세액으로 한다고 규정함으로써 이른바 전단계세액공제 제도를 채택하고 있다. 이는 최종소비자에 이르기 전의 각 거래 단계에서 재화 또는 용역을 공급하는 사업자가 그 공급을 받는 사업자로부터 매출세액을 징수하여 국가에 납부하고, 그 세액을 징수당한 사업자는 이를 국가로부터 매입세액으로 공제·환급받는 과정을 통하여 그 세액의 부담을 다음 단계의 사업자에게 차례로 전가하여 궁극적으로 최종소비자에게 이를 부담시키는 것을 근간으로 한다(대법원 1999. 11. 12. 선고 99다33984 판결 등 참조). 이러한 구조에서는 각 거래 단계에서 징수되는 매출세액이 그에 대응하는 매입세액의 공제·환급을 위한 재원이 되므로 그 매출세액이 제대로 국가에 납부되지 않으면 부가가치세의 체제를 유지하는 것이 불가능하게 된다.

6) 부가가치세 과세거래

부가가치세의 매입세액과 매출세액은 원칙적으로 부가가치세 과세거래에서 발생하는 것이다. 부가가치세법은 과세거래를 ① 사업자가 행하는 재화 또는 용역의 공급과, ② 재화의 수입으로 규정하고 있다(부가가치세법 제4조).

사업자에 대해서는 다음 강의에서 다루기로 하고, 여기서는 '재화'와 '용역'이 무엇인지, 그리고 재화 또는 용역의 '공급'이 무엇인지를 알아보기로 한다.

가. 재화

부가가치세법은 '재화'를 "재산 가치가 있는 물건 및 권리"라고 규정하고 있다(부가가치세법 제2조 제1호). 여기서 '물건'이란 "상품, 제품, 원료, 기계, 건물 등 모든 유체물과 전기, 가스, 열 등 관리할 수 있는 자연력"을 말하며, '권리'란 "광업권, 특허권, 저작권 등 물건 외에 재산적 가치가 있는 모든 것"을 말한다(동법 시행령 제2조). 금전이나, 금전을 대신하는 상품권 등은 부가가치세법상 재화에 해당하지 않는다.

나. 용역

부가가치세법은 '용역'을 "재화 외에 재산 가치가 있는 모든 역무(役務)와 그 밖의 행위"라고 규정하고 있다(부가가치세법 제2조 제2호). 건설업이나 숙박업, 음식점업 등과 같은 특정한 사업은 재화의 공급이 일부 부수되더라도, 전체적으로 용역을 제공하는 사업으로 취급한다. 예컨대 음식물은 재화에 해당하지만, 음식점업은 용역을 제공하는 업종이라는 뜻이다.

다. 재화의 공급

부가가치세법은 "재화의 공급은 계약상 또는 법률상의 모든 원인에 따라 재화를 인도(引渡)하거나 양도(讓渡)하는 것으로 한다"고 규정하고 있다(부가가치세법 제9조 제1항).

그런데 재화의 인도가 어떤 의미인지에 대한 다툼이 있었다. '인도'라는 말뜻 그대로 물리적으로 전달하기만 하면 공급이 되는 것인지, 아니면 소유권의 이전을 전제하는 것인지에 대한 견해 대립이다. 대법원은 부가가치세의 성질에 비추어 그 인도 또는 양도는 재화를 사용·소비할 수 있도록 소유권을 이전하는 것을 전제로 한다고 판단하였다(대법원 1999. 2. 9. 선고 98두16675 판결). 따라서 사업자가 임가공업자에게 임가공을 목적으로 원자재를 제공한 것이라면, 이는 부가가치세법상의 재화의 공급에 해당하지 않는다(대법원 1990. 8. 10. 선고 90누3157 판결). 반면, 매매대금이 청산되거나 거래상대방 명의로의 이전등기를 경료하기 이전이라도, 거래상대방으로 하여금 사실상 소유자로서 당해 건물에 대한 배타적인 이용 및 처분을 할 수 있도록 그 점유를 이전하였다면 이는 부가가치세법상 재화의 공급에 해당한다(대법원 2006. 10. 13. 선고 2005두2926 판결).

◈ 대법원 1999. 2. 9. 선고 98두16675 판결

부가가치세법 제6조 제1항, 같은 법 시행령 제14조가 정하는 바를 모아 보면, 계약상 또는 법률상의 모든 원인에 의하여 재화를 인도 또는 양도하는 것을 부가가치세의 과세원인이 되는 재화의 공급이라고 하고, 부가가치세의 성질에 비추어 그 인도 또는 양도는 재화를 사용·소비할 수 있도록 소유권을 이전하는 행위를 전제로 하는 것이다.

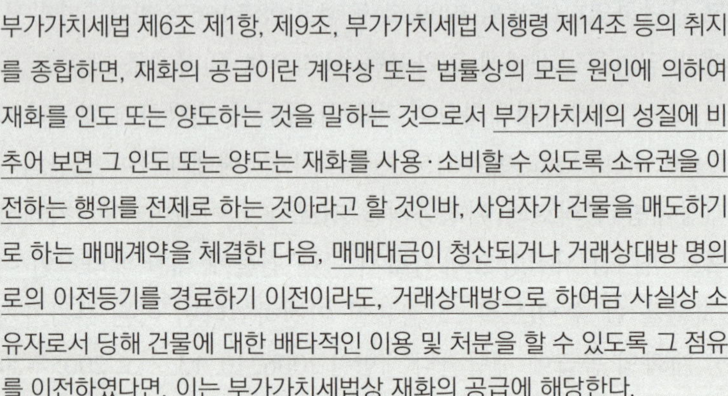

라. 용역의 공급

부가가치세법은 "용역의 공급은 계약상 또는 법률상의 모든 원인에 따른 것으로서 역무를 제공하는 것 또는 시설물, 권리 등 재화를 사용하게 하는 것"이라고 규정하고 있다(부가가치세법 제11조 제1항).

건설업의 경우, 건설사업자가 건설자재의 전부 또는 일부를 부담하는 것, 자기가 주요자재를 전혀 부담하지 아니하고 상대방으로부터 인도받은 재화를 단순히 가공만 해 주는 것 등은 용역의 공급에 해당한다(부가가치세법 시행령 제25조).

마. 재화 또는 용역의 공급시기

부가가치세는 소득세나 법인세와는 달리, 1년을 1기(매년 1월 1일부터 6월 30일까지)와 2기(매년 7월 1일부터 12월 31일까지)로 나누어 과세하며(부가가치세법 제5조 제1항), 재화나 용역을 공급하는 때에 세금계산서를 발급하여야 하므로(제34조 제1항), 그 공급시기가 매우 중요하다. 따라서 부가가치세법은 재화와 용역의 공급시기를 엄격하게 규정하고 있다.

우선, 재화의 공급시기는 거래형태에 따라 달라지는데, 원칙적으로 ① 재화의 이동이 필요한 경우에는 재화가 인도되는 때, ② 재화의 이동이 필요하지 않은 경우에는 재화가 이용가능하게 되는 때, ③ 그 외에는 재화의 공급이 확정되는 때를 공급시기로 한다(부가가치세법 제15조). 구체적 거래형태에 따른 공급시기는 부가가치세법 시행령 제28조에서 규정하고 있다.

또한 용역의 공급시기는 ① 역무 제공이 완료되는 때, 또는 ② 시설물, 권리 등 재화가 사용되는 때를 원칙적인 공급시기로 하며(부가가치세법 제16조), 할부 또는 조건부로 용역을 공급하는 경우에 대한 공급시기는 부가가치세법 시행령 제29조에서 구체적으로 규정하고 있다.

7) 공제하는 매입세액과 공제하지 아니하는 매입세액

부가가치세법은, ① 사업자가 자기의 사업을 위하여 사용하였거나 사용할 목적으로 공급받은 재화 또는 용역에 대한 부가가치세액과, ② 사업자가 자기 사업을 위하여 사용하였거나 사용할 목적으로 수입하는 재화의 수입에 대한 부가가치세액은 원칙적으로 매

출세액에서 공제하는 매입세액으로 규정하고 있다(부가가치세법 제
38조 제1항). 이러한 매입세액은 재화 또는 용역을 공급받는 시기가
속하는 과세기간의 매출세액에서 공제한다(제2항).

반면, 부가가치세법은 공제하지 아니하는 매입세액으로 ① 세금
계산서, 매입처별 세금계산서 합계표 등 기재사항 중 중요사항의
전부 또는 일부가 적히지 아니하였거나 사실과 다르게 적힌 경우,
또는 세금계산서를 발급받지 않은 경우의 매입세액, ② 사업과 직
접 관련이 없는 지출로서 대통령령으로 정하는 것에 대한 매입세
액, ③ 개별소비세법에 따른 자동차(운수업, 자동차판매업 등 대통령령
으로 정하는 업종에 직접 영업으로 사용되는 것은 제외)의 구입과 임차
및 유지에 관한 매입세액, ④ 기업업무추진비 및 그 유사한 비용으
로서 대통령령으로 정하는 비용의 지출에 관련된 매입세액, ⑤ 면
세사업에 관련된 매입세액(면세사업을 위한 투자에 관련된 매입세액
포함)과 대통령령으로 정하는 토지에 관련된 매입세액, ⑥ 사업자등
록을 신청하기 전의 매입세액을 규정하고 있다(부가가치세법 제39조
제1항).

대법원은 공제하는 매입세액과 공제하지 않는 매입세액을 구분
하는 기준은 원칙적으로 '사업관련성'에 있다고 판시하고 있다(대법
원 2012. 7. 26. 선고 2010두12552 판결).

◆ **대법원 2012. 7. 26. 선고 2010두12552 판결**

현행 부가가치세 과세방법은 원칙적으로 사업자의 자기생산 부가가치에
대해서만 과세가 이루어지도록 하기 위하여 납부세액 산출방식에 있어 자
기생산 부가가치와 매입 부가가치를 합한 금액을 공급가액으로 하고, 이에
대하여 징수할 매출세액에서 매입 부가가치에 대하여 지출된 매입세액을
공제하도록 하는 기본적 구조를 채택하고 있다. 이러한 구조하에서 법 제
17조는 매출세액에서 공제하는 매입세액에 관하여 제1항에서 '자기의 사

8) 공급의 의제

부가가치세법은 사업자가 자기의 과세사업과 관련하여 생산하거
나 취득한 재화로서 일정한 요건에 해당하는 재화(이를 '자기생산·취
득재화'라고 한다)를 자기의 면세사업 및 부가가치세가 과세되지 아
니하는 재화 또는 용역을 공급하는 사업(면세사업)을 위하여 직접
사용하거나 소비하는 것은 재화의 공급으로 본다고 규정하고 있다
(부가가치세법 제10조 제1항).

또한, 사업자가 자신의 용역을 자기의 사업을 위하여 대가를 받
지 아니하고 공급함으로써 다른 사업자와의 과세형평이 침해되는
경우 역시 자기에게 용역을 공급하는 것으로 보고, 그 용역의 범위
는 대통령령으로 정한다(다만, 현행 시행령에는 관련 규정이 없음)고
규정하고 있다(부가가치세법 제12조 제1항).

부가가치세법이 상기와 같은 규정을 둔 이유는, 전단계세액공제
방식을 채택하고 있는 부가가치세 구조에서, 사업자가 재화나 용역

을 생산하였으나 이를 다른 사람에게 공급하지 않고 스스로 소비하는 경우(자가소비)에는 매입세액은 있으나 매출세액이 징수되지 않게 되고, 매출세액의 징수 없이 전단계에서 징수된 부가가치세(매입세액)가 환급됨에 따라 결국 모든 거래에 대한 부가가치세를 전혀 징수할 수 없게 되기 때문이다. 따라서 부가가치세법은 자가소비 등과 같은 경우에는 공급이 이루어진 것처럼 의제하고 있으며, 이를 '의제공급'이라고 한다. 다만, 현행 부가가치세 법령상 재화의 자가공급은 과세하는 규정이 있으나, 용역의 자가공급은 관련 규정이 없어 과세가 이루어지지 않는다.

1) 부가가치세는 상품 거래나 서비스 공급 과정에서 발생하는 부가가치에 과세하는 세금이다. 부가가치세는 간접세이자, 일반소비세이며, 다단계 거래세의 성격을 가지고 있다.

2) 사업자가 재화 또는 용역을 공급하는 경우에 공급가액에 부가가치세 세율을 적용하여 계산한 부가가치세를 재화 또는 용역을 공급받는 자로부터 징수하여 납부하여야 한다. 이와 같이 사업자가 재화 또는 용역을 공급하는 거래를 부가가치세 과세거래라고 한다.

3) 부가가치세법상 재화는 재산가치가 있는 물건 및 권리를 말한다. 물건에는 유체물 외에 관리할 수 있는 자연력도 포함되며, 권리는 물건 외에 재산적 가치가 있는 광업권 등의 것을 말한다. 재화의 공급은 계약상 또는 법률상의 모든 원인에 따라 재화를 인도하거나 양도하는 것이다.

4) 부가가치세법상 용역은 재화 외에 재산 가치가 있는 모든 역무와 그 밖의 행위를 말한다. 용역의 공급은 계약상·법률상의 모든 원인에 따라 역무를 제공하거나, 시설물, 권리 등 재화를 사용하게 하는 것이다.

5) 사업자가 자기 사업을 위하여 사용하였거나 사용할 목적으로 공급받은 재화 또는 용역에 대한 부가가치세액은 매출세액에서 공제하며, 이를 매입세액이라고 한다. 부가가치세법은 일정한 경우 매입세액을 불공제하도록 하고 있다.

제14강
부가가치세(2)

　부가가치세법상 사업자와 사업자등록 제도를 이해하고, 세금계산서 관련 쟁점을 학습한다.

1) 사업자와 사업자등록을 이해할 수 있다.

2) 사업자 단위 과세 사업자와 주사업장 총괄납부를 이해할 수 있다.

3) 세금계산서가 어떤 의미를 가지는지 이해할 수 있다.

4) (현금)영수증과 신용카드매출전표를 이해할 수 있다.

5) 사실과 다른 세금계산서를 이해할 수 있다.

6) 수정세금계산서를 이해할 수 있다.

1) 사업자

　부가가치세법은 '사업자'와 '재화를 수입하는 자'로서 "개인, 법인 (국가·지방자치단체와 지방자치단체조합을 포함함), 법인격이 없는 사단·재단 또는 그 밖의 단체"는 부가가치세를 납부할 의무가 있는 것으로 규정하고 있다(부가가치세법 제3조 제1항).

　부가가치세법상 '사업자'란, "사업 목적이 영리이든 비영리이든 관계없이 사업상 독립적으로 재화 또는 용역을 공급하는 자"를 말한다(부가가치세법 제2조 제3호). 대법원은 '사업상 독립적으로 재화 또는 용역을 공급하는 자'란 부가가치를 창출하여 낼 수 있는 정도의 사업 형태를 갖추고 계속적이고 반복적인 의사로 재화 또는 용역을 공급하는 자를 뜻한다고 판시하였다(대법원 2010. 9. 9. 선고 2010두8430 판결). 따라서 하나의 용역에 장기간이 소요된다고 하더라도, 단 한 번의 용역만 제공할 의사라면 사업자라고 할 수 없지만(대법원 1991. 5. 28. 선고 90누8442 판결), 거래의 횟수가 일정한 기준 이하라고 하더라도, 그러한 거래에 계속성과 반복성이 인정되는 이상 사업자로 보아야 한다(대법원 2013. 2. 28. 선고 2010두29192 판결).

> **◆ 대법원 2010. 9. 9. 선고 2010두8430 판결**
>
> 부가가치세법 제2조 제1항은 영리목적의 유무에 불구하고 사업상 독립적으로 재화 또는 용역을 공급하는 자를 사업자라 하여 부가가치세 납세의무자로 규정하고 있는데, 여기서 '사업상 독립적으로 재화 또는 용역을 공급하는 자'란 부가가치를 창출하여 낼 수 있는 정도의 사업형태를 갖추고 계속적이고 반복적인 의사로 재화 또는 용역을 공급하는 자를 뜻한다. 또한 소득세의 과세대상인 사업소득은 영리를 목적으로 독립된 지위

에서 계속·반복적으로 행해지는 사회적 활동인 사업에서 발생하는 소득
을 말한다.

부가가치세법 제2조 제1항 소정의 부가가치세 납세의무자인 사업상 독립
하여 재화 또는 용역을 공급하는 자라 함은 부가가치를 창출해낼 수 있는
정도의 사업형태를 갖추고 계속적이고 반복적인 의사로 재화 또는 용역을
공급하는 사업자를 가르킨다고 함이 대법원의 판례인 바(대법원 1984. 12.
26. 선고 84누629 판결, 1990. 2. 27. 선고 89누2646 판결 등 참조), 여기서 계
속적이고 반복적으로 재화 또는 용역을 공급한다 함은 여러 차례의 재화
또는 용역의 공급이 계속 반복된다는 뜻이고 시간적 경과가 요구되는 단 한
번의 용역을 공급할 의사로 용역을 제공하는 경우에까지 계속적으로 용역
을 공급할 의사가 있었다고 할 수는 없는 것이다.

건축설계사무소에 근무하면서, 종합건설회사의 명의만 빌려 다른 회사와
노무도급계약을 체결하여 용역을 제공하고 대가를 받은 자의 경우, 부가가
치를 창출해 낼 수 있는 정도의 사업형태를 갖추고 계속적이고 반복적인
의사로 재화 또는 용역을 공급하는 사업자에 해당하지 않는다고 본 사례.

부동산의 양도행위가 '부동산매매업'의 일환으로 이루어져 부가가치세의
과세대상이 되는지 여부 또는 그로 인한 소득이 사업소득에 해당하는지 여
부는 양도인의 부동산 취득 및 보유현황, 조성의 유무, 양도의 규모, 횟수,
태양, 상대방 등에 비추어 그 양도가 사업활동으로 볼 수 있을 정도의 계속
성과 반복성이 있는지 등을 고려하여 사회통념에 따라 판단하여야 하고,
그 판단을 할 때에는 단지 당해 양도 부동산에 대한 것뿐만 아니라, 양도인
이 보유하는 부동산 전반에 걸쳐 당해 양도가 이루어진 시기의 전후를 통
한 모든 사정을 참작하여야 한다. 그리고 구 부가가치세법 시행규칙(2008.

부가가치세법은 사업자에 해당하는 법인의 범위에 국가나 지방자치단체를 포함시키고 있는데(부가가치세법 제3조 제1항), 이는 법인세법이 국가나 지방자치단체를 법인세 납세의무자에서 제외시키고 있었던 것과는 상반된다. 대법원은 국가나 지방자치단체라고 하더라도 부가가치세 과세거래를 공급하는 경우에는 부가가치세 납세의무자에 해당한다고 판시하고 있다(대법원 2017. 7. 11. 선고 2015두48754 판결). 다만 현행 부가가치세법은 국가, 지방자치단체 또는 지방자치단체조합이 공급하는 재화 또는 용역으로서 대통령령으로 정하는 것을 면세 대상으로 규정하고 있다(부가가치세법 제26조 제1항 제19호).

◆ 대법원 2017. 7. 11. 선고 2015두48754 판결

구 부가가치세법(2010. 1. 1. 법률 제9915호로 개정되기 전의 것, 이하 같다) 제2조는 제1항 제1호에서 '영리목적의 유무에 관계없이 사업상 독립적으로 재화 또는 용역을 공급하는 자'인 사업자를 부가가치세 납세의무자로 규정하고 있고, 제2항에서 그 납세의무자에는 국가나 지방자치단체를 포함한다고 규정하고 있다. 한편 구 부가가치세법 제12조 제1항 제17호는 국가나 지방자치단체가 공급하는 재화 또는 용역으로서 대통령령이 정하는 것에 대하여 부가가치세를 면제하도록 규정하고 있고, 그 위임에 따른 구 부가가치세법 시행령(2010. 2. 18. 대통령령 제22043호로 개정되기 전의 것) 제

38조는 제3호에서 국가나 지방자치단체가 공급하는 부동산임대업을 부가가치세 면세범위에서 제외하여 부가가치세 과세대상으로 규정하고 있다. 국가나 지방자치단체가 어느 단체에게 시설의 관리 등을 위탁하여 이를 사용·수익하게 하고, 그 단체가 자신의 명의와 계산으로 제3자에게 재화 또는 용역을 공급하는 경우에는, 국가나 지방자치단체가 거래당사자로서 제3자에게 직접 재화나 용역을 공급한 것이 아니므로, 구 부가가치세법 제12조 제1항 제17호에 따른 면세사업을 영위한 것으로 볼 수 없고, 해당 시설을 목적물로 하여 그 단체에게 부동산임대용역을 공급한 것으로 보아야 한다. 그리고 국가나 지방자치단체가 사업상 독립적으로 공급주체가 되어 이러한 부동산임대용역을 공급한 경우에는 대가를 받지 않은 경우가 아닌 한 부가가치세가 과세되고, 관련 매입세액은 공제되는 것이며, 임대용역에 제공되는 시설이 행정재산에 해당하거나 그 단체가 공급하는 재화 또는 용역이 해당 시설의 용도 등과 결부되어 공익적 성격을 갖더라도 그 사정만으로 달리 볼 것은 아니다.

2) 사업자등록과 사업장

가. 사업자등록

부가가치세법은 전단계세액공제 방식을 채택함에 따라, 전단계의 세액을 공제받는 데 있어 부가가치세의 거래질서를 명료하게 확인하기 위하여 세금계산서 제도를 채택하고 있다(부가가치세법 제32조). 따라서 부가가치세의 납세의무자이자 세금계산서를 발급하는 주체인 사업자에 대하여도 사업자등록을 할 의무를 부과하고 있다(제8조). 사업자가 사업자등록을 게을리하는 경우에는 매입세액을 불공제하고(제38조 제1항 제8호), 가산세를 부과(제60조 제1항 제1호)하는 등의 불이익이 있게 된다.

나. 사업장

부가가치세법은 "사업자는 사업장마다 대통령령으로 정하는 바에 따라 사업 개시일부터 20일 이내에 사업장 관할 세무서장에게 사업자등록을 신청하여야 하며, 다만 신규로 사업을 시작하려는 자는 사업 개시일 이전이라도 사업자등록을 신청할 수 있다"고 규정하고 있다(부가가치세법 제8조 제1항). 즉, 하나의 사업자가 여러 개의 사업장을 두고 있는 경우에는 각 사업장별로 사업자등록을 하는 것이 원칙이다.

다. 사업자 단위 과세 사업자와 주사업장 총괄납부

사업장이 둘 이상인 사업자(사업장이 하나이나 추가로 사업장을 개설하려는 사업자를 포함)는 사업자 단위로 해당 사업자의 본점 또는 주사무소 관할 세무서장에게 등록을 신청할 수 있다(부가가치세법 제8조 제3항). 이를 '사업자 단위 과세 사업자'라고 한다. 사업자 단위 과세 사업자는 모든 사업장에 대하여 하나의 사업자등록만이 존재한다.

한편, 사업장이 둘 이상인 사업자(사업장이 하나이나 추가로 사업장을 개설하려는 사업자를 포함)가 대통령령으로 정하는 바에 따라 주된 사업장의 관할 세무서장에게 주사업장 총괄납부를 신청한 경우에는 대통령령으로 정하는 바에 따라 납부할 세액을 주된 사업장에서 총괄하여 납부할 수 있다(부가가치세법 제51조 제1항). 이를 '주사업장 총괄납부'라고 한다. 주사업장 총괄납부는 사업자 단위 과세 사업자와 달리 각 사업장별로 사업자등록은 하되, 세금 납부만 주사업장에서 하는 것이다. 따라서 부가가치세 신고 역시 각 사업장별로 하여야 한다(대법원 2013. 12. 26. 선고 2013두17800 판결).

◈ **대법원 2013. 12. 26. 선고 2013두17800 판결**

동일한 납세의무자라도 사업자 단위 과세 사업자가 아닌 자는 사업장마다 사업자등록을 하고 그 사업장마다 부가가치세를 별도로 계산하여 신고·납부하여야 하므로(구 부가가치세법 제4조 제1항, 제5조 제1항), 2 이상의 사업장을 가진 사업자가 지점에 관하여 별도의 사업자등록을 아니한 탓으로 지점의 공급가액을 본점의 공급가액에 포함시켜 부가가치세를 계산하고 그 예정 및 확정신고를 본점의 관할 세무서장에게 하였다면 그 신고는 본점과 별개의 사업장인 지점에 관한 예정 및 확정신고로서는 효력이 없다(대법원 1985. 6. 11. 선고 84누502 판결 등 참조).

헌법재판소는 사업자등록에 대하여, 과세관청으로 하여금 납세의무자와 그 사업내용 및 과세자료의 파악을 용이하게 하여 근거과세와 세수확보 등 과세행정의 편의를 도모하고, 나아가 공평과세를 구현하려는 데에 그 목적이 있는 것으로서, 사업자등록의무는 단순한 협력의무 이상의 것이라고 판시하였다(헌법재판소 2013. 11. 28. 선고 2011헌바168 전원재판부).

◈ **헌법재판소 2013. 11. 28. 선고 2011헌바168 전원재판부**

부가가치세법은 사업을 새로 개시하는 자로 하여금 사업장마다 일정한 기한 내에 사업자의 인적 사항, 사업장 현황, 사업내용의 주요사항 등 사업에 관련된 사항을 관할 세무서장에게 등록하도록 하고 있는데, 이를 사업자등록이라고 한다(부가가치세법 제5조 제1항). 실무에서 사업자등록은 사업자가 사업장 관할세무서장에게 사업자등록신청서를 제출한 때를 기준으로 보고 있다(대법원 1983. 6. 14. 선고 81누416 판결). 사업자등록은 과세관청으로 하여금 납세의무자와 그 사업내용 및 과세자료의 파악을 용이하게 하여 근거과세와 세수확보 등 과세행정의 편의를 도모하고, 나아가 공평과세를 구현하려는 데에 그 목적이 있다. 사업자등록은 세금계산서이 수수와 함께

2 > 세금계산서

1) 세금계산서의 의의

세금계산서는 재화 또는 용역을 공급한 사업자가 그 공급받는 자로부터 부가가치세를 거래징수한 사실을 표시하여 공급받는 자에게 발행하는 송장(invoice)을 말한다. 세금계산서는 공급받는 자에게는 지출한 매입세액을 공제받기 위한 근거인 동시에, 공급자에게는 매출이 발생하였다는 사실에 대한 과세자료가 된다. 따라서 부가가치세법은 세금계산서를 매우 엄격하게 관리하고 있다(헌법재판소 2019. 11. 28. 선고 2017헌바340 전원합의체).

르게 된다. 그러나 세금계산서 발급의무자뿐만 아니라, 거래 상대방인 매입
자에게도 세금계산서 수취를 강제하지 않게 되면 이들이 세금계산서 미발
급을 통모하거나 무자료거래에 가담하여 세금계산서의 발급에 따른 상호
검증 기능을 손상시킬 위험이 있다. 이는 부가가치세뿐만 아니라, 관련 조
세의 세원포착을 어렵게 하여 탈세를 부추기고 국가운영의 근간이 되는 세
수확보를 어렵게 하는 결과를 초래할 수 있다. 한편, 세금계산서 제도가 마
련된 이후에도 여전히 재화나 용역의 거래과정에서 무자료거래가 이루어
지고 있어 세금계산서의 수수질서가 완전히 확립되었다고 볼 수 없고, 과세
자료의 노출을 회피하고자 세금계산서의 수수를 기피하는 관행도 근절되
지 않고 있으므로 세금계산서 교부질서를 확립할 필요성은 여전히 절실하
다고 할 것이다. 이러한 측면에서 세금계산서 발급의무자뿐만 아니라, 거래
의 상대방에 대하여도 세금계산서 수취 의무를 부여하고 그 위반 시 일정
한 제재를 가할 필요성이 인정된다.

■ 부가가치세법 시행규칙 [별지 제14호서식] (적색) 〈개정 2021. 10. 28.〉

세금계산서(공급자보관용)

책 번 호　권　호
일 련 번 호 □□-□□□□

공급자				공급받는자		
등록번호		성 명(대표자)		등록번호		성 명(대표자)
상호(법인명)				상호(법인명)		
사업장 주소				사업장 주소		
업 태		종 목		업 태		종 목

작성			공 급 가 액	세 액	비 고
연 월 일 빈칸수		조 천 백 십 억 천 백 십 만 천 백 십 일	천 백 십 억 천 백 십 만 천 백 십 일		

월	일	품 록	규 격	수 량	단 가	공 급 가 액	세 액	비 고

합 계 금 액	현 금	수 표	어 음	외 상 미 수 금	이 금액을 영수 함 청구

210mm×148.5mm 〈인쇄용지(특급) 34g/m²〉

〈그림 14-1〉 세금계산서 양식

2) 세금계산서 발급 의무

부가가치세법은 사업자가 재화 또는 용역을 공급(부가가치세가 면제되는 재화 또는 용역의 공급은 제외)하는 경우에는, ① 공급하는 사업자의 등록번호와 성명 또는 명칭, ② 공급받는 자의 등록번호 또는 주민등록번호, ③ 공급가액과 부가가치세액, ④ 작성 연월일, ⑤ 그 밖에 대통령령으로 정하는 사항을 적은 세금계산서를 그 공급을 받는 자에게 발급하여야 한다고 규정하고 있다(부가가치세법 제32조 제1항). 이때 ①부터 ④까지의 기재사항을 '필요적 기재사항'이라고 한다.

법인사업자와 일정 규모 이상의 개인사업자는 반드시 전자적 방법으로 세금계산서(이를 '전자세금계산서'라고 한다)를 발급하고, 전자세금계산서 발급일의 다음 날까지 그 발급명세를 국세청장에게 전송하여야 한다(부가가치세법 제32조 제2항 및 제3항). 전자세금계산서를 발급하여야 하는 사업자가 아닌 사업자라고 하더라도, 위와 같은 방법으로 전자세금계산서를 발급하고 전자세금계산서 발급명세를 전송할 수 있다(제5항). 따라서 지금은 거의 모든 사업자가 전자세금계산서를 발급하고 있다.

세금계산서를 발급하여야 하는 거래는 부가가치세 과세거래이다. 사업자가 면세 재화 또는 면세 용역을 공급하는 경우 이는 부가가치세 과세거래가 아니므로, 세금계산서 발급의무 역시 면제된다.

한편, 세금계산서를 발급하기 어렵거나 세금계산서의 발급이 불필요한 경우로서 대통령령으로 정하는 경우에는 세금계산서를 발급하지 않을 수 있다(부가가치세법 제33조 및 동법 시행령 제71조 제1항).

제71조(세금계산서 발급의무의 면제 등) ① 법 제33조 제1항에서 "세금계산
서를 발급하기 어렵거나 세금계산서의 발급이 불필요한 경우 등 대통령령
으로 정하는 경우"란 다음 각호의 어느 하나에 해당하는 재화 또는 용역을
공급하는 경우를 말한다.
1. 택시운송 사업자, 노점 또는 행상을 하는 사람, 그 밖에 기획재정부령으
로 정하는 사업자가 공급하는 재화 또는 용역
2. 소매업 또는 미용, 욕탕 및 유사 서비스업을 경영하는 자가 공급하는 재
화 또는 용역. 다만, 소매업의 경우에는 공급받는 자가 세금계산서 발급을
요구하지 아니하는 경우로 한정한다. (이하 생략)

3) 영수증과 신용카드 매출전표, 현금영수증

세금계산서가 아닌 영수증을 발급하여야 하는 사업자도 있다. ①
주로 사업자가 아닌 자에게 재화 또는 용역을 공급하는 사업자로서
대통령령으로 정하는 사업자나 ② 간이과세자로서 매출액 등이 일
정 금액 이하인 경우, 그러한 사업자가 재화 또는 용역을 공급(면세
재화 또는 면세 용역의 공급은 제외)하는 경우에는 대통령령으로 정하
는 바에 따라 그 공급을 받은 자에게 세금계산서 대신 영수증을 발
급하여야 한다(부가가치세법 제36조 제1항).

부가가치세법 시행령은 주로 사업자가 아닌 자에게 재화 또는 용
역을 공급하는 사업자로서 대통령령으로 정하는 사업자의 범위를
아래와 같이 규정하고 있다.

부가가치세법 시행령

제73조(영수증 등) ① 법 제36조 제1항 제1호에서 "대통령령으로 정하는 사업자"란 다음 각호의 사업을 하는 사업자를 말한다.

1. 소매업

2. 음식점업(다과점업을 포함한다)

3. 숙박업

4. 미용, 욕탕 및 유사 서비스업

5. 여객운송업

6. 입장권을 발행하여 경영하는 사업 (이하 생략)

영수증을 발급하는 사업자는 금전등록기를 설치하여 영수증 대신 공급대가를 적은 계산서를 발급할 수 있고(부가가치세법 제36조 제4항), 신용카드 매출전표나 현금영수증 등은 영수증으로 본다(제5항). 그러나 영수증 발급 대상 사업자라고 하더라도, 재화 또는 용역을 공급받는 자가 사업자등록증을 제시하고 세금계산서 발급을 요구하는 등의 경우에는 세금계산서를 발급하여야 한다(제3항).

4) 사실과 다른 세금계산서

필요적 기재사항의 전부 또는 일부를 적지 아니하였거나 사실과 다르게 적은 경우를 '사실과 다른 세금계산서'라고 한다. 부가가치세법은 사실과 다른 세금계산서에 대해서 두 가지의 규정을 두고 있다. 우선, 재화나 용역을 공급받는 자의 입장에서는 매입세액공제가 되지 않으며(부가가치세법 제39조 제1항 제2호), 재화나 용역을 공급한 자는 공급가액의 1퍼센트에 해당하는 가산세가 부과된다(제60조 제2항 제5호). 다만, 필요적 기재사항의 일부가 사실과 다르더라도, 세금계산서에 적힌 나머지 필요적 기재사항 또는 임의적 기재사항의 내용에 따라 거래사실이 확인되면 사실과 다른 세금계산서로 보지 않는다. 즉, 다른 기재사항을 통해 거래사실이 확인되는 경우에는 매입세액을 공제받을 수 있고, 가산세가 부과되지 않는다.

대법원은 어느 사업자(甲)가 타인(乙)의 명의를 빌려 사업자등록을 한 경우에, 사업장의 명칭이나 상호에도 불구하고 해당 사업장이 온전히 실제 사업자 甲의 사업장으로 특정될 수 있다면 그 사업자등록번호는 실제 사업자 甲의 사업자등록번호로 기능하는 것이므로, 그러한 사업자등록번호를 기재한 세금계산서는 사실과 다른 세금계산서로 볼 수 없다고 판단하였다(대법원 2019. 8. 30. 선고 2016두62726 판결).

◆ 대법원 2019. 8. 30. 선고 2016두62726 판결

구 부가가치세법(2013. 6. 7. 법률 제11873호로 전부 개정되기 전의 것, 이하 같다) 제17조 제2항 제2호 본문은 발급받은 세금계산서에 제16조 제1항 제1호부터 제4호까지의 규정에 따른 기재사항의 전부 또는 일부가 사실과 다르게 적힌 경우의 매입세액은 매출세액에서 공제하지 아니한다고 규정하고 있고, 그와 같은 기재사항을 '필요적 기재사항'으로 약칭하고 있다. 매입세액공제 여부 판단의 기준이 되는 필요적 기재사항은 '공급하는 사업자'와 관련하여서는 '등록번호와 성명 또는 명칭'(구 부가가치세법 제16조 제1항 제1호)인 반면, '공급받는 자'와 관련하여서는 '등록번호'에 한정된다(같은 항 제2호). 한편 '공급받는 자'의 '상호·성명' 등은 구 부가가치세법 시행령(2013. 6. 28. 대통령령 제24638호로 전부 개정되기 전의 것) 제53조 제1항 제2호에서 세금계산서 기재사항으로 규정되어 있으나, 이는 구 부가가치세법 제16조 제1항 제5호의 위임에 따른 것으로서 구 부가가치세법 제16조 제1항 제1호부터 제4호까지의 규정에 따른 매입세액공제의 필요적 기재사항에 해당하지 아니한다. 그리고 구 부가가치세법 제17조 제2항 제2호 본문에서 필요적 기재사항이 사실과 다르게 적힌 세금계산서에 의한 매입세액공제를 제한하는 취지는 같은 조 제1항에서 채택한 전단계세액공제 제도의 정상적인 운영을 위해서는 과세기간별로 각 거래 단계에서 사업자가 공제받을 매입세액과 전단계 사업자가 거래 징수할 매출세액을 대조하여 상호 검증하는 것이 필수적인 점을 고려하여 세금계산서의 정확성과 진실성을 확보하기 위한 것이다.

위와 같은 관련 규정의 문언과 체계, 같은 조항에서 '공급받는 자'의 경우 '성명 또는 명칭'까지 기재하도록 규정한 '공급하는 자'와는 달리 '등록번호'만을 기재하도록 정한 취지 등의 사정에 비추어 보면, 세금계산서에 기재된 '공급받는 자의 등록번호'를 실제 공급받는 자의 등록번호로 볼 수 있다면 '공급받는 자의 성명 또는 명칭'이 실제 사업자의 것과 다르다는 사정만으로 이를 매입세액공제가 인정되지 않는 사실과 다른 세금계산서라고 단정할 수는 없다. 따라서 자기의 계산과 책임으로 사업을 영위하지 아니하는 타인의 명의를 빌린 사업자가 어느 사업장에 대하여 타인의 명의로 사업자등록을 하되 온전히 자신의 계산과 책임으로 사업을 영위하며 부가가치세를 신고·납부하는 경우와 같이 명칭이나 상호에도 불구하고 해당 사업장이 온전히 실제 사업자의 사업장으로 특정될 수 있는 경우 명의인의 등록번호는 곧 실제 사업자의 등록번호로 기능하는 것이므로, 그와 같은 등록번호가 '공급받는 자'의 등록번호로 기재된 세금계산서는 사실과 다른 세금계산서라고 할 수 없다.

5) 수정세금계산서

부가가치세법은 "세금계산서 또는 전자세금계산서의 기재사항을 착오로 잘못 적거나 세금계산서 또는 전자세금계산서를 발급한 후 그 기재사항에 관하여 대통령령으로 정하는 사유가 발생하면 대통령령으로 정하는 바에 따라 수정한 세금계산서(이를 '수정세금계산서'라 한다) 또는 수정한 전자세금계산서(이를 '수정전자세금계산서'라 한다)를 발급할 수 있다"고 규정하고 있다(부가가치세법 제32조 제7항).

　수정세금계산서는 당초 발급된 세금계산서에 오류가 있는 경우, 그러한 오류를 정정하기 위해 발급하는 세금계산서를 말한다. 부가가치세법 시행령은 수정세금계산서의 발급 사유를 아래와 같이 정하고 있다. 만약 이러한 사유에 해당하지 않는 경우에는 수정세금계산서를 발급하였다고 하더라도 그러한 수정세금계산서는 아무런 효력이 없다.

부가가치세법 시행령

제70조(수정세금계산서 또는 수정전자세금계산서의 발급사유 및 발급절차) ① 법 제32조 제7항에 따른 수정세금계산서 또는 수정전자세금계산서는 다음 각 호의 구분에 따른 사유 및 절차에 따라 발급할 수 있다.

1. 처음 공급한 재화가 환입(還入)된 경우: 재화가 환입된 날을 작성일로 적고 비고란에 처음 세금계산서 작성일을 덧붙여 적은 후 붉은색 글씨로 쓰거나 음(陰)의 표시를 하여 발급

2. 계약의 해제로 재화 또는 용역이 공급되지 아니한 경우: 계약이 해제된 때에 그 작성일은 계약해제일로 적고 비고란에 처음 세금계산서 작성일을 덧붙여 적은 후 붉은색 글씨로 쓰거나 음(陰)의 표시를 하여 발급

3. 계약의 해지 등에 따라 공급가액에 추가되거나 차감되는 금액이 발생한 경우: 증감 사유가 발생한 날을 작성일로 적고 추가되는 금액은 검은색 글씨로 쓰고, 차감되는 금액은 붉은색 글씨로 쓰거나 음(陰)의 표시를 하여 발급

(중략)

5. 필요적 기재사항 등이 착오로 잘못 적힌 경우(다음 각 목의 어느 하나에 해당하는 경우로서 과세표준 또는 세액을 경정할 것을 미리 알고 있는 경우는 제외한다): 처음에 발급한 세금계산서의 내용대로 세금계산서를 붉은색 글씨로 쓰거나 음(陰)의 표시를 하여 발급하고, 수정하여 발급하는 세금계산서는 검은색 글씨로 작성하여 발급

가. 세무조사의 통지를 받은 경우

나. 세무공무원이 과세자료의 수집 또는 민원 등을 처리하기 위하여 현지출
장이나 확인업무에 착수한 경우
다. 세무서장으로부터 과세자료 해명안내 통지를 받은 경우
라. 그 밖에 가목부터 다목까지의 규정에 따른 사항과 유사한 경우
6. 필요적 기재사항 등이 착오 외의 사유로 잘못 적힌 경우(제5호 각 목의
어느 하나에 해당하는 경우로서 과세표준 또는 세액을 경정할 것을 미리 알고 있
는 경우는 제외한다): 재화나 용역의 공급일이 속하는 과세기간에 대한 확정
신고기한 다음 날부터 1년 이내에 세금계산서를 작성하되, 처음에 발급한
세금계산서의 내용대로 세금계산서를 붉은색 글씨로 쓰거나 음(陰)의 표
시를 하여 발급하고, 수정하여 발급하는 세금계산서는 검은색 글씨로 작
성하여 발급
7. 착오로 전자세금계산서를 이중으로 발급한 경우: 처음에 발급한 세금계
산서의 내용대로 음(陰)의 표시를 하여 발급
8. 면세 등 발급대상이 아닌 거래 등에 대하여 발급한 경우: 처음에 발급한
세금계산서의 내용대로 붉은색 글씨로 쓰거나 음(陰)의 표시를 하여 발급
9. 세율을 잘못 적용하여 발급한 경우(제5호 각 목의 어느 하나에 해당하는 경
우로서 과세표준 또는 세액을 경정할 것을 미리 알고 있는 경우는 제외한다): 처음
에 발급한 세금계산서의 내용대로 세금계산서를 붉은색 글씨로 쓰거나 음
(陰)의 표시를 하여 발급하고, 수정하여 발급하는 세금계산서는 검은색 글
씨로 작성하여 발급

필요적 기재사항을 착오 등의 사유로 잘못 기재한 경우에 적법하
게 수정세금계산서가 발급되면 당초의 세금계산서는 그 효력을 잃게
되고, 해당 거래에 대해서는 수정세금계산서만이 적법한 세금계산서
가 된다. 다만, 계약의 해지 등에 따라 공급가액에 추가되거나 차감
되는 금액이 발생한 경우 등에는 당초 세금계산서를 취소하지 않고
단지 변경된 가액만을 기재하여 발급하는데, 이는 과세관청과 납세
자의 편의를 위한 것이다(대법원 2013. 4. 11. 선고 2011두8178 판결).

　그리고 당초의 세금계산서가 필요적 기재사항을 착오 등의 사유로 잘못 기재한 것이 아니라 거짓으로 발행한 세금계산서인 경우에는 수정세금계산서를 발급할 수 없다. 이 경우에 수정세금계산서는 아무런 효력이 없는 것이므로 가산세 등의 제재를 하지 않는다(조세심판원 2023서0257, 2024. 3. 14).

◈ 대법원 2013. 4. 11. 선고 2011두8178 판결

구 부가가치세법(2006. 12. 30. 법률 제8142호로 개정되기 전의 것) 제16조 제1항 단서의 위임을 받은 구 부가가치세법 시행령(2007. 2. 28. 대통령령 제19892호로 개정되기 전의 것) 제59조 단서는 <u>당초 공급가액에 추가되는 금액 또는 차감되는 금액이 발생한 경우</u> 그 발생한 때에 수정세금계산서를 작성하여 교부하도록 규정하고 있는데, 그 취지는 당초 세금계산서상의 공급가액이 후발적인 사유로 증가하거나 감소한 경우 과세관청과 납세자의 편의를 도모하기 위하여 그 사유가 발생한 날을 작성일자로 하여 그에 관한 수정세금계산서를 교부할 수 있게 함으로써 그 공급가액의 증감액을 그 사유가 발생한 날이 속하는 과세기간의 과세표준에 반영하도록 하는 데에 있다.

◈ 조세심판원 2023서0257, 2024. 3. 14.

수정세금계산서는 당초의 세금계산서와 상관관계를 갖는 하나의 거래에 해당한다고 볼 수 있고, 당초 거짓으로 발행하였던 세금계산서를 취소하기 위하여 수정세금계산서를 발급하였음에도 수정세금계산서 역시 거짓세금계산서로 보아 가산세를 부과한다면, 잘못을 수정하려 한 납세자에게 더 큰 불이익을 지우게 되는 점(조심 2020중2399, 2021. 8. 23. 같은 뜻임), 수정세금계산서의 발급에 대한 제재와 관계없이 당초의 거짓 세금계산서의 발급을 이유로 제재하여 거짓 세금계산서를 발급·수취한 행위를 바로잡을 수 있는 점 등에 비추어 수정세금계산서에 대하여 세금계산서불성실가산세를 부과한 처분은 잘못이 있다고 판단된다.

요약

1) 부가가치세의 납세의무자는 사업자이며, 사업자란 사업목적이 영리이든 비영리이든 관계없이 사업상 독립적으로 재화 또는 용역을 공급하는 자를 말한다. 사업자는 원칙적으로 매 사업장마다 사업자등록을 하여야 한다.

2) 사업장이 둘 이상인 사업자는 자신의 모든 사업장에 대하여 하나의 사업자등록을 하는 사업자 단위 과세 사업자를 신청하거나, 세금 신고는 각 사업장별로 하되, 세금 납부만 주사업장에서 총괄하여 할 수 있는 주사업장 총괄납부를 신청할 수 있다.

3) 세금계산서는 재화나 용역을 공급한 사업자가 그 공급받는 자로부터 부가가치세를 거래징수한 사실을 표시하여 공급받는 자에게 발행하는 송장을 말하는데, 공급받는 자의 입장에서는 매입세액을 공제받기 위한 근거가 되며, 공급자에게는 매출이 발생하였다는 과세자료가 된다.

4) 주로 사업자가 아닌 자에게 재화 또는 용역을 공급하는 사업자 중 일정 사업자는 세금계산서 대신 영수증을 발행하여야 한다. 영수증 발급 대상 사업자는 영수증 대신 금전등록기를 설치하여 계산서를 발급할 수 있고, 영수증 발급 대상 사업자가 신용카드 매출전표나 현금영수증을 발행한 경우에는 영수증으로 본다.

5) 필요적 기재사항의 전부 또는 일부를 적지 않거나 사실과 다르게 적은 세금계산서를 사실과 다른 세금계산서라고 한다. 사실과 다른 세금계산서의 경우 공급받는 자에 대해서는 매입세액공제가 되지 않고, 공급자에 대해서는 가산세가 부과된다.

6) 수정세금계산서란 세금계산서 기재사항을 착오로 잘못 적거나, 세금계산서를 발급한 후 그 기재사항에 일정한 변동 사유가 발생한 경우, 이를 정정하기 위하여 발급하는 세금계산서를 말한다. 부가가치세법은 수정 세금계산서 발급 사유를 열거하고 있다.

제15강
부가가치세(3)

영세율과 부가가치세 면세를 학습하고, 소비지국 과세원칙을 이해한다.

1) 영세율 제도를 이해할 수 있다.

2) 부가가치세 면세 제도와 매입세액 불공제를 이해할 수 있다.

3) 부가가치세 면세로 인한 누적효과를 이해할 수 있다.

4) 재화와 용역의 부수적 공급을 이해할 수 있다.

5) 소비지국 과세원칙을 이해할 수 있다.

6) 전자적 용역에 대한 과세특례를 이해할 수 있다.

1) 영세율

부가가치세법은 "재화의 공급이 수출에 해당하면 그 재화의 공급에 대하여는 영(零) 퍼센트의 세율을 적용한다"고 규정하고(부가가치세법 제21조 제1항), 국외에서 공급하는 용역(제22조), 선박 또는 항공기에 의한 외국항행용역의 공급(제23조 제1항), 외화를 획득하기 위한 재화 또는 용역의 공급으로서 일정한 요건을 갖춘 경우(제24조 제1항)를 영세율의 적용 대상으로 규정하고 있다.

'영세율'이란 부가가치세의 세율만을 0%로 하고, 그 외에는 일반적인 과세사업과 동일하게 취급하는 것을 말한다. 따라서 영세율을 적용하게 되면 매출세액은 0이 되지만, 면세의 경우와 달리 영세율 사업자는 매입세액을 공제받을 수 있으므로, 기존에 납부한 부가가치세를 전액 환급해 주는 결과가 된다.

가. 재화의 수출

재화의 공급이 ① 내국물품(대한민국 선박에 의하여 채집되거나 잡힌 수산물을 포함)을 외국으로 반출하는 것이거나, ② 중계무역 방식의 거래 등 대통령령으로 정하는 것으로서 국내 사업장에서 계약과 대가 수령 등 거래가 이루어지는 것, 또는 ③ 기획재정부령으로 정하는 내국신용장 또는 구매확인서에 의하여 재화를 공급하는 것 등으로서 대통령령으로 정하는 것에 해당하는 경우에는 '수출'로서 해당 재화의 공급에 대하여 영세율을 적용한다(부가가치세법 제21조 제2항). 재화의 수출에 영세율을 적용하는 것은 '소비지국 과세원칙'에 따르는 가장 전형적인 형태이다. 소비지국 과세원칙에 대해서는 뒤에서 다시 다루기로 한다.

나. 용역의 국외공급 등에 대한 영세율 적용

국외에서 공급하는 용역에 대해서도 영세율을 적용한다(부가가치세법 제22조). 이 역시 소비지국 과세원칙에 따른 것이다.

다. 선박 또는 항공기에 의한 외국항행용역

'외국항행용역'은 선박 또는 항공기에 의하여 여객이나 화물을 국내에서 국외로, 국외에서 국내로 또는 국외에서 국외로 수송하는 것을 말하며, 외국항행사업자가 자기의 사업에 부수하여 공급하는 재화 또는 용역으로서 대통령령으로 정하는 것을 포함한다(부가가치세법 제23조 제2항).

라. 외화를 획득하기 위한 재화 또는 용역의 공급

부가가치세법은 외화를 획득하기 위한 재화 또는 용역의 공급(이를 '외화획득용역'이라고 한다)으로서 영세율 적용 대상을 아래와 같이 규정하고 있다(부가가치세법 제24조 및 동법 시행령 제33조).

부가가치세법

제24조(외화 획득 재화 또는 용역의 공급 등) ① 제21조부터 제23조까지의 규정에 따른 재화 또는 용역의 공급 외에 외화를 획득하기 위한 재화 또는 용역의 공급으로서 다음 각호의 어느 하나에 해당하는 경우에는 제30조에도 불구하고 영세율을 적용한다.

1. 우리나라에 상주하는 외교공관, 영사기관(명예영사관원을 장으로 하는 영사기관은 제외한다), 국제연합과 이에 준하는 국제기구 등(이하 이 조에서 '외교공관 등'이라 한다)에 재화 또는 용역을 공급하는 경우

2. 외교공관 등의 소속 직원으로서 해당 국가로부터 공무원 신분을 부여받은 자 또는 외교부장관으로부터 이에 준하는 신분임을 확인받은 자 중 내국인이 아닌 자에게 대통령령으로 정하는 방법에 따라 재화 또는 용역을

공급하는 경우

3. 그 밖에 외화를 획득하는 재화 또는 용역의 공급으로서 대통령령으로
정하는 경우

부가가치세법 시행령

제33조(그 밖의 외화 획득 재화 또는 용역 등의 범위) ① 법 제24조 제1항 제2
호에서 "대통령령으로 정하는 방법에 따라 재화 또는 용역을 공급하는 경
우"란 국세청장이 정하는 바에 따라 관할 세무서장으로부터 외교관면세점
으로 지정받은 사업장에서 외교부장관이 발행하는 외교관 면세카드를 제
시받아 다음 각호의 어느 하나에 해당하는 재화 또는 용역을 공급하는 경
우로서 법 제24조 제1항 제2호에 따른 자(이하 이 항에서 '외교관 등'이라 한
다)의 성명, 국적, 외교관 면세카드 번호, 품명, 수량, 공급가액 등이 적힌
외교관면세 판매기록표에 의하여 외교관 등에게 공급한 것이 확인되는 경
우를 말한다.

1. 음식·숙박 용역

2. 「개별소비세법 시행령」 제24조 제1항 및 제27조에 따른 물품

3. 「교통·에너지·환경세법 시행령」 제20조 제1항에 따른 석유류

4. 「주세법」에 따른 주류

5. 전력

6. 외교부장관의 승인을 받아 구입하는 자동차

② 법 제24조 제1항 제3호에서 "대통령령으로 정하는 경우"란 다음 각호의
어느 하나에 해당하는 것을 공급하는 경우를 말한다.

1. 국내에서 국내사업장이 없는 비거주자 또는 외국법인에 공급되는 다음
각 목의 어느 하나에 해당하는 재화 또는 사업에 해당하는 용역으로서 그
대금을 외국환은행에서 원화로 받거나 기획재정부령으로 정하는 방법으로
받는 것. 다만, 나목 중 전문서비스업과 아목 및 자목에 해당하는 용역의 경
우에는 해당 국가에서 우리나라의 거주자 또는 내국법인에 대하여 동일하
게 면세하는 경우(우리나라의 부가가치세 또는 이와 유사한 성질의 조세가 없거
나 면세하는 경우를 말한다. 이하 이 항에서 같다)에 한정한다.

가. 비거주자 또는 외국법인이 지정하는 국내사업자에게 인도되는 재화로
서 해당 사업자의 과세사업에 사용되는 재화

나. 전문, 과학 및 기술 서비스업[수의업(獸醫業), 제조업 회사본부 및 기타 산
업 회사본부는 제외한다]

다. 사업지원 및 임대서비스업 중 무형재산권 임대업

라. 통신업

마. 컨테이너수리업, 보세구역 내의 보관 및 창고업, 「해운법」에 따른 해운
대리점업, 해운중개업 및 선박관리업

바. 정보통신업 중 뉴스 제공업, 영상·오디오 기록물 제작 및 배급업(영화관
운영업과 비디오물 감상실 운영업은 제외한다), 소프트웨어 개발업, 컴퓨터 프
로그래밍, 시스템 통합관리업, 자료처리, 호스팅, 포털 및 기타 인터넷 정보
매개서비스업, 기타 정보 서비스업

사. 상품 중개업 및 전자상거래 소매 중개업

아. 사업시설관리 및 사업지원 서비스업(조경 관리 및 유지 서비스업, 여행사 및
기타 여행보조 서비스업은 제외한다)

자. 「자본시장과 금융투자업에 관한 법률」 제6조 제1항 제4호에 따른 투
자자문업

차. 교육 서비스업(교육지원 서비스업으로 한정한다)

카. 보건업(임상시험용역을 공급하는 경우로 한정한다)

타. 그 밖에 가목부터 차목까지의 규정과 유사한 재화 또는 용역으로서 기
획재정부령으로 정하는 것 (이하 생략)

대법원은 외화획득용역으로서 영세율 적용대상으로 보려면 단
순히 외화를 획득하는 것만으로는 부족하고, 그러한 공급이 수출에
준할 수 있는 경우로서 국가정책상의 목적에 부합하는 경우에만 아
주 예외적이고 제한적으로만 인정된다고 하였다(대법원 2007. 6. 14.
선고 2005두12718 판결).

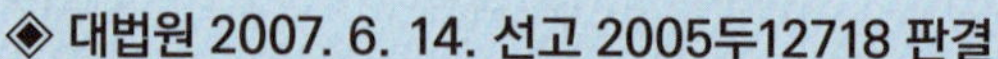

[1] 부가가치세제하에서 영세율의 적용은 국제 간의 재화 또는 용역의 거래에 있어서 생산·공급면에서 부가가치세를 과세징수하고 수입국에서 다시 부가가치세를 과세하는 경우의 이중과세를 방지하기 위하여 「관세 및 무역에 관한 일반 협정」(GATT)상의 소비지 과세원칙에 의하여 수출의 경우에만 원칙적으로 인정되고, 국내의 공급소비에 대하여는 위 수출에 준할 수 있는 경우로서 그 경우에도 외국환의 관리 및 부가가치세의 징수질서를 해하지 않는 범위 내에서 외화획득의 장려라는 국가정책상의 목적에 부합하는 경우에만 예외적, 제한적으로 인정된다.

[2] 영세율의 적용요건으로서 구 부가가치세법 시행령(2000. 12. 29. 대통령령 제17041호로 개정되기 전의 것 및 2001. 12. 31. 대통령령 제17460호로 개정되기 전의 것) 제26조 제1항 제1호에 정한 '대금을 외국환은행에서 원화로 받는 것'이란 단순히 세무행정의 편의를 위하여 훈시적으로 대금지급방법을 예시한 것이 아니므로 엄격히 해석하여야 한다.

마. 영세율에 대한 상호주의 적용

부가가치세법은 "영세율 규정을 적용할 때 사업자가 비거주자 또는 외국법인이면 그 해당 국가에서 대한민국의 거주자 또는 내국법인에 대하여 동일하게 면세하는 경우에만 영세율을 적용한다"고 규정하고 있다(부가가치세법 제25조 제1항). 이때 "동일하게 면세하는 경우"는 해당 외국의 조세로서 우리나라의 부가가치세 또는 이와 유사한 성질의 조세를 면세하는 경우와 그 외국에 우리나라의 부가가치세 또는 이와 유사한 성질의 조세가 없는 경우로 한다(제3항).

2) 면세

부가가치세를 면제하는 것을 '면세'라고 한다. 면세는 부가가치세 납세의무 자체를 면제시켜 주는 것이기 때문에, 영세율과 달리 매입세액공제를 받지 못한다.

가. 면세 대상 재화와 용역

부가가치세법은 면세 대상인 재화와 용역을 열거하고 있다(부가가치세법 제26조 제1항). 면세를 적용하는 근거는 다양한데, 금융 용역과 같이 그 성질상 부가가치세를 과세하기 어려운 경우도 있고(대법원 2019. 1. 17. 선고 2015두60662 판결), 가공되지 아니한 식료품, 교육 용역, 도서 등과 같이 정책적으로 부가가치세 부담을 낮추어 주기 위한 경우도 있다.

부가가치세법

제26조(재화 또는 용역의 공급에 대한 면세) ① 다음 각호의 재화 또는 용역의 공급에 대하여는 부가가치세를 면제한다.

1. 가공되지 아니한 식료품[식용(食用)으로 제공되는 농산물, 축산물, 수산물과 임산물을 포함한다] 및 우리나라에서 생산되어 식용으로 제공되지 아니하는 농산물, 축산물, 수산물과 임산물로서 대통령령으로 정하는 것

2. 수돗물

3. 연탄과 무연탄

4. 여성용 생리 처리 위생용품

5. 의료보건 용역(수의사의 용역을 포함한다)으로서 대통령령으로 정하는 것과 혈액(치료·예방·진단 목적으로 조제한 동물의 혈액을 포함한다)

6. 교육 용역으로서 대통령령으로 정하는 것

7. 여객운송 용역. 다만, 다음 각 목의 어느 하나에 해당하는 여객운송 용역으로서 대통령령으로 정하는 것은 제외한다.

가. 항공기, 고속버스, 전세버스, 택시, 특수자동차, 특종선박(特種船舶) 또는 고속철도에 의한 여객운송 용역

나. 삭도, 유람선 등 관광 또는 유흥 목적의 운송수단에 의한 여객운송 용역

---

8. 도서(도서대여 및 실내 도서열람 용역을 포함한다), 신문, 잡지, 관보(官報), 「뉴스통신 진흥에 관한 법률」에 따른 뉴스통신 및 방송으로서 대통령령으로 정하는 것. 다만, 광고는 제외한다.

9. 우표(수집용 우표는 제외한다), 인지(印紙), 증지(證紙), 복권 및 공중전화

10. 「담배사업법」 제2조에 따른 담배로서 다음 각 목의 어느 하나에 해당하는 것

가. 「담배사업법」 제18조 제1항에 따른 판매가격이 대통령령으로 정하는 금액 이하인 것

나. 「담배사업법」 제19조에 따른 특수용담배로서 대통령령으로 정하는 것

11. 금융·보험 용역으로서 대통령령으로 정하는 것

12. 주택과 이에 부수되는 토지의 임대 용역으로서 대통령령으로 정하는 것

13. 「공동주택관리법」 제18조 제2항에 따른 관리규약에 따라 같은 법 제2조 제1항 제10호에 따른 관리주체 또는 같은 법 제2조 제1항 제8호에 따른 입주자대표회의가 제공하는 「주택법」 제2조 제14호에 따른 복리시설인 공동주택 어린이집의 임대 용역

14. 토지

15. 저술가·작곡가나 그 밖의 자가 직업상 제공하는 인적(人的) 용역으로서 대통령령으로 정하는 것

16. 예술창작품, 예술행사, 문화행사 또는 아마추어 운동경기로서 대통령령으로 정하는 것

17. 도서관, 과학관, 박물관, 미술관, 동물원, 식물원, 그 밖에 대통령령으로 정하는 곳에 입장하게 하는 것

18. 종교, 자선, 학술, 구호(救護), 그 밖의 공익을 목적으로 하는 단체가 공급하는 재화 또는 용역으로서 대통령령으로 정하는 것

19. 국가, 지방자치단체 또는 지방자치단체조합이 공급하는 재화 또는 용역으로서 대통령령으로 정하는 것

20. 국가, 지방자치단체, 지방자치단체조합 또는 대통령령으로 정하는 공익단체에 무상(無償)으로 공급하는 재화 또는 용역

나. 면세사업 관련 매입세액 불공제

부가가치세법은 면세사업 등에 관련된 매입세액은 공제되지 않음을 명시적으로 밝히고 있다(부가가치세법 제39조 제1항 제7호). 따라서 면세 재화나 면세 용역을 공급하는 자(면세사업자)는 매출세액을 납부하지도 않고, 매입세액을 공제받지도 못한다.

다. 누적효과

최종 소비자에게 재화나 용역을 공급할 때에 면세가 적용되면 최종적인 부가가치세 부담이 낮아지는 효과가 있음은 당연하다. 그러나 거래의 중간 단계에 면세사업자가 있는 경우에는 그 면제된 부가가치세액이 이후 단계에서 다시 과세되면서 최종적으로 면세가 없는 경우에 비하여 세부담이 더 커지는 효과가 생기는데, 이를 '누적효과'라고 한다.

예를 들어, 중간도매상이 도매상으로부터 100원의 상품을 구입하여 이를 다시 소매상에게 100원의 이윤을 남기고 파는 상황을 가정해 보자. 모든 사업자가 과세 사업자인 경우(일반적 사례)에는 각 단계별로 100원의 이윤을 남기고, 각자 10원의 부가가치세를 부담하면서 최종적으로 소비자에게는 330원을 받고 물건을 팔게 된다.

그런데 만약 중간도매상이 면세사업자인 경우라면 상황이 달라진다. 면세사업자는 매입세액을 공제받지 못하므로, 중간도매상이 100원의 이윤을 남기기 위해서는 소매상에게 상품을 팔면서 210원을 받아야 한다(도매상으로부터 사온 가격 110원+100원의 이윤). 소매상은 면세사업자로부터 상품을 사왔으므로, 매입세액이 없다. 따라서 210원에 사온 상품에 100원의 이윤을 붙이면 310원이 되고, 소비자가 이 물건을 사갈 때는 31원의 부가가치세를 부담하게 되므로 결국 341원을 내야 한다.

〈표 15-1〉 누적효과 예시

구분		도매상	중간 도매상	소매상
일반적 사례	과면세 여부	과세	과세	과세
	상품가격	100	200	300
	VAT	10	20	30
누적효과 발생 사례	과면세 여부	과세	면세	과세
	상품가격	100	210	310
	VAT	10	0	31

라. 면세의 포기

사업자는 부가가치세가 면제되는 재화 또는 용역의 공급으로서

① 영세율의 적용 대상이 되는 경우, ② 주택과 이에 부수되는 토지의 임대용역, 저술가·작곡가 등이 직업상 제공하는 인적용역, 종교·자선·학술·구호 기타 공익을 목적으로 하는 단체가 공급하는 특정 유형의 재화나 용역에 해당하는 것에 대하여는 대통령령으로 정하는 바에 따라 면세의 포기를 신고하여 부가가치세 면제를 받지 아니할 수 있다(부가가치세법 제28조 제1항). 면세의 포기를 신고한 사업자는 신고한 날부터 3년간 부가가치세를 면제받지 못한다(제2항).

마. 부수 재화 및 부수 용역의 공급

주된 재화 또는 용역의 공급에 부수되어 공급되는 것으로서, ① 해당 대가가 주된 재화 또는 용역의 공급에 대한 대가에 통상적으로 포함되어 공급되는 재화 또는 용역이나, ② 거래의 관행으로 보아 통상적으로 주된 재화 또는 용역의 공급에 부수하여 공급되는 것으로 인정되는 재화 또는 용역의 공급은 주된 재화 또는 용역의 공급에 포함되는 것으로 본다(부가가치세법 제14조 제1항). 또한, 주된 사업에 부수되는 것으로서, ① 주된 사업과 관련하여 우연히 또는 일시적으로 공급되는 재화 또는 용역 또는 ② 주된 사업과 관련하여 주된 재화의 생산 과정이나 용역의 제공 과정에서 필연적으로 생기는 재화 또는 용역의 공급은 별도의 공급으로 보되, 과세 및 면세 여부 등은 주된 사업의 과세 및 면세 여부 등을 따른다(제2항)

대법원은 거래의 관행상 장례식장에서 음식물을 제공하는 용역의 공급은 부가가치세 면세 대상인 장의 용역의 공급에 통상적으로 부수되고 있다고 인정할 수 있으므로, 음식물 제공 용역 역시 부가가치세가 면제되는 용역에 해당한다고 판단하였다(대법원 2013. 6. 28. 선고 2013두932 판결).

원심은 그 판시와 같은 이유를 들어 구 부가가치세법 제12조 제3항에 따른 면세 대상 여부를 결정함에 있어서도 구 부가가치세법 시행령 제3조 제2호의 규정을 적용하여야 하는데, 이 사건 음식물 제공 용역의 공급이 장의 용역(시신의 보관, 염습 및 매장과 그 과정에서 망인에 대한 예를 갖추기 위한 빈소와 제단 설치, 조문을 위한 장례식장의 임대 등 노무 제공 등)에 해당하지 않는 것은 사실이나, 어떤 재화 또는 용역의 공급이 위와 같은 부가가치세법령의 규정에 의하여 면세 대상인지를 가릴 때에는 관련 규정을 바탕으로 여러 사정을 종합하여 결정하여야지 면세 대상인 주된 재화 또는 용역 본래의 의미에 해당하지 않는다는 이유만으로 어떤 재화 또는 용역의 공급의 부수성을 함부로 부정할 것은 아니라고 전제한 다음, ① 구 부가가치세법 시행령 제3조 제2호의 문언 내용, 국민의 복지후생 차원에서 장례의식을 위한 비용의 부담을 가볍게 하기 위한 부가가치세 면세제도의 취지 등에 비추어 볼 때, 부수성 인정 여부의 핵심은 거래 관행상 장의 용역 공급 과정에서 누구에 의해서건 음식물 제공 용역의 공급이 부수되어 이루어지고 있는 것인지에 있을 뿐, 음식물 제공 용역의 공급이 장의 용역 공급자에 의해 직접 이루어져야만 부수성을 인정할 수 있는 것으로 제한하여 해석할 아무런 이유가 없는 점, ② 원심법원의 뉴타운장례식장 등 다수의 장례식장들에 대한 각 사실조회결과에 의하면, 위 각 장례식장에서는 장의 용역을 제공하면서 동시에 빈소를 찾는 조문객들에게 조문에 필요한 범위 내에서 음식물(밥, 반찬, 약간의 다과 등) 등을 공급하고 있는 사실을 인정할 수 있는 점, ③ 장례식장에서의 음식물 제공 용역의 공급은 일반인이 아니라 특정 조문객만을 대상으로 빈소 바로 옆 공간이라는 제한된 장소에서 이루어지는 것이 일반적인 점 등에 비추어 보면, 거래의 관행상 장례식장에서의 음식물 제공 용역의 공급이 부가가치세 면세 대상인 장의 용역의 공급에 통상적으로 부수되고 있음을 충분히 인정할 수 있다고 판단하였다.
앞서 본 규정과 관련 법리 및 기록에 비추어 살펴보면 원심의 판단은 정당하고 거기에 상고이유에서 주장하는 바와 같은 구 부가가치세법 시행령 제

 2 소비지국 과세원칙

1) 소비지국 과세원칙

부가가치세는 소비세의 일종으로서, 재화 또는 용역이 소비되는
곳을 기준으로 과세해야 한다는 것이 바로 '소비지국 과세원칙'이
다. 우리 부가가치세법 역시 소비지국 과세원칙에 따라 재화의 수
출 또는 용역의 국외제공에 대하여 영세율을 적용하고, 재화의 수
입에 대하여 부가가치세를 과세하고 있다(서울고등법원 2004. 6. 10.
선고 2003누9369, 2003누9376 판결).

◆ **서울고등법원 2004. 6. 10. 선고 2003누9369, 2003누9376 판결** 

살피건대, 부가가치세제에 있어서 일반적으로 채택되고 있는 소비지국 과
세원칙은 일반적으로 재화나 용역이 국내에서 소비되기 위하여 제공되는
경우에는 국내에서 일정한 세율로 과세되고, 국외로 제공되는 경우에는 영
세율을 적용하여 소비지에서 부가가치세가 과세되는 제도로, 이는 소비자
가 부가가치세를 최종적으로 부담한다는 점에서나 국제무역의 측면에서
국내에서 생산된 상품이나 수입된 상품이 모두 동일한 조세부담을 가지기
때문에 무역의 왜곡이 발생하지 않는다는 점에서 그 정당성이 인정되고 있
는데, 이러한 소비지국 과세원칙의 부가가치세 체계에서 재화와 용역의 거
래에 대한 납세의무가 어디에서 발생하는지를 결정하기 위한 개념으로 사
용되는 것이 공급장소이며, 부가가치세 과세권의 핵심은 부가가치세 납세
의무가 발생하는 장소를 의미하는 이 공급장소를 어디로 볼 것인가에 있

2) 재화와 용역의 공급장소

부가가치세법은 '재화가 공급되는 장소'를 ① 재화의 이동이 필요한 경우는 재화의 이동이 시작되는 장소, ② 재화의 이동이 필요하지 않은 경우는 재화가 공급되는 때에 재화가 있는 장소로 규정하고 있다(부가가치세법 제19조 제1항). 또한, '용역이 공급되는 장소'는 ① 역무가 제공되거나 시설물, 권리 등 재화가 사용되는 장소, ② 국내 및 국외에 걸쳐 용역이 제공되는 국제운송의 경우 사업자가 비거주자 또는 외국법인이면 여객이 탑승하거나 화물이 적재되는 장소, ③ 전자적 용역의 경우 용역을 공급받는 자의 사업장 소재지, 주소지 또는 거소지로 규정하고 있다(부가가치세법 제20조 제1항).

통상적으로 재화는 물리적 실체가 있으므로 재화의 공급장소를 판정하는 것은 명확한 편이지만, 재화와 달리 물리적 실체가 없는 용역의 공급장소는 명확하지 않은 경우가 많다. 대법원은 용역의 공급장소는 해당 용역의 중요하고 본질적인 부분이 수행된 장소를 기준으로 판정하는 것이라고 판시하고 있다(대법원 2016. 1. 14. 선고 2014두8766 판결).

구 부가가치세법 제10조 제2항 제1호는 용역이 공급되는 장소를 '역무가 제공되거나 재화·시설물 또는 권리가 사용되는 장소'로 정하고 있으므로, 영세율이 적용되는 거래인지 여부는 용역이 제공되는 장소를 기준으로 판단하여야 하고, 내국법인이 제공한 단일한 용역의 중요하고 본질적인 부분이 국외에서 이루어진 경우에는 제공한 용역의 일부가 국내에서 이루어졌다고 하더라도 그 용역의 제공 장소는 국외로 보아야 한다(대법원 2006. 6. 16. 선고 2004두7528, 7535 판결 등 참조).

원심은, ① 싱가포르법에 따라 설립된 법인인 매지링크 피티이 엘티디(Magilink Pte. Ltd., 이하 'MLPL'이라고 한다)가 2009년 초순경 크레딧 스위스(Credit-Suisse, 이하 'CS'라고 한다)은행 홍콩지점으로부터 우리나라 상장회사가 발행한 해외 전환사채(이하 'CS채권'이라고 한다)를 매수하여 회수하는 사업을 영위한 사실, ② 그 과정에서 내국법인인 원고는 MLPL에 CS채권의 인수를 중개·알선하고 이를 회수하는 이 사건 용역을 제공하여 2010. 3. 19. 그 전체 용역에 대한 대가로 미화 85만 달러를 지급받은 사실 등을 인정한 다음, 이 사건 용역의 대가는 인지도가 낮은 MLPL이 대규모 투자은행으로부터 CS채권을 저가로 인수할 수 있도록 알선·중개하는 업무를 중시하여 결정된 점, 원고의 대표이사 소외인이 CS은행 홍콩지점을 수회 방문하여 거래조건에 관한 협상을 진행하였고 CS채권은 국내거주자에게 매도할 수 없는 조건이 붙어 있는 채권이 다수 포함되어 있었고, CS채권 인수대금의 결제도 해외결제기관을 통해 이루어진 점, CS채권은 모두 코스닥 상장회사에서 발행한 것으로 회수 가능성이 크고, CS채권을 추심하여 원리금을 회수하는 업무는 각 발행회사들에 만기를 고지하고 구체적인 상환방법을 협의하는 등 정해진 만기와 이자율 등의 조건에 따라 기계적·반복적으로 이루어진 단순한 업무에 불과한 점 등에 비추어, 원고가 제공한 이 사건 용역의 중요하고 본질적인 부분이 국외에서 이루어진 것으로 보아 영세율을 적용하여야 한다는 이유로, 이와 달리 이 사건 용역의 공급장소가 국내라는 전제에서 피고가 2010. 12. 1. 원고에게 2010년 제

3) 전자적 용역을 공급하는 국외사업자 특례

부가가치세법은, 국외사업자가 정보통신망을 통하여 이동통신단말장치 또는 컴퓨터 등으로 공급하는 용역으로서 '전자적 용역'을 국내에 제공하는 경우에는 사업의 개시일부터 20일 이내에 대통령령으로 정하는 간편한 방법으로 사업자등록(이를 '간편사업자등록'이라 한다)을 하여야 한다고 규정하고 있다(부가가치세법 제53조의2 제1항). 여기서 '전자적 용역'이란 ① 게임·음성·동영상 파일 또는 소프트웨어 등 대통령령으로 정하는 용역, ② 광고를 게재하는 용역, ③ 「클라우드컴퓨팅 발전 및 이용자 보호에 관한 법률」에 따른 클라우드컴퓨팅서비스, ④ 재화 또는 용역을 중개하는 용역으로서 대통령령으로 정하는 용역, ⑤ 그 밖에 ①부터 ④까지와 유사한 용역으로서 대통령령으로 정하는 용역을 말한다.

한편, 국외사업자가 제3자인 ① 정보통신망 등을 이용하여 전자적 용역의 거래가 가능하도록 오픈마켓이나 그와 유사한 것을 운영하고 관련 서비스를 제공하는 자, ② 전자적 용역의 거래에서 중개에 관한 행위 등을 하는 자로서 구매자로부터 거래대금을 수취하여 판매자에게 지급하는 자, ③ 앞의 두 경우와 유사하게 전자적 용역의 거래에 관여하는 자로서 대통령령으로 정하는 자를 통하여 국내에 전자적 용역을 공급하는 경우는 그 제3자가 해당 전자적 용역을 공급한 것으로 보며, 그 제3자는 20일 내에 간편사업자등록을 해야 한다(부가가치세법 제53조의2 제2항).

간편사업자등록을 한 자는 대통령령으로 정하는 방법으로 부가
가치세 신고납부를 하여야 하고(부가가치세법 제53조의2 제4항), 해
당 전자적 용역의 공급과 관련하여 통상적인 매입세액공제 외에 다
른 세액공제를 받는 것은 허용되지 않는다(제5항).

전자적 용역을 공급하는 국외사업자의 경우 그가 공급하는 용역
은 실질적으로 국내에서 소비되는 것이지만, 해당 사업자의 본거지
가 국외에 있기 때문에 통상적인 사업자등록을 요구하기 어렵다.
따라서 부가가치세법은 간편사업자등록 제도를 마련하여 부가가치
세를 과세할 수 있도록 하고 있는 것이다.

1) 영세율은 부가가치세 세율을 0%로 하는 것으로서, 영세율을 적용하면 매출세액이 0이 되지만 매입세액공제가 가능하므로 납부한 부가가치세를 모두 환급해 주게 된다. 영세율은 재화의 수출이나 용역의 국외 제공과 같이 소비지국 과세원칙에 따른 경우나 외화 획득 장려와 같은 정책적 목적에 따른 경우에 한하여 허용된다.

2) 부가가치세 자체를 면제하는 것을 면세라고 한다. 부가가치세법은 거래의 성질상 부가가치세를 과세하기 어려운 경우나 정책적으로 부가가치세 부담을 낮추어 주기 위한 경우를 면세 대상으로 열거하고 있다. 부가가치세를 면세받게 되면 매입세액공제 역시 받지 못하게 된다.

3) 부가가치세가 면세되는 경우, 누적효과가 발생할 수 있다. 누적효과란 중간 단계에 면세 사업자가 있는 경우 그 면세된 부가가치세액이 이후의 단계에서 다시 과세되면서 세금 부담이 더 커지는 현상을 말한다.

4) 재화나 용역이 주된 재화 또는 용역의 공급에 부수되어 공급되는 경우, 해당 부수 재화 또는 부수 용역의 공급은 주된 재화 또는 용역의 공급에 포함되는 것으로 보며, 주된 사업에 부수되는 재화 또는 용역의 공급은 별도의 공급으로 보되, 과세 및 면세 여부는 주된 사업의 과세 및 면세 여부에 따른다.

5) 소비지국 과세원칙이란 재화 또는 용역이 소비되는 장소를 기준으로 부가가치세(소비세)를 과세해야 한다는 원칙이다. 부가가치세법은 재화의 수출이나 용역의 국외 공급에 대하여 영세율을 적용하고, 재화의 수입에 대하여 부가가치세를 과세함으로써 소비지국 과세원칙에 따르고 있다.

6) 국외사업자가 국내의 소비자에게 컴퓨터 등으로 일정한 전자적 용역을 공급하는 경우, 국외사업자라고 하더라도 우리나라에 간편사업자 등록을 하고 부가가치세를 납부할 의무를 부담하게 된다.

지은이_**우진욱**

변호사

성균관대학교 법과대학 법학과 졸업

서울시립대학교 법학전문대학원 석사

서울시립대학교 대학원 법학과 박사